# SUSTAINABILITY ASSURANCE

# 알기 쉬운 지속가능성 인증

지속가능성 공시를 넘어 인증으로

KICPA

# 지속가능성 인증에 대한 이해를 넓히는 첫걸음

최근 ESG(환경·사회·거버넌스)로 대변되는 '지속가능성'은 기업의 새로운 경영 기준이자 생존 전략으로 자리매김하고 있습니다. 기후변화 대응, 인권·노동, 공급망 리스크와 같은 이슈들이 기업의 성패를 좌우하는 핵심 요소로 부상함에 따라, 기업들은 재무성과뿐 아니라 비재무성과까지 고려해야 하는 새로운 경영 환경에 직면하고 있습니다. 이러한 변화 속에서 지속가능성 정보의 공시와 그 신뢰성 확보는 이해관계자와의 투명한 소통을 위한 핵심 과제로 떠오르고 있습니다.

국제회계기준재단(IFRS Foundation) 산하의 국제지속가능성기준위원회(ISSB)가 제정한 IFRS 지속가능성 공시기준(IFRS S1, S2) 등 글로벌 기준을 준거기준으로 각국은 지속가능성 공시 의무화를 본격적으로 추진하고 있으며 이에 따라 공시된 정보의 신뢰성을 확보하기 위한 제3자 인증제도의 중요성도 더욱 부각되고 있습니다. 전세계적으로 지속가능성 공시 의무화가 확산하는 가운데, 우리나라에서도 관련 제도 마련을 위한 논의가 활발히 진행되고 있으며 공시 정보에 대한 인증제도의 도입 필요성도 함께 주목받고 있습니다.

한편 국제회계사연맹(IFAC)의 보고서에 따르면, 전세계 지속가능성 공시 인증의 약 55%를 회계법인이 수행해 기업들이 지속가능성 인증기관으로 회계법인을 선호하는 것으로 나타났으며 이 중 76%는 해당 기업의 재무제표 감사인인 것으로 조사되었습니다. 특히 EU에서는 재무제표 감사인이 지속가능성 인증까지 담당하는 비중이 90%를 넘는 것으로 나타나, 공인회계사가 수행하는 인증의 전문성이 국제적으로 인정받고 있음을 보여줍니다. 회계법인은 재무제표 감사인으로서 이미 윤리·독립성 및 품질관리 요건을 충족하고 있을 뿐 아니라, 기업에 대한 깊은 이해를 바탕으로 재무정보와 지속가능성 정보 간의 연계성과 일관성을 확보할 수 있습니다. 이 같은 이유로 많은 기업이 지속가능성 인증기관으로 회계법인, 그중에서도 자사의 재무제표 감사인을 선호하는 경향이 뚜렷합니다.

한국공인회계사회는 이러한 글로벌 동향에 발맞추어 지속가능성 관련 책자를 발간하는 것을 비롯해 ESG 아카데미, 지속가능성 인증 포럼(舊 ESG 인증 포럼), 비재무정보 인증업무 기준 개정 등을 통해 국내 이해관계자들에게 회계업계의 전문지식을 지속적으로 제공해 왔습니다. 앞으로도 공인회계사의 전문성·독립성이 국내 지속가능성 공시 및 인증 생태계의 신뢰성 제고에 기여할 수 있도록 다양한 연구와 활동을 이어갈 것입니다.

알기 쉬운
지속가능성 인증

이번에 발간하는 『알기 쉬운 지속가능성 인증』은 『ESG 바로보기–경영진을 위한 ESG 안내서』, 『ESG, 한 권에 담았다–ESG 전문가의 핵심 강의』, 『실전 ESG 공시–이것만은 알자』에 이은 네 번째 지속가능성 시리즈로 지속가능성 인증을 중점적으로 다뤘다는 면에서 이전 책자들과 차별화합니다. 회계법인 지속가능성 인증 실무진과 한국공인회계사회 연구진이 공동 집필에 참여 했으며, IFAC·Accountancy Europe 자료, ESG 아카데미 강의 콘텐츠, 본회 연구보고서 등 축적된 자료를 반영했습니다.

이 책자는 총 4장으로 구성되어 있습니다. 1장에서는 지속가능성 인증의 필요성과 국내외 동향을 소개하고 있으며, 2장에서는 국제지속가능성인증기준(ISSA 5000)과 국제지속가능성인증윤리기준(IESSA)을 체계적으로 정리하고 있습니다. 3장에서는 지속가능성 인증 방법론과 지속가능성 인증의 특성과 고려 사항 등을 실무 관점에서 다루었고, 4장에서는 주요국의 인증제도를 다루고 있습니다.

이 책자는 ESG 공시 및 인증업무를 수행하거나 준비 중인 공인회계사와 지속가능성 정보의 인증에 관심 있는 기업 경영진, 실무자, 관련 분야 연구자들에게 유익한 안내서가 될 것입니다. 그뿐만 아니라 일반인들에게도 지속가능성 인증의 중요성과 역할에 대한 이해의 폭을 넓힐 수 있는 길라잡이가 될 것으로 기대합니다.

끝으로 이 책이 우리 사회의 지속가능성 공시 및 인증제도의 정착과 실무 능력 고도화에 소중한 밑거름이 되기를 바라며 바쁘신 와중에도 책자 출간에 참여해주신 저자와 자문단께 깊은 감사의 말씀을 드립니다. 또한 본회 지속가능성인증연구센터 실무진의 헌신과 수고에도 고마움을 전합니다.

지속가능성 공시와 인증이 우리 사회에 굳건히 뿌리내리도록, 한국공인회계사회는 앞으로도 변함없이 전문적 지원과 노력을 아끼지 않겠습니다.

2025년 12월

한국공인회계사회 회장 최 운 열

# Contents

# Contents

# Ⅳ 지속가능성 인증제도

# I

# 지속가능성 인증 개요

SUSTAINABILITY
ASSURANCE

# 알기 쉬운 지속가능성 인증

1. 지속가능성 인증의 필요성
2. 지속가능성 인증의 개념 및 목적
3. 국내외 지속가능성 인증 현황

# I 지속가능성 인증 개요

## 01 지속가능성 인증의 필요성

오늘날 우리는 방대한 양의 정보를 끊임없이 생산하고 소비하는 시대에 살고 있다. 이러한 대량의 정보는 개인과 조직의 의사결정 과정에서 혼란과 오류를 초래할 수 있는 주요한 위험이 될 수 있다. 특히, 기업을 포함한 다양한 조직이 생산하고 공시하는 정보의 양은 지속적으로 증가하고 있으며, 이는 지속가능성 정보에서도 마찬가지다. 기업들은 환경, 사회, 거버넌스(Environment, Social, Governance, 이하 ESG)와 관련된 다양한 데이터를 발표하고 있으며, 이러한 방대한 정보 속에서 필요한 정보를 선별해 활용하고자 하는 이해관계자들의 요구가 커지고 있다.

이러한 정보의 홍수 속에서 이해관계자들은 신뢰할 수 있는 정보를 원하지만, 세계경제포럼(The World Economic Forum, WEF)이 발표한 『The Global Risks Report 2025』에 따르면 현대 사회에서 부정확한 정보와 허위 정보가 단기적으로 가장 심각한 글로벌 리스크로 부상하고 있다. 이는 방대한 정보가 유통되는 현대 사회에서 정보의 신뢰성 확보가 더욱 중요해졌음을 시사하며, 이러한 흐름은 지속가능성 정보 역시 예외가 아님을 보여준다. 즉, 기업이 제공하는 방대한 지속가능성 정보 가운데에서도 이해관계자들은 정확하고 신뢰할 수 있는 정보의 선별적 활용을 요구하고 있다.

**글로벌 위험의 심각도별 순위**

(범례: 경제 / 환경 / 지정학 / 사회 / 기술)

| 순위 | 단기(2년) | 순위 | 장기(10년) |
|---|---|---|---|
| 1위 | 부정확한 정보와 허위정보 | 1위 | 극한 기상 현상 |
| 2위 | 극한 기상 현상 | 2위 | 생물다양성 손실 및 생태계 붕괴 |
| 3위 | 국가 기반 무력분쟁 | 3위 | 지구 시스템의 중대한 변화 |
| 4위 | 사회적 양극화 | 4위 | 천연자원 부족 |
| 5위 | 사이버 첩보 활동과 전쟁 | 5위 | 부정확한 정보와 허위정보 |
| 6위 | 오염 | 6위 | 인공지능(AI) 기술의 부정적 결과 |
| 7위 | 불평등 | 7위 | 불평등 |
| 8위 | 비자발적 이주/실향 | 8위 | 사회적 양극화 |
| 9위 | 지정학적·지리경제학적 갈등 | 9위 | 사이버 첩보 활동과 전쟁 |
| 10위 | 인권 및 시민의 자유 침해 | 10위 | 오염 |

출처: World Economic Forum, 2025, Global Risks Perception Survey 2024-2025

전세계적으로 지속가능성 정보 공시에 대한 요구가 지속적으로 증가하고 있으며, 이는 기업의 지속가능성 경영에 대한 이해관계자의 기대가 한층 높아지고 있음을 반영한다. 그러나 지속가능성 보고서의 양적 확대에도 불구하고, 공시되는 정보의 정확성과 신뢰성에 대한 문제는 꾸준히 제기되고 있다. 특히 최근에는 기업이 실제보다 과장되거나 허위로 친환경 이미지를 홍보하는 그린워싱(Greenwashing) 문제가 글로벌 이슈로 부각되고 있다. 그린워싱은 이해관계자들에게 왜곡된 신호를 전달해 투자, 소비, 규제 대응 등 다양한 영역에서 잘못된 의사결정을 유발하고, 궁극적으로는 기업 신뢰도에 심각한 타격을 줄 수 있다. 대표적인 사례로, A사는 자사의 디젤 차량이 환경친화적이라 홍보했으나, 실제로는 배출가스 시험 중에만 오염물질 배출을 줄이는 불법 소프트웨어(defeat device)를 설치한 사실이 밝혀졌다. 이로 인해 A사는 전세계적으로 약 1,100만 대 차량 리콜, 미국 내 약 147억 달러의 벌금과 손해배상금을 부담하는 등 막대한 재정적 손실을 입었으며, 지속가능성 정보의 신뢰성 문제를 세계적으로 환기시키는 계기가 되었다. 또 다른 사례로, B사는 'Conscious Collection'이라는 친환경 제품 라인을 출시했으나, 일부 제품이 실제로는 친환경 인증기준을 충족하지 못한 사실이 드러나면서 소비자와 규제 당국의 비판을 받았다. 이러한 사례들은 단순한 정보 오류를 넘어, 지속가능성 정보의 신뢰성 확보가 기업지속가능성 경영에서 필수적인 과제가 되고 있음을 시사한다.

지속가능성 정보 역시 이해관계자들로부터 높은 신뢰성과 투명성을 요구받고 있으며, 이를 충족하기 위해 독립적이고 신뢰 가능한 인증제도의 필요성이 부각되고 있다. 최근 글로벌 시장에서는 지속가능성 정보의 신뢰성 제고를 위해 독립적 제3자에 의한 인증이 필수적이라는 인식이 확산되고 있다. 이에 따라 프랑스, 이탈리아, 일본, 호주 등은 지속가능성 정보 공시 체계 내에 외부 인증을 도입했거나 도입 예정이다. 이러한 변화는 이해관계자들의 기대가 단순한 '공시'를 넘어 '공시 정보의 신뢰성과 투명성'을 강하게 요구하고 있다는 점을 보여준다. 기업들은 지속가능성 정보 관리 전략을 수립함에 있어, 독립적 인증을 통한 정보신뢰성 확보를 필수 요소로 인식하고 체계적인 대응 방안을 마련해야 할 것이다.

지속가능성 정보에 대한 신뢰성과 투명성 확보의 필요성이 강조됨에 따라, 독립적 인증이 실제로 정보 품질과 기업가치에 어떠한 긍정적 효과를 미치는지에 대한 다양한 학술 연구가 이루어지고 있다. 주요 선행 연구들은 지속가능성 인증이 단순한 인증 절차를 넘어 정보의 정확성과 신뢰성 제고, 지속가능성 성과 및 공시 품질 향상 그리고 기업가치 증진으로 이어지는 효과를 갖는다고 보고한다(Simnett et al., 2009; Ballou et al., 2018; Abay, 2022; Gipper et al., 2025; Friske et al., 2023).

지속가능성 인증은 보고 내용의 정확성과 공시 품질을 향상 시키는 핵심적인 절차로 평가된다. Simnett et al.(2009)은 기업이 지속가능성 보고서의 신뢰성을 높이고 기업 평판을 향상시키기 위해 인증을 선택하는 경향이 높다고 밝혔다. 이는 기업이 사회적·환경적 위험을 적절히 관리하고 있음을 시장에 신호하려는 전략적 행위로 이해될 수 있다. Ballou et al.(2018)의 연구도 이러한 흐름을 뒷받침한다. 지속가능성 보고서의 재작성 사례를 검토한 결과, 인증을 받은 기업일수록 보고서의 정의, 범위 및 방법론을 보완하는 비율이 높다는 사실을 확인하였다. 즉, 인증은 보고 과정에서 발생할 수 있는 오류를 사전에 식별하고 수정하도록 유도함으로써, 보고서의 투명성과 비교가능성을 강화하고 정보의 신뢰성을 향상시키는 역할을 한다. 이러한 결과는 외부 인증이 공시 품질을 향상시키고 보고 신뢰성을 강화하는 데 기여함을 보여준다.

이러한 효과는 단지 공시 품질 개선에 그치지 않는다. 인증 과정에서 조직 내부의 관리 체계와 데이터 관리 수준이 함께 강화되기 때문이다. Abay(2022)는 유럽 상장기업을 대상으로 한 실증분석에서 지속가능성 보고서에 대한 인증을 받은 기업이 그렇지 않은 기업보다 지속가능성 성과가 더 우수한 경향을 보인다는 결과를 제시하였다. 이는 인증이 단순한 형식적 절차를 넘어 기업의 지속가능경영 체계 정착에 기여함을 시사한다. Gipper et al.(2025)은 지속가능성 인증을 받은 기업이 공시 내용의 구체성과 정보의 신뢰성 측면에서 더 나은 평가를 받는 경향이 있음을 확인하였다. 인증기관의 인증 과정은 보고서 작성 기준과 데이터 산출 방식을 정교화하고, 내부통제 체계의 약점을 식별해 개선하도록 유도하는 기능을 한다. 결국 지속가능성 인증은 정보 품질 향상뿐 아니라 기업의 지속가능경영 체계를 내재화하는 데에도 기여하는 제도적 장치로 작용한다(Ballou et al., 2018; Abay, 2022; Gipper et al., 2025).

한편, 지속가능성 인증의 긍정적 효과는 정보의 질 향상을 넘어 자본시장에서의 신뢰 형성과 기업가치 증진으로 이어진다. Casey & Grenier(2015)는 지속가능성 인증이 투자자에게 긍정적 신호를 제공하여 자본비용을 낮추고, 애널리스트 예측오차를 줄이는 효과가 있음을 보여주었다. 투자자들은 단순히 보고서가 존재하는지보다, 그것이 독립된 제3자에 의해 인증되었는지 여부를 더 중요한 판단 기준으로 인식한다는 것이다. Ballou et al.(2018)은 이러한 인증이 정보 신뢰도 개선을 통해 자본시장의 긍정적 반응을 이끌어내며, 특히 회계전문가가 인증을 수행한 경우 그 효과가 더욱 뚜렷하게 나타난다고 보고하였다. Gipper et al.(2025)은 인증을 받은 기업이 더 높은 정보 신뢰를 확보함으로써 공시 투명성, 기업 성과, 그리고 투자자 인식 개선에 기여할 수 있음을 시사하였다. Friske et al.(2023)의 연구에서는 자발적 지속가능성 보고와 기업가치 간의 관계를 분석하여 외부 인증을 받은 보고서가 Tobin's Q로 측정된 기업가치에 긍정적인 관계가 있음을 확인하였다.

결국, 지속가능성 정보에 대한 독립적 인증은 정보의 정확성과 신뢰성 확보는 물론, 지속가능성 공시 품질 제고, 이해관계자 신뢰 형성, 나아가 장기적 기업가치 증진에 실질적으로 기여하는 제도적 장치임이 확인된다. 다시 말해, 지속가능성 인증은 단순한 규제 준수 수단이 아니라, 기업이 신뢰를 기반으로 지속가능한 성장을 추진하기 위한 전략적 요소로 자리매김하고 있음을 시사한다(Simnett et al., 2009; Ballou et al., 2018; Abay, 2022; Friske et al., 2023; Gipper et al., 2025).

그렇다면 이러한 지속가능성 인증의 필요성과 관련해 기업들은 어떻게 인식하고 있는지, 즉 지속가능성 인증을 통해 기업들이 얻는 이점이 무엇인가에 대해서 알아볼 필요가 있다. 이러한 기업들의 인식을 확인하기 위해 KPMG International(이하 KPMG)이 발간한 'The journey continues: Navigating the road to readiness' 보고서의 조사내용[1)]을 토대로 분석했다.

2023년 조사에서는 단순한 규정 준수를 넘어 지속가능성 인증을 통해 얻을 수 있는 다양한 잠재적 효익을 확인했으며, 주요 기대효과로는 시장 점유율 확대, 수익성 향상, 의사결정 고도화 등이 언급되었다. 2024년에도 이러한 요소들은 계속해서 확인되고 있으며, 실제로 기업이 지속가능성 인증 준비를 더 많이 진척시킬수록 기대효과 또한 더욱 증가하고 있음을 확인했으며 크게 두 가지 관점에서 그 필요성을 인식하고 있었다.

첫 번째는 지속가능성 인증을 통한 기업의 수익성 향상 효과다. 이러한 조사 결과는 특히 선도그룹의 피드백을 통해 명확하게 드러나는데, 2023년 대비 2024년 선도그룹이 보고한 지속가능성 인증의 효익에 대한 조사결과를 통해 확인할 수 있다. 즉, 다음과 같이 가장 큰 증가율을 보인 항목을 보면 알 수 있으며, 비용 절감, 제품/서비스 품질 향상, 비즈니스 리스크 감소 등을 통해 수익성 향상에 기여한다고 보았다.

**2023년 대비 2024년 선도그룹이 보고한 효익 중 가장 큰 증가율을 보인 항목**

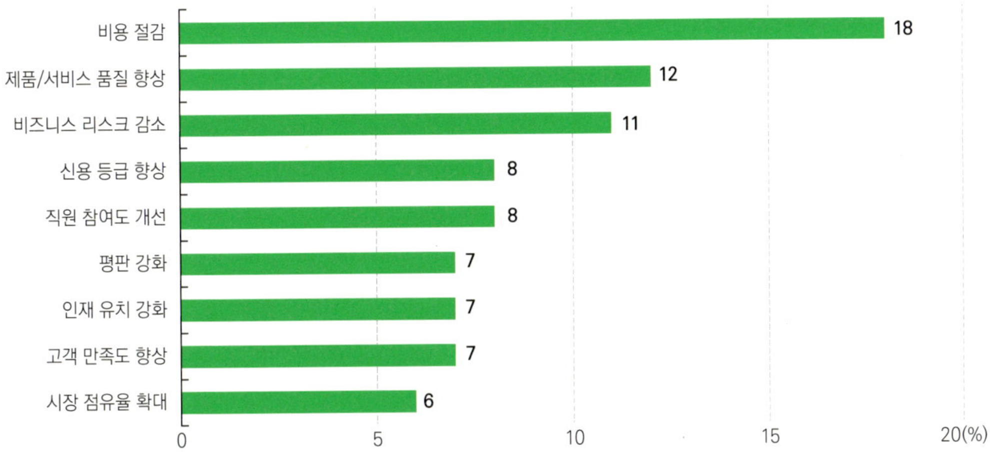


출처: KPMG International, 2024, The journey continues: Navigating the road to readiness

---

1) 2024 KPMG 지속가능성 공시·인증 준비지수 조사개요
- 대상: 전세계 전 산업에 걸친 1,000개 기업의 ESG 담당 최고 경영진 및 이사회 구성원
- 기간: 2024년 2월~4월
- 설문조사 구성: 거버넌스, 역량, 데이터 관리, 디지털 기술, 가치사슬 관점
- 지속가능성 공시·인증 준비지수(100점 만점) 구간별 그룹에 대한 구분: 선도그룹(상위 25%), 중위그룹(중위 50%), 초기그룹(하위 25%)

하지만 주목할 점은, 선도그룹과 초기그룹 간 수익성 향상에 대한 기대효과 인식의 격차가 벌어지고 있다는 조사결과를 통해 지속가능성 인증을 통한 수익성 향상과 같은 효익은 초기 단계에서 단기간에 나타나지 않음을 알 수 있었다. 예를 들어, 비용 절감에 대한 기대는 선도그룹과 초기그룹 간에 무려 30%p의 차이를 보였다. 초기그룹은 전반적으로 모든 영역에서 경험하는 혜택이 상대적으로 적은 것으로 나타났으며, 이는 현재 강화되고 있는 규제 요건을 고려할 때, 기업들이 지속가능성 준비를 가속화하고 성숙도를 높여야 할 강력한 필요성을 다시 한번 시사한다. 결국, 준비 수준에 따른 격차는 단순한 '성과의 차이'를 넘어, 향후 기업의 규제 대응력과 시장 신뢰도에 직접적인 영향을 미칠 수 있는 중요한 분기점이 될 것이다. 다만, 이번 조사 결과에서는 기대되는 혜택이 반드시 직선적인 흐름으로 나타나지는 않는다는 점도 일부 확인되었다. 2024년 선도그룹 중 수익성 증가(시장 점유율 확대, 효율성 향상, 자원 최적화, 폐기물 감소 등을 통한)를 기대한다고 응답한 비율은 45%에 그쳐, 2023년의 54% 대비 하락한 것으로 나타났다. 이러한 결과에 대한 한 가지 해석은 지속가능성 보고가 여전히 대부분 자발적으로 이루어지고 있는 초기 단계에서는, 재무적 성과로 연결되기까지 예상보다 더 많은 시간이 소요될 수 있다는 점을 반영한 것으로 볼 수 있다.

두 번째는 잠재적 이익 실현을 위한 비즈니스 전략과 지속가능성의 연계다. 잠재적인 이익을 실현하기 위해서는 명확한 실행 조치가 수립되고, 이를 기업의 비즈니스 운영 전반에 통합해 지속가능성 목표 달성을 추진하는 것이 필수적이다. 이 부분은 선도그룹이 '의미 있는 보고는 실질적인 성과를 반영해야 한다'는 점을 명확히 이해하고 있으며, 중위그룹과 초기그룹에게는 개선이 필요한 영역임을 보여준다. 실제로 선도그룹의 86%는 지속가능성 목표를 설정하고 이를 모든 또는 대부분의 운영에 기능별로 세분화해 반영하고 있는 반면, 중위그룹은 54%, 초기그룹은 불과 7%만이 이를 수행하고 있는 것으로 나타났다. 이러한 부분에 있어 전체적인 메시지는 명확하다. 지속가능성 인증을 대비하는 과정 자체가 기대되는 다양한 비즈니스 이점을 가져올 수 있다는 것이다. 지속가능성 인증 준비를 위해 요구되는 체계적 접근은 조직이 더 높은 품질의 데이터와 정보를 생산하도록 유도하고, 프로세스 개선이 필요한 영역을 식별하며, 효율성을 제고할 수 있도록 돕는다. 또한 고품질의 신뢰성 있는 지속가능성 정보를 공개할 수 있는 준비가 된 기업은 그린워싱 의혹의 리스크를 줄이는 동시에, 투자자, 고객 및 다양한 이해관계자들에게 보다 매력적인 기업으로 인식되어, 기업 평판을 강화하고 참여도 및 매출 증대에도 긍정적인 영향을 미칠 수 있다. 결국 명확한 실행과 비즈니스 통합 없이 지속가능성 목표는 달성될 수 없다. 이러한 측면에서 지속가능성 인증 준비는 고품질 데이터 생산과 프로세스 개선을 촉진하고, 기업 신뢰성과 시장 매력을 동시에 높이는 핵심 전략이 되고 있다.

오늘날 방대한 정보 환경 속에서 기업이 제공하는 지속가능성 정보에 대한 이해관계자들의 신뢰성 요구는 갈수록 강화되고 있으며, 이는 정보의 정확성과 투명성을 확보하기 위한 외부 인증의 필요성을 부각시키고 있다. 특히, 그린워싱 사례가 지속적으로 발생하고, 지속가능성 정보에 대한 왜곡 가능성이 글로벌 리스크로 지목되고 있는 현실은, 신뢰성 인증 체계 구축이 더 이상 선택이 아닌 필수임을 보여준다. 역사적으로 재무제표 감사제도가 투자자 보호와 시장 신뢰 확보를 위해 필수적으로 자리 잡았던 것처럼, 비재무적 지속가능성 정보 또한 독립적 제3자에 의한 인증을 통해 신뢰성과 책임성을 강화해야 할 시대적 요구에 직면해 있다. 국제적인 규제 동향과 선행 연구 결과를 종합할 때, 지속가능성 인증은 정보 품질 향상뿐만 아니라, 지속가능성 성과 제고, 기업가치 증진, 투자자 신뢰 확보, 자본비용 절감 등 다양한 긍정적 효과를 가져오는 것이 실증적으로 확인되고 있다. 아울러 KPMG의 조사 결과는, 지속가능성 인증을 선제적으로 준비하는 기업일수록 수익성 향상, 비용 절감, 리스크 관리, 시장 신뢰도 제고 등의 기대효과를 보다 명확히 인식하고 있으며, 이는 단순 규제 대응을 넘어 비즈니스 경쟁력 강화의 전략적 수단으로 지속가능성 인증을 바라봐야 함을 시사한다. 특히, 지속가능성 목표를 조직 운영 전반에 통합하고 체계적 실행 조치를 마련한 기업만이 인증의 이점을 실질적으로 실현할 수 있으며, 이는 곧 기업의 지속가능성 경영 성숙도를 좌우하는 핵심 요인이 되고 있다. 결국, 지속가능성 인증은 기업이 이해관계자의 신뢰를 확보하고 글로벌 시장에서 지속가능한 경쟁력을 유지하기 위해 반드시 준비해야 할 전략적 필수 과제임을 강조하고자 한다.

## 02 지속가능성 인증의 개념 및 목적

### 1) 지속가능성 인증의 개념

국제회계사연맹(International Federation of Accountants, 이하 IFAC)이 제정한 인증업무 개념체계는 인증을 아래와 같이 설명한다.

**인증의 개념**

**인증업무:** 인증대상에 대해 준거기준에 따라 평가나 측정한 결과를 인증대상업무 책임자가 아닌 다른 의도된 이용자의 신뢰 수준을 향상시키기 위하여 결론을 표명하는 업무

* 출처: 국제회계사연맹(2005), 한국공인회계사회(2006)

☞ **(참고)** 인증의 가장 대표적인 사례는 재무제표에 대한 공인회계사의 회계감사다. 공인회계사는 회계감사라는 인증업무를 통해서 재무제표 이용자가 기업의 경영자가 작성한 재무제표를 신뢰하고 이용할 수 있도록 한다.

위 인증개념에 담긴 요소를 지속가능성 정보 인증에 대입하면 다음과 같다.

**지속가능성 인증**

| 구분 | 내용 | 사례 |
|---|---|---|
| 인증대상정보 | 지속가능성 경영에 관한 정보 | 기업이 공시하는 정보로서 사업보고서 또는 지속가능성 보고서와 같은 별도의 보고서에 공시된 ESG 경영정보 |
| 준거기준 | 지속가능성 공시기준과 프레임워크 | GRI, SASB, CDSB, IIRC, TCFD 등이 제정한 각종 기준 및 프레임워크 |
| 인증대상정보의 작성 책임자 | 기업의 경영자 | 경영자 또는 기업에서 지속가능성 경영활동과 보고책임을 부여받은 자 |
| 인증서비스 제공자 | 독립된 제3자인 인증전문가 | 공인회계사, 지속가능성 인증서비스 제공자 |
| 인증보고서 이용자 | 정보이용자 | 지속가능성 경영에 관한 이해관계자(주주, 채권자, 투자기구, 종업원, 정부, 시민단체 등) |

출처: 한국공인회계사회, 2021, ESG 바로보기-경영진을 위한 ESG 안내서

위 내용을 정리하면 지속가능성 정보의 인증이란 독립된 전문가가 정보이용자에게 기업의 지속가능성 정보가 준거기준에 따라 적정하게 작성 및 공시되었는지에 대한 확신을 제공하는 업무라고 할 수 있다.

## 2) 지속가능성 인증의 목적

지속가능성 보고서에 수록된 다양한 정보들에 대해 외부의 독립된 기관이 인증을 하는 주된 이유는 공시 내용의 신뢰성을 제고하기 위함이다. 인증의 주된 목적은 지속가능성 정보가 중요하게 왜곡표시되지 않았는지 여부에 대하여 확신을 얻어 결론을 표명하는 것으로, 이를 위해 데이터 수집 절차 등을 검토하게 된다. 결과적으로 신뢰성 있는 정보는 이를 활용하는 정보이용자에게 유용할 뿐더러 이를 활용한 결과에도 지대한 영향을 미치게 된다. 국제지속가능성인증기준(International Standard on Sustainability Assurance 5000, 이하 ISSA 5000)에서는 지속가능성 인증업무의 목적을 아래와 같이 설명하고 있다.

**목적**

16. 지속가능성 인증업무를 수행하는 데 있어, 인증인의 목적은 다음과 같다.
    (a) 지속가능성 정보가 중요하게 왜곡표시 되지 않았는지 여부에 대하여 합리적 확신 또는 제한적 확신을 얻음
    (b) 합리적 확신 결론 또는 제한적 확실 결론을 전달하고 결론의 근거를 기술한 서면보고서를 통하여 지속가능성 정보에 대한 결론을 표명함
    (c) 본 지속가능성 인증기준과 다른 관련 지속가능성 인증기준의 요구에 따른 추가적인 소통을 함

## 03 국내외 지속가능성 인증 현황

과거에는 지속가능성 정보의 공시 자체가 기업의 지속가능성 활동을 홍보하는 자율적 성격이 강했고, 이에 따라 외부 인증 역시 기업의 자율에 맡겨져 특정 기업을 중심으로 제한적으로 이루어졌던 것이 사실이다. 그러나 최근 ESG 경영이 글로벌 트렌드로 자리 잡으면서, 투자자, 규제기관, 고객, 평가기관 등 다양한 이해관계자들의 지속가능성 정보에 대한 요구 증대와 이에 수반한 지속가능성 정보의 신뢰성 요구가 증가하고 있다. 또한, 자발적 공시에 의존하던 지속가능성 정보의 중요성과 필요성이 높아지고, 국제적으로 기준의 표준화 및 의무화에 대한 논의가 이루어지면서 지속가능성 정보에 대한 기업 간 비교가능성이 높아질 것이라는 기대감이 커졌다. 게다가, 공시기준의 표준화 및 의무화를 통한 비교가능성 제고를 넘어 정보이용자의 정보신뢰성에 대한 요구가 증가하면서, EU, 호주 등을 비롯한 일부 국가들은 지속가능성 정보의 신뢰성 강화를 위한 외부 인증 법제화를 진행하고 있다. 이러한 지속가능성 정보 신뢰성에 대한 관심이 증가함에 따라 지속가능성 정보에 대한 외부 인증 비율도 꾸준히 증가할 것이라는 기대와 함께 기업의 지속가능성 정보에 대한 필요성이 지속적으로 논의되고 있다.

그렇다면 이러한 지속가능성 정보 인증이 국내외에서 어떻게 변화되었는지에 대한 현황을 먼저 확인한다.

국제회계사연맹이 2025년 5월에 발표한 『The State of Play: Sustainability Disclosure and Assurance 2019-2023 Trends & Analysis』에 따르면, 전세계 22개국의 시가총액 50대 또는 100대 기업을 조사한 결과, 2023년 기준으로 조사대상 기업의 73%가 지속가능성 정보에 대해 외부 인증을 받고 있는 것으로 나타났다(국제회계사연맹, 2025). 글로벌 지속가능성 정보에 대한 인증 비율의 변화를 살펴보면, 2019년부터 2023년까지 매년 꾸준히 상승하는 추세를 보이고 있다. 특히, 2023년 글로벌 인증 비율은 2019년의 51%에 비해 무려 22%p 증가해 4년만에 큰 폭의 변화가 있었으며, 직전 연도인 2022년 인증 비율인 69%보다 4%p 증가하며 높은 증가 추세를 보여주고 있다(국제회계사연맹, 2025). 이처럼 글로벌 주요 기업들의 지속가능성 정보에 대한 인증 비율이 높아지고 있는 추세는 신뢰성 있는 지속가능성 정보에 대한 정보이용자들의 요구사항이 반영되고 있음을 시사한다.

### 국제 동향: 글로벌 ESG 정보 인증 현황

**지속가능성 정보의 인증**

조사대상기업의 지속가능성 인증은 점차 보편화되고 있음

| 51% | 58% | 64% | 69% | 73% |
|---|---|---|---|---|
| in 2019 | in 2020 | in 2021 | in 2022 | in 2023 |

**인증기관**

2023년 기준 1,219건 중 674건의 보고서 (629개 기업 대상)에 대한 지속가능성 인증은 회계법인이 수행함

| 63% | 61% | 57% | 58% | 55% |
|---|---|---|---|---|
| in 2019 | in 2020 | in 2021 | in 2022 | in 2023 |

**인증기준**

지속가능성 인증업무에 가장 널리 사용되는 기준은 여전히 ISAE 3000(revised)이지만, 최근 비회계법인의 시장점유율이 확대되면서 ISAE 3000의 사용 비중이 2023년에 다소 감소함

| 68% | 72% | 70% | 72% | 68% |
|---|---|---|---|---|
| in 2019 | in 2020 | in 2021 | in 2022 | in 2023 |

**회계법인의 92%가 ISAE3000(revised)를 사용한 반면 비회계법인은 주로 국제감사인증기준위원회 외의 기구가 제정한 기준을 사용함**
(예: 2023년 기준 비회계법인의 38%만 ISAE 3000을 사용함)

* 미국공인회계사회(AICPA)의 인증기준, 국제감사인증기준위원회의 ISAE 3410 등 회계·감사기구가 발행한 모든 기준을 포함하면, 회계법인은 2021·2022·2023년 전체 인증업무의 99%에서 이러한 회계·감사기구의 기준을 적용함

출처: 국제회계사연맹(IFAC), 2025, The State of Play: Sustainability Disclosure and Assurance

글로벌 인증 현황과 관련해 권역 및 국가별 지속가능성 정보 인증 비율을 살펴보면, 그 현황을 보다 자세하게 파악할 수 있으며, 권역 및 국가별로 뚜렷한 차이를 볼 수 있다.

### 권역 및 국가별 인증 비율

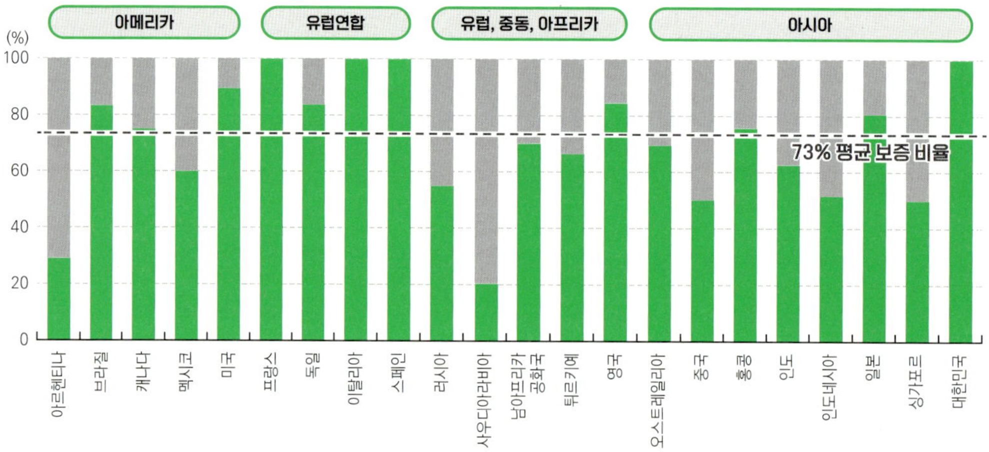


출처: 국제회계사연맹, 2025, The State of Play: Sustainability Disclosure and Assurance

EU의 경우 비재무보고지침(Non-Financial Reporting Directive, 이하 NFRD)에 따라 2017년부터 일정 규모 이상의 기업에 비재무적 정보 공시를 의무화했으며, 이러한 NFRD를 각 회원국이 자국 법률에 반영하는 과정에서 프랑스, 이탈리아 및 스페인은 지속가능성 정보에 대한 인증을 의무화했다. 이에 따라서 이들 국가의 지속가능성 정보 인증 비율은 100%를 나타내고 있다. 지속가능성 정보 공시 의무화가 조기에 이루어지고, 이후 기업지속가능성보고지침(Corporate Sustainability Reporting Directive, 이하 CSRD)에 따른 공시 및 인증 의무화 등 규제의 영향으로 인해 EU 권역 및 국가별 인증 비율이 높게 나타나고 있다. EU 이외에 미국, 영국, 일본 등 주요 선진국에서도 높은 인증 비율을 보였다. 국내의 경우, 인증 비율이 100%로 나타나고 있다.

국내의 지속가능성 정보에 대한 전 상장사의 인증 현황을 살펴보면 아래와 같으며, 2019년 이후로 국내의 인증 비율은 대체로 90%를 상회하고 있어 국제회계사연맹(2025)의 조사에서 살펴본 내용과 동일함을 알 수 있다. 다만, 2021년과 2022년에 인증 비율이 감소한 가장 큰 이유는 지속가능성 보고서를 신규로 발간하는 기업이 증가함에 따라 인증에 대한 준비가 이루어지지 않은 부분에 따른 영향으로 보이며, 이는 일시적인 영향일 뿐 2023년 다시 회복 추세를 보였다.

**국내 지속가능성 보고서 발간 및 인증 현황**

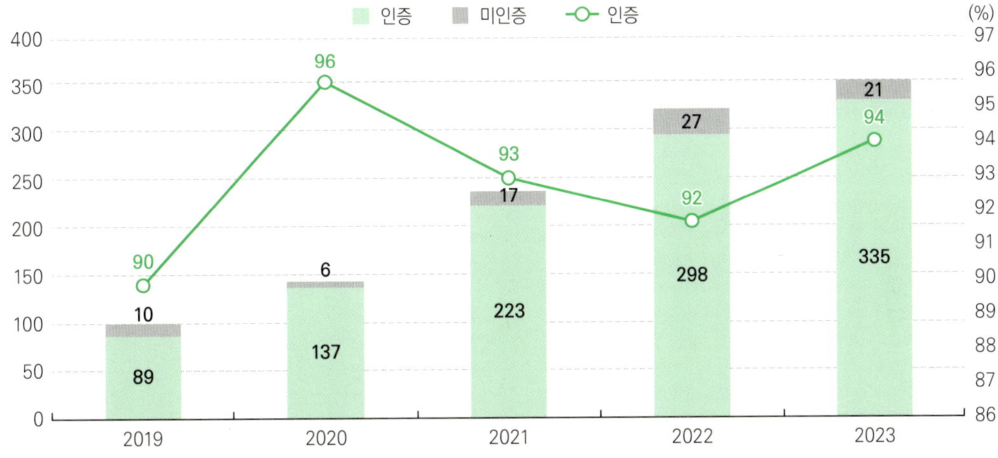


출처: 기도훈, 2025, 국내 지속가능성 보고 및 인증 현황, 한국공인회계사회 제20회 지속가능성 인증 포럼 발표자료

앞서 국내외 기업들의 지속가능성 인증 현황을 살펴보면서, 공시 의무화에 따른 영향뿐만 아니라 다양한 정보이용자 및 이해관계자 관점에서 신뢰성 있는 정보를 요구하는 상황이 세계적인 추세임을 고려한다면, 결국 지속가능성 공시와 함께 인증의 의무화가 필연적으로 이루어질 수밖에 없을 것이다.

이제 인증비율에 이어서 인증기관에 대해 살펴보도록 하겠다. 먼저 국내외 인증기관을 살펴보면, 국제회계사연맹(2025)에 따르면 2023년 기준으로 재무제표에 대한 외부감사인 42%, 재무제표 감사인 이외의 회계법인 13%로 회계법인이 전체의 55%를 인증하고 있으며, 나머지 45%는 비회계법인이 인증을 제공하고 있어 글로벌 지속가능성 인증기관으로 회계법인, 특히 재무제표에 대한 외부감사인(회계법인)의 비중이 높다.

## 권역 및 국가별 인증기관 비율

출처: 국제회계사연맹, 2025, The State of Play: Sustainability Disclosure and Assurance

회계법인의 인증 비율은 2022년 58%에서 2023년 55%로 소폭 하락했으나, 이는 단순한 점유율 감소라기보다 구조적 요인에 따른 변화로 해석할 수 있다. 첫째, 전세계적으로 인증 건수가 증가한 와중에 회계법인이 지속가능성 인증을 주도해 온 EU에서는 기존 다수의 개별 인증보고서를 발행하던 방식에서 하나의 통합된 인증보고서를 발행하는 경향이 나타났다. 둘째, 컨설팅 업체 등 비회계법인은 온실가스 관련 항목에 집중해 다수의 인증보고서를 발행하는 경향이 있어, 인증보고서 수로 기관별 인증비율을 집계하는 국제회계사연맹(2025)의 조사에서는 이들 기관의 인증비율이 높게 나타났다. 예를 들어, 국내 기업들의 경우는 2023년 기준 기업당 평균 2.5건의 온실가스 관련 인증보고서가 발행되었다. 셋째, 지속가능성 인증을 처음 도입하는 기업은 온실가스 관련 정보에 한정해 인증을 시작하는 경우가 많고, 이 과정에서 해당 분야에 특화된 비회계법인을 활용하는 경향이 있다.

글로벌 인증기관에 대해 국가별로 살펴보면 그 특징을 자세하게 알 수 있다. 먼저 인증을 선제적으로 의무화한 프랑스, 이탈리아, 스페인 등과 지속가능성 보고서에 대한 공시를 앞서 시행한 독일, 호주 등에서 회계법인의 인증 비율이 높은 것을 알 수 있다. 이는 두 가지 관점에서 분석할 수 있다. 먼저, 지속가능성 공시를 앞서 시행한 국가에서는 지속가능성 정보에 대한 신뢰성을 중요시해 인증에 대한 정보이용자들의 요구 수준이 높고, 이로 인해 인증기관이 갖추어야 하는 독립성, 품질관리 및 감독에 대해서도 요구수준이 높다는 점이다. 회계법인은 재무제표에 대한 독립된 외부감사인으로서 윤리 및 독립성 요건에 대한 국제윤리기준위원회(International Ethics Standards Board for Accountants, IESBA)가 제정한 국제윤리기준(International Code of Ethics for Professional Accountants, IESBA Code)을 포함한 내부적 윤리기준 준수 절차 및 모니터링 시스템을 갖추고 있고, 국제감사인증기준위원회(International Auditing and Assurance Standards Board, IAASB)에서 제정한 국제품질관리기준(International Standard on Quality Management, 이하 ISQM)에 따른 품질관리 요건을 이미 갖추고 있어서 지속가능성 인증 규제에 별도의 준비 기간 없이 대응하기 용이하다. 또한, 회계법인의 인증 비율이 55%, 회계법인 중 재무제표 외부감사인의 비율이 76%로 높은 것을 알 수 있는데, 이는 재무제표 외부감사인으로부터 인증을 받는 경우, 재무보고와 지속가능성 보고의 연계성 측면에 대한 고려와 인증대상 기업에 대한 이해도가 높아 기업과 인증기관 모두 업무 효율성을 높일 수 있는 등 다수의 장점이 작용한 것으로 보인다. 이러한 점은 국내를 포함한 글로벌 인증 의무화에 시사하는 바가 크다고 볼 수 있다. 한편, 인증 비율이 높은 미국의 경우 지속가능성 보고서 전체보다는 온실가스 배출량과 같은 중요 특정 지표들에 대한 인증 형태가 많아 인증대상의 성격에 따라 인증기관도 다양하게 분포하고 있는 것으로 보인다.

국내의 경우 지속가능성 인증 비율은 국제 동향보다 훨씬 높은 양상을 보이는 반면, 인증기관은 국제 동향과는 다른 양상을 보이고 있다. 국제회계사연맹(2025) 조사결과에 따르면, 국내 시가총액 50대 기업 기준으로 회계법인이 인증한 비율은 약 6%로 글로벌 평균인 55%보다 현저히 낮은 수준으로 조사되었다. 또한, 한국공인회계사회(2025) 조사결과에 따르면 국내 지속가능성 보고서에 대한 인증기관(2023년 기준)은 다음의 표와 같이 회계법인(외부감사인 포함) 6%, 비회계법인 88%, 미인증 비율이 6%로 조사되어 두 자료가 일치하는 결과를 보여주고 있다.

국내 지속가능성 보고서 인증기관 현황

| 구분 | 2019 | | 2020 | | 2021 | | 2022 | | 2023 | |
|---|---|---|---|---|---|---|---|---|---|---|
| | 기업수 | 비율 | 기업수 | 비율 | 기업수 | 비율 | 기업수 | 비율 | 기업수 | 비율 |
| 회계법인 | 4 | 4% | 7 | 5% | 13 | 5% | 25 | 8% | 21 | 6% |
| 한국경영인증원 | 32 | 32% | 46 | 32% | 79 | 33% | 103 | 32% | 99 | 28% |
| ESI Group Korea | 1 | 1% | 18 | 13% | 29 | 12% | 66 | 20% | 75 | 21% |
| 한국표준협회 | 5 | 5% | 10 | 7% | 23 | 10% | 24 | 7% | 25 | 7% |
| 한국품질재단 | 4 | 4% | 13 | 9% | 22 | 9% | 17 | 5% | 28 | 8% |
| 기타 | 43 | 43% | 43 | 30% | 57 | 24% | 63 | 19% | 87 | 24% |
| 미인증 | 10 | 10% | 6 | 4% | 17 | 7% | 27 | 9% | 21 | 6% |
| 총합계 | 99 | 100% | 143 | 100% | 240 | 100% | 325 | 100% | 356 | 100% |

출처: 기도훈, 2025, 국내 지속가능성 보고 및 인증 현황, 한국공인회계사회 제20회 지속가능성 인증 포럼 발표자료

이러한 국내 동향은 아직 국내 지속가능성 공시에 대한 의무화가 이루어지지 않았고, 국내 지속가능성 정보를 이용하는 이해관계자에 의한 인증 품질 요구 역시 크지 않은 국내 지속가능성 정보 인증 생태계(기업과 인증기관)의 영향 등 종합적인 요인으로 인해, 해외 동향과 다른 양상을 나타낸 것으로 보인다. 따라서 국내에도 글로벌 지속가능성 공시기준 도입 과정에서 책임 있는 인증기관의 신뢰성 높은 인증을 담보할 수 있는 제도적 방안도 균형 있게 고려되어야 할 것이며, 지속가능성 정보의 인증을 선제적으로 의무화한 국가의 동향과 제도 방향에 대해 심도 있게 고민해 봐야 할 것이다. 특히, 지속가능성 인증을 의무화한 EU는 재무제표 감사인을 포함한 회계법인을 주요 인증기관으로 지정하고 있으며(일부 국가의 경우 제3의 독립적 인증기관 포함)[2], 호주는 'Corporations Act 2001'을 통해 법적으로 등록된 감사인인 회계법인을 지정한 부분이 시사하는 바를 고려해야 할 것이다.

다음으로는 인증기준 사용 현황을 살펴보겠다. 국제회계사연맹(2025) 및 한국공인회계사회(2025) 자료에 따르면, 지속가능성 정보에 대한 인증기준 또한 표준화가 이루어지지 않아 국가별, 인증기관별로 상이한 인증기준을 적용하고 있는 것으로 파악되었다. 국제회계사연맹(2025)에 따르면 글로벌 평균 68%가 국제감사인증기준위원회에서 제정한 ISAE 3000(역사적 재무정보에 대한 감사 및 검토 이외의 인증업무기준)을 적용하는 것으로 나타났으며, 비회계법인의 시장점유율이 증가함에 따라 2022년 72% 대비 적용 비율이 다소 감소했다.

2) 이탈리아 등의 경우 법정감사인으로 지속가능성 인증기관을 한정하고 있다. 또한 프랑스 등의 경우 회계법인은 별도의 등록 또는 인가 절차가 없으나, 기타 인증기관은 별도의 인가를 받아야 한다. 회계법인은 품질관리규정 및 윤리규정을 이미 충족하고 있으므로 별도의 인가를 받지 않는 것으로 보인다.

**권역 및 국가별 인증기준 적용 비율**

| 권역 | 국가 | ISAE 3000 | ISAE 3410 | AA1000 | ISO 14064 | Other |
|---|---|---|---|---|---|---|
| AMERICAS | 아르헨티나 | 73% | | 9% | | 27% |
| | 브라질 | 82% | 2% | 4% | 10% | 6% |
| | 캐나다 | 63% | 45% | | 20% | 10% |
| | 멕시코 | 88% | | 6% | 6% | 6% |
| | 미국 | 41% | 6% | 5% | 45% | 30% |
| EU | 프랑스 | 100% | 4% | | | |
| | 독일 | 95% | 2% | 1% | 1% | 3% |
| | 이탈리아 | 95% | 7% | 2% | 2% | |
| | 스페인 | 83% | 5% | | 7% | 5% |
| OTHER EMEA | 러시아 | 96% | 8% | | 4% | |
| | 사우디아라비아 | 83% | 50% | | 17% | |
| | 남아프리카공화국 | 57% | 49% | 11% | 32% | |
| | 튀르키예 | 63% | 37% | 7% | 22% | 10% |
| | 영국 | 70% | 40% | 4% | 25% | 9% |
| ASIA | 호주 | 94% | 53% | | | 3% |
| | 중국 | 52% | 3% | 37% | 18% | 5% |
| | 홍콩 | 76% | 26% | 14% | 10% | 5% |
| | 인도 | 82% | 19% | 15% | 1% | 8% |
| | 인도네시아 | 37% | 4% | 48% | | 19% |
| | 일본 | 73% | 42% | 3% | 39% | 6% |
| | 싱가포르 | 74% | 29% | 3% | 13% | 10% |
| | 한국 | 14% | 3% | 31% | 44% | 14 |

* 기업마다 두 개 이상의 기준 및 프레임워크를 사용한 경우가 있으며, 비율은 조사대상 기업 수 대비 적용기준에 대한 개수 비율임
* 미국의 경우, Other에 미국공인회계사회 기준 26%가 포함됨

출처: 국제회계사연맹, 2025, The State of Play: Sustainability Disclosure and Assurance

한국공인회계사회가 조사한 2023 회계연도 국내 인증기관별 인증기준 적용 현황을 살펴보면, 인증기관에 따라 적용되는 인증기준이 달라지는 양상을 보이는 것을 알 수 있다. 회계법인의 인증비율이 높은 국가는 주로 ISAE 3000 기준을 적용하고 있으며, 비회계법인의 인증비율이 상대적으로 높은 국가는 AccountAbility가 제정한 AA1000AS, ISO 인증기준인 ISO 14064 등 다른 인증기준을 적용하는 추세를 보인다. 이는 ISAE 3000 기준이 인증인의 업무 수행 요건으로서 회계법인 수준의 윤리적 요구사항과 ISQC 1에 따른 품질관리 요구사항을 충족하도록 요구하고 있어 사실상 인증인의 자격을 회계법인으로 제한하고 있기 때문인 것으로 보인다. 비회계법인의 인증 비율이 높은 국가에서도 ISAE 3000의 적용 비율이 높은 경우가 있는데, 이는 인증기준으로서 ISAE 3000에 따른 인증을 수행했다는 관점보다는 다른 인증기준에서 다루지 않은 인증절차 등과 관련해 해당 기준을 참고해 적용한 것으로 보인다. 결과적으로 회계법인들은 온실가스 보고서에 대해 별도 의견을 제공하는 경우를 제외하고는 ISAE 3000을 단독으로 적용해 인증을 수행

하고 있다. 반면, 비회계법인 인증기관들은 단독 인증기준보다 다수의 인증기준을 사용하는 경우가 많은데, 이는 앞서 언급된 바와 같이 복수의 인증기준 사용을 통해 각 인증기준에서 다루지 않거나 부족한 부분을 보완 적용하기 위한 목적으로 이해된다. 또한, 한국공인회계사회가 조사한 연도별 국내 인증기준 적용 현황을 살펴보면, 이러한 국제 동향이 그대로 반영되고 있음을 알 수 있다.

**2023 회계연도 국내 인증기관별 인증기준 적용 현황**

| 구분 | KSAE 3000 | ISAE 3000 | | | | SRV 1000 | VeriSu stainTM1 | 기타 | 언급 없음 | 총계 |
|---|---|---|---|---|---|---|---|---|---|---|
| | | | Type1 | Type2 | Type3 | | | | | |
| 회계법인 소계 | 4 | 17 | 0 | 2 | 0 | 0 | 0 | 0 | 0 | 23 |
| 기타 인증서비스 제공자 | 0 | 7 | 95 | 201 | 7 | 98 | 17 | 16 | 1 | 442 |
| 총계 | 4 | 24 | 95 | 203 | 7 | 98 | 17 | 16 | 1 | 465 |
| 총비율 | 1.2% | 7.2% | 28.4% | 60.6% | 2.1% | 29.3% | 5.1% | 48% | 0.3% | - |

출처: 기도훈, 2025, 국내 지속가능성 보고 및 인증 현황, 한국공인회계사회 제20회 지속가능성인증포럼 발표자료

지속가능성 정보의 신뢰성과 이에 대한 인증이 점차 중요해짐에 따라 국제증권감독기구(International Organization of Securities Commissions, IOSCO) 등 주요 이해관계자들의 일관성 있고 비교 가능한 인증기준을 요구하는 목소리가 커지고 있다. 이에 따라 국제감사인증기준위원회와 국제윤리기준위원회는 ISSA 5000과 국제지속가능성인증윤리기준(International Ethics Standards for Sustainability Assurance, 이하 IESSA)을 각각 2024년 11월과 2025년 1월에 최종 발표했다. 인증 및 윤리기준의 제정 과정에서 국제증권감독기구는 지속가능성 공시의 신뢰성을 높이기 위한 국제감사인증기준위원회와 국제윤리기준위원회의 기준 제정 작업을 지지했으며, IFRS 지속가능성 공시기준의 적용 시점에 맞추어 시의 적절한 인증기준과 윤리기준 제정을 촉구한 바 있다. ISSA 5000의 도입 및 적용에 대한 국제 동향을 살펴보면, EU는 CSRD에 따라 인증기준을 일정 기한 내에 위임입법(delegated act) 형태로 채택해야 한다. 현재 유럽 집행위원회는 유럽감사감독기구위원회(Committee of European Auditing Oversight Bodies, CEAOB)에 ISSA 5000을 기반으로 해당 기준이 EU 법규와 공공정책에 부합하는지와 EU 관점에서 추가하거나 삭제해야 할 조항이 있는지에 대해 기술적 자문을 요청했으며, 자문 결과를 토대로 인증기준을 입법화할 예정이다. 또한, 호주는 호주감사인증기준위원회(Australian Auditing and Assurance Standards Board, AUASB)에서 ISSA 5000을 기반으로 한 지속가능성 인증기준인 ASSA 5000을 2025년 1월에 제정 발표했다.

인증기준에 대한 국제 동향을 살펴보면, 지속가능성 정보 공시에 대한 인증기준 통합의 필요성을 고려하여 국가 차원에서 인증기준을 채택하려는 움직임이 보이며, 주로 해당 인증기준은 ISSA 5000을 기반으로 하고 있다. 국내의 경우, 다양한 인증기준 적용에 따른 문제점과 투자자

등 다양한 이해관계자의 요구사항 및 국제 동향을 고려하여 인증기준 마련에 대한 논의가 필요해 보인다.

지금까지 국제회계사연맹과 한국공인회계사회의 조사자료를 기반으로 국내외 지속가능성 인증 현황을 살펴보았다. 다음으로는, KPMG가 발간한 'The journey continues: Navigating the road to readiness' 보고서의 ESG 인증 성숙도 지수를 통해 지속가능성 공시기준의 글로벌 의무화에 수반되는 인증 의무화에 대해 기업들의 준비 상황은 어떤 단계에 있는지를 살펴보고 이에 대한 시사점을 통해 기업들이 지속가능성 공시 및 인증 준비에 필요한 사항을 분석한다. 해당 보고서의 지속가능성 인증 성숙도 지수는 기업들이 지속가능성 정보를 보고하고 인증을 준비하는 과정에서 중요한 인사이트를 제공할 것으로 예상된다.

결론적으로 전세계적으로 지속가능성 공시가 의무화되는 추세 속에서, 기업들은 이제 단순한 지속가능성 정보의 보고를 넘어 신뢰 가능한 데이터 기반의 인증 체계를 요구받고 있으나, 상당수 기업이 여전히 지속가능성 인증에 대한 준비 수준이 미흡한 것으로 나타났다. 보고서에 따르면, 응답 기업의 75%가 현재 ESG 데이터를 공시해야만 하거나 곧 공시해야 할 것으로 예상된다고 답했으며, 이는 2023년 대비 9%p 증가한 수치이다. 그러나 이러한 현황과는 달리, 전체 응답 기업 중 71%가 글로벌 ESG 정보 공시 인증 의무화 시행에 대비가 되지 않은 것으로 답해 2023년 대비 4%p가 감소했지만 인증 준비 수준은 여전히 시작하는 단계에 머물러 있는 상황이며, 모든 지속가능성 정보를 독립적으로 인증받을 준비가 되어 있지 않다는 점을 시사한다. 설문에 참여한 기업을 인증 준비 정도에 따라 성숙도가 높은 선도그룹(상위 25%), 중간 단계인 중위그룹(중위 50%), 준비가 부족한 초기그룹(하위 25%)으로 분류해 그룹별 성숙도 지수를 살펴보면, 선도그룹은 평균 67점으로 2023년 대비 3.4% 상승, 중위그룹 역시 45.9점으로 1%의 개선을 보인 반면, 초기그룹은 평균 점수가 28.9점으로 5.3% 하락했다. 이는 지속가능성 인증 준비의 양극화가 심화되고 있음을 시사하며, 인증 의무화가 다가오는 현시점에서 심각하게 받아들여야 할 상황으로 보인다.

산업별로 살펴보면 보험 및 은행 산업이 상대적으로 높은 점수를 보이며, 2023년 대비 높은 상승을 보인 반면, 생명과학, 헬스케어 및 인프라 등의 산업군은 상대적으로 낮은 성숙도를 보였다. 2023년까지 에너지·자원 산업이 높은 준비 정도를 보였으나, 2024년에 소폭 감소하였는데, 퇴보라기보다는 데이터 수집이나 기술 개발이 단기간에 이루어지기 어려운 상황이 반영된 것으로 이해된다.[3] 2024년 산업별 성숙도에서 주목할 부분은 보험 및 은행 산업, 즉 금융 산업의 급격한 상승이다. 금융기관의 역할이 투자를 하기도 받기도 하는 산업의 특성과 함께 지속가능성 금융의 발전 등으로 인해 지속가능성 공시 및 인증 준비에 노력을 기울인 결과로 보인다.

3) 한편 최근 발표된 KPMG ESG Assurance Maturity Index 2025에 따르면, 2025년에 에너지·자원 산업이 다시 선두를 회복했으나 통신, 기술, 금융, 제조, 소비재·유통 등 타 산업과의 격차는 축소된 것으로 나타났다. 다만 생명과학·헬스케어, 인프라 산업의 준비 수준은 여전히 저조한 것으로 조사되었다.

**산업별 지속가능성 공시·인증 준비지수 변화**

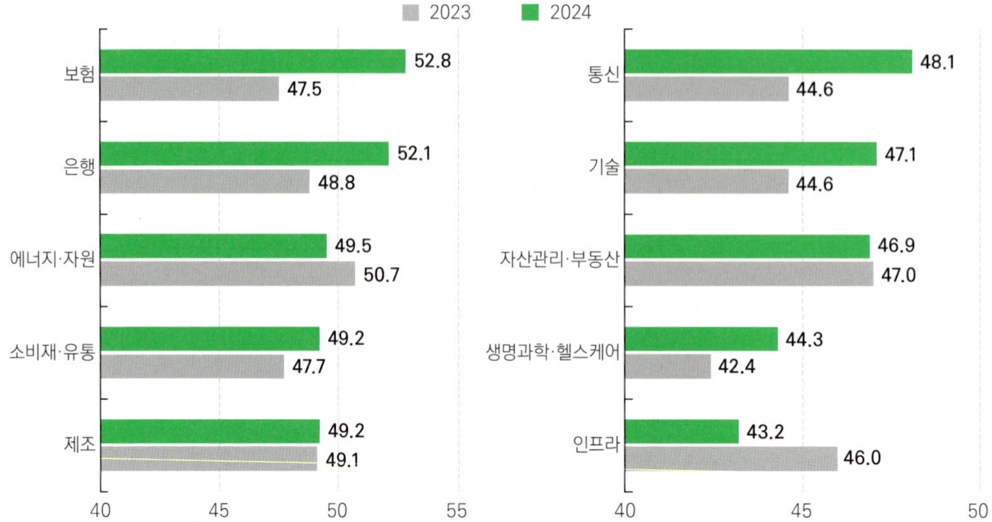


출처: KPMG International, 2024, The journey continues: Navigating the road to readiness

국가별로는 기업 본사가 위치한 국가에 따라서 지속가능성 인증 준비 수준이 영향을 받는 것으로 파악되었다. 프랑스, 독일 등 EU 내 국가들의 준비지수가 높게 나타나는데, 과거부터 규제가 강했거나 존재했던 국가일수록 오랜 기간 지속가능성 공시를 한 영향 등으로 인해 기업들이 지속가능성 인증 준비에 대한 빠른 적응력과 준비 정도를 갖춘 것으로 보인다. 이러한 부분은 국내 지속가능성 인증 의무화 시점과 대상기업을 결정하는 데 시사점을 줄 수 있다.

**지역별 지속가능성 공시·인증 준비지수 현황(2024년 기준)**

출처: KPMG International, 2024, The journey continues: Navigating the road to readiness

그렇다면 앞서 살펴본 바와 같이 지속가능성 인증 준비가 미흡한 이유가 무엇인지에 대해서 알아볼 필요가 있다.

주요 원인으로는 지속가능성 공시기준의 확정에 따라 지속가능성 정보에 대한 공시 요구 수준이 명확해지면서 '내부역량 및 전문성 부족'이 가장 두드러졌다. 전체 기업의 44%가 이를 가장 큰 과제로 지목했으며, 초기그룹에서는 이 비율이 61%에 달했다. 이러한 영향으로 기업들은 제한된 인재 풀에서 지속가능성 전문 인력을 확보하기 위해 전체 기업 중 54%는 외부 채용을 계획 중이라고 답했으며, 이는 기업들이 지속가능성 인증 성숙도를 달성하는 데 추가 역량이 필요하다는 사실을 점차 인식하고 있음을 시사한다. 인적 과제에 이어 공급업체 성과부족(43%)이 주요 문제로 지적되었으며, 특히 선도그룹의 경우 해당 요인이 가장 큰 장벽(46%)으로 나타났다. 이는 지속가능성 공시 과정에 공급망을 참여시키는 것이 핵심 과제임과 동시에 가장 어려운 과제 중 하나임을 시사한다.

그럼에도 불구하고 긍정적인 변화도 확인되었다. IT 및 디지털 솔루션 확보는 여전히 주요 과제로 남아 있으나, Scope 1 및 2 배출량 데이터 수집 비율은 전체 기준으로 68%, 초기그룹은 76%에 이르렀으며, 이는 2023년 대비 각각 13%p, 20%p 상승한 수치다. Scope 3 데이터 수집 비율은 다소 낮지만, 전체 51%(+15%p), 초기그룹 37%(+9%p)로 전년 대비 증가세를 보이고 있다. 이와 같은 수치는 데이터 수집 체계화에 대한 노력이 진전되고 있음을 시사한다. 또한, 상위그룹의 과제인식 측면에서도 많은 진전이 이루어졌다. 비용을 장애로 보는 인식이 35%에서 21%로 감소했고, IT/디지털 솔루션과 지표/측정도구 문제로 보는 부분도 감소하면서 장기적인 투자 관점에서 바라보는 인식의 변화가 있었다. 그러나 지속가능성 인증 준비를 위한 핵심 요건 중 하나인 지속가능성 정보에 대한 명확한 감사증적(audit trail) 체계 확보는 여전히 미진하다. 지속가능성 정보에 대한 명확한 감사증적 체계를 보유한 기업은 29%에 불과하며, 선도그룹은 해당 수치가 각각 30%에서 37%로 다소 진전은 있었으나 여전히 완전한 체계를 갖춘 기업은 소수에 그치고 있다. 많은 지속가능성 데이터 항목이 보고되고, 이에 대해 인증이 요구되는 상황에서 해당 정보에 대한 감사증적 체계를 구축하는 것은 매우 중요하고 필수적인 단계로 이해해야 할 것이다.

**참고: 선도그룹 대비 초기그룹의 주요 과제(2024년 기준)**

| | 초기그룹 | 선도그룹 | 차이 |
|---|---|---|---|
| 내부역량 및 전문성 부족 | 61% | 32% | **-29%p** |
| IT/디지털 솔루션 불충분 | 48% | 22% | **-26%p** |
| 규정 준수비용/예산부족 | 41% | 21% | **-20%p** |
| 기업 내부 ESG 공시인증 관련 전담부서 부재 | 23% | 10% | **-13%p** |
| 공시요구사항의 복잡성 | 47% | 36% | **-11%p** |
| 공시기준 간 상호운영성 부족 | 38% | 28% | **-10%p** |

출처: KPMG International, 2024, The journey continues: Navigating the road to readiness

지속가능성 인증 준비에 따른 조사결과에 대해 기업들이 어떻게 대응하고 준비해야 하는지에 대해서 KPMG는 아래와 같은 5가지 접근 방식을 제시하고 있다.

1. **적용 가능한 지속가능성 공시기준 선정**
   국제지속가능성기준위원회(International Sustainability Standards Board, 이하 ISSB)와 EU, 미국 요구사항에 대한 차이점을 식별하고 이로부터 발생할 수 있는 도전 과제에 대비
2. **강력한 지속가능성 거버넌스 구축 및 관련 역량 개발**
   지속가능성을 고려한 명확한 프로세스 및 지속가능성 콘텐츠와 지표 관리 등의 역량을 갖춘 인력 필요
3. **지속가능성 공시·인증기준 명확화 및 기준별 필요 데이터 파악·수집·품질 보장 체계 수립**
   지속가능성기준별로 지표 관리, 데이터 수집 및 통제를 위한 프로세스, 품질 보장을 위한 시스템 구축
4. **지속가능성 데이터 프로세스 디지털화 및 정확한 데이터 확보**
   비재무 데이터를 재무공시 시스템과 통합해 일관된 통제를 실행하고, 감사증적(audit trail)을 위한 데이터 출처와 정보의 정확성 확보
5. **가치사슬에 걸친 지속가능성 정보 수집**
   기업의 온실가스 배출량과 같이 가치사슬 전반의 간접 배출에서 발생하는 부분 등을 고려해 가치사슬과 관련된 보다 정교한 지속가능성 정보를 획득하는 것이 중요

출처: KPMG International, 2024, The journey continues: Navigating the road to readiness

KPMG는 지속가능성 인증 준비가 단기적 과제가 아닌, 지속가능한 전략의 일환으로 인식되어야 함을 강조한다. 특히 선도그룹은 지속가능성 목표를 조직 전반에 내재화하는 경향이 강하며, 전체의 86%가 ESG 목표를 전사적 운영계획에 통합하고 있다고 응답했다. 초기그룹에서는 해당 비율이 10% 미만에 불과해, 성숙도 격차가 현격한 상황이다. 결론적으로, 지속가능성 인증은 더 이상 선택이 아닌 필수이지만, 그 준비 현황은 기업 간, 산업 간, 지역 간 매우 큰 차이를 보이고 있다. 성숙한 지속가능성 인증 체계를 갖추기 위해서는 단순한 보고 시스템을 넘어서, 내부 전문성 확보, 디지털 인프라 강화, 감사 기반 통제 체계 구축 등이 병행되어야 한다. KPMG의 보고서가 제시하는 수치는 단순한 현황을 넘어, 미래 지속가능성 경영 경쟁력의 방향을 가늠하게 하는 주요한 시사점을 제공하므로 지속가능성 인증을 준비하는 기업들은 이러한 현황이 의미하는 바를 적용해 지속가능성 인증을 준비해야 할 것이다.

한편, KPMG는 최근 발표한 ESG Assurance Maturity Index 2025에서 거버넌스, 역량, 데이터 관리, 디지털 기술, 가치사슬의 다섯 가지 영역을 중심으로 ESG 인증 성숙도를 높이기 위해 고려해야 할 요소와 함께, 이를 구체화한 열 가지 주요 검토사항을 제시하고 있다. 이러한 검토사항은 KPMG가 설문조사를 통해 확인한 선도기업의 실제 사례를 기반으로 도출된 것으로, 빠르게 변화하는 지속가능성 공시 및 인증 요구사항에 대응해야 하는 기업들에게 실질적인 방향성을 제공할 수 있을 것으로 기대한다.

1. **거버넌스(Governance) "기업 이사회의 ESG 관련 활동 참여 촉진"**
   [검토 사항]
   - 이사회는 ESG 의제에 충분히 참여하고 있습니까?
   - 이사회 구성원들이 ESG 보고 및 인증 방식에 대한 정보 제공에 기여하고 있습니까?
2. **역량(Skills) "ESG 공시 관리를 위한 전문 인력과 교육 체계 구축 중요"**
   [검토 사항]
   - 명확한 ESG 교육 전략이 있습니까?
   - 구성원들에게 ESG 핵심 주제에 대한 교육을 의무화하고 있습니까?
3. **데이터 관리(Data Management) "데이터 보고 체계 확립 및 통합 시스템 구축"**
   [검토 사항]
   - 주요 기술 플랫폼 전반에 걸쳐 데이터를 세분화된 수준으로 관리하고 있습니까?
   - GRC(거버넌스/리스크/컴플라이언스) 시스템을 통해 ESG 성과를 모니터링할 수 있습니까?
4. **디지털 기술(Digital Technologies) "ESG 관리 개선을 위한 기술 도입"**
   [검토 사항]
   - ESG 데이터 관리를 향상시키기 위해 디지털 기술을 활용하고 있습니까?
   - 생성형 AI기반 솔루션을 탐색하거나 투자하고 있습니까?
5. **가치사슬(Value Chain) "공급망 측면에서 ESG 보고 및 인증 요구사항 강화"**
   [검토 사항]
   - 공급업체와 ESG 요구사항에 대해 충분히 소통하고 있습니까?
   - 공급업체의 ESG 성과 수준을 단계적으로 끌어올릴 계획이 있습니까?

출처: KPMG International, 2025, KPMG ESG Assurance Maturity Index 2025: Maintaining momentum

특히, ISSA 5000과 국제지속가능성인증윤리기준 등 글로벌 기준의 제정으로 고품질의 인증이 이루어질 것으로 기대되며, 이에 따라 독립성, 품질관리, 윤리규범에 대한 체계적 대응이 필수적으로 요구되고 있다. 이러한 변화 속에서, 기존에 재무제표 감사업무를 통해 인증기준과 윤리기준을 충실히 준수해 온 회계법인과 공인회계사의 역할이 중요해질 것으로 전망된다. 기업 또한 지속가능성 인증을 준비함에 있어 단순히 외형적 요건 충족에 그치는 것이 아니라, "신뢰 가능한 품질"을 담보할 수 있는 인증기관과의 협업을 전략적으로 고려해야 하며, 이를 통해 향후 글로벌 시장과 투자자, 이해관계자의 기대에 부합하는 지속가능성 경영 체계를 갖추어야 할 것이다.

# II

# 지속가능성 인증업무 관련 기준 (ISSA 5000, IESSA)

SUSTAINABILITY
ASSURANCE

# Ⅱ 지속가능성 인증업무 관련 기준 (ISSA 5000, IESSA)

## 01 국제지속가능성인증기준(ISSA 5000)

### 1) ISSA 5000 제정 배경

최근 유럽을 중심으로 지속가능성 정보(혹은 기후 관련 정보)의 공시와 이에 대한 제3자 인증을 의무화하는 법령이 제·개정되면서, 지속가능성 정보에 대한 인증 수요도 빠르게 증가하고 있다. 재무제표에 대한 회계감사에 비추어 볼 때, 기업 공시의 신뢰성과 품질을 높일 수 있는 가장 일반적인 방법 중 하나는 정보 공시에 대한 인증이라고 할 수 있다. 이에 따라 지속가능성 정보의 인증을 의무화하는 국가도 증가하는 추세다. 뿐만 아니라 국내외 많은 기업이 자발적으로 지속가능성 정보에 대해 인증을 받고 있다. 1장에서 살펴본 바와 같이 2023년 기준 주요 국가에서 지속가능성 공시를 하는 대기업의 73%가 인증을 받고 있는 상황이다(국제회계사연맹, 2025). 이에 지속가능성 정보 공시 인증 의무화 논의와 더불어 어떤 인증기준을 사용할 것인가에 대한 논의도 활발히 진행되고 있다.

2025년 현재 기존에 주로 사용되던 지속가능성 인증기준은 ISAE 3000(revised), AA1000AS, ISO 14064 등이다. 2023년 기준으로 회계법인으로부터 인증을 받은 경우 약 92%가 ISAE 3000(revised) 기준으로 인증을 받고 있다(국제회계사연맹, 2025). 그러나 비회계법인이 인증을 진행하는 경우에는 불과 38% 정도만 ISAE 3000(revised)을 활용하고 있으며, AA1000AS, ISO 14064 등을 주로 활용하고 있다(국제회계사연맹, 2025). IFRS의 S1, S2, 유럽 지속가능성 보고기준(European Sustainability Reporting Standards, 이하 ESRS), 미국 증권거래위원회(Securities and Exchange Commission, 이후 미국 SEC)의 기후 관련 공시규정 등이 제정 및 개정되면서 보다 포괄적인 지속가능성 정보 인증기준에 대한 필요성이 대두되고 있다. 특히 개별 국가(jurisdiction)별로 통일된 공시, 인증 체계를 갖추는 것이 투자자와 이해관계자들이 정보를 해석하고 신뢰를 갖게 되는 데 매우 중요하다.

기존에 널리 쓰이던 ISAE 3000(revised)은 역사적 재무정보에 대한 감사 및 검토 이외의 인증업무를 다루는 기준으로 국제감사인증기준위원회에서 제정한 기준이다. 또한, 특정 주제를 다루는 별도 기준이 있는 경우(ISAE 3410 온실가스보고서 인증업무기준 등), 해당 기준과 ISAE 3000을 함께 적용하게 된다. 그러나 ISAE 3000은 포괄적인 원칙만 제시하므로 지속가능성 인증업무를 일관되게 수행하는 데 한계가 있다는 의견이 많았다. 이를 보완하고자 국제감사인증기준위원회는 2021년 4월에 관련 실무지침인 지속가능성 보고서 등에 대한 인증업무기준 적용 가이던스(Extended External Reporting Guidance, 이하 EER 지침)를 공개했다.

그러나 EER 지침 또한 다양한 실무적 문제점이 존재했다. 첫째, EER 지침은 의무 적용 사항이 아니었기에(Non-authoritative), 실무상 적용 여부가 달라 인증보고서 간 비교가능성이 떨어질 수 있었다. 또한, 이러한 특징으로 인해 결국 해석이 필요하고, 동일한 업무마다 인증기관별 다른 절차가 존재할 수 있었다. 둘째, EER 지침에서는 지속가능성 보고, 통합보고서 등 인증대상정보가 너무 광범위해서, 인증업무의 범위와 방법론이 일관되지 않는다는 문제점이 존재했다. 셋째, 지속가능성 정보에 대한 인증업무에서는 비재무정보의 특성상, 적합한 평가 준거기준이 필수적임에도 '무엇을 근거로 판단할 것인가'에 대한 기준 자체가 명확하지 않았다. 가령 온실가스 관련 이슈라면, 어떤 배출 범위(Scope 1, 2, 3)를 포함하는가에 대해 명확한 가이드가 있어야 하는데, EER 지침에서는 해당 준거기준이 불분명한 문제가 있었다. 넷째, EER 지침에서는 제한적 인증과 합리적 인증의 차이와 적용 방법이 명확하지 않아, 이해관계자들에게 혼란을 줄 수 있었다. 즉, 인증 수준에 따른 수행절차, 요구사항 등이 명확하지 않아 이용자들의 자의적인 판단이 개입될 여지가 많았다. 다섯째, 지속가능성 정보의 특성상 미래전망적이고 주관적인 판단에 근거한 정보가 많은데, EER 지침에서는 이러한 부분에 대해 어떤 인증 절차를 취해야 하는지에 대해 명확한 내용이 부족했다. 마지막으로, 타 인증인 활용에 대한 구체적인 규정이 미비했다.

이러한 배경 하에 2022년, 국제감사인증기준위원회는 신뢰성 있는 지속가능성 정보와 이에 대한 인증을 촉진하는 원동력 역할을 하는 주요 이해관계자들과 협력하는 과정에서, 지속가능성 정보에 관한 단일 국제 기준 필요성을 인지했다. 이러한 단일 국제 기준은 세계적으로 인증기준의 파편화 위험을 줄이고, 의도된 이용자의 지속가능성 보고에 대한 신뢰도를 제고하는 일관성 있는 양질의 인증업무를 추진할 수 있을 것으로 예상되었다. 이미 ISAE 3000(revised), ISAE 3410, EER 지침이 널리 수용되고 현재 이러한 업무 수행에 사용되고 있기는 하지만, 이해관계자들은 지속가능성 정보 인증에 초점을 맞춘 더 구체적인 기준의 필요성에 공감했다.

규제 변화 측면에서도 EU의 CSRD는 2024 회계연도부터 대기업에 대해 지속가능성 정보 공시에 대한 외부 인증을 의무화했고, 2026년까지는 제한적 확신 수준의 인증기준을 마련하도록 규정하고 있다. 이 밖에도 영국, 일본, 캐나다 등 여러 국가에서도 지속가능성 정보 공시 의무화 및 외부 인증 도입이 활발히 논의되고 있다.

시장 및 투자자 측면에서도, 글로벌 기관투자자들이 기후변화, 탄소배출, 인권 등의 지속가능성 정보를 정확하고 신뢰할 수 있는 투자 의사결정 기반으로 인식하고 있다. 이에 따라 대형 자산 운용사와 글로벌 금융기관들은 투자 대상 기업에 독립적인 외부 인증이 완료된 지속가능성 정보를 공개하도록 요구하는 추세다. 아울러 기후 관련 재무정보 공개 태스크포스(Taskforce on Climate-related Financial Disclosures, 이하 TCFD) 등과 같은 국제 이니셔티브들도 기업의 지속가능성 공시 신뢰성 제고를 지속적으로 압박하고 있다. 이러한 흐름은 기업들이 자발적으로 외부 인증을 받는 문화를 확산시키고 있으며, 동시에 인증 관련 전문 서비스 시장의 수요를 급격히 증가시키고 있다.

이에 국제감사인증기준위원회는 2022년 9월 지속가능성 보고에 대한 새로운 포괄적 인증기준을 제정하기 위한 프로젝트를 추진하기 시작했고, 이후 국제감사인증기준위원회는 2023년 6월 ISSA 5000 공개초안을 승인하고, 8월에 이를 발표했다. ISSA 5000 공개초안에 대한 의견 수렴은 2023년 12월 1일까지 이루어졌으며, 총 143건의 의견서가 제출되었다. 해당 의견서의 의견들은 적용 범위, 윤리 및 품질관리기준, 제한적/합리적 확신, 중요성, 타 인증인, 그룹업무 및 기타에 관한 사항에 대한 것들이었고, 이해관계자별로 정리하면, Monitoring Group 4건, 작성자, 이용자 및 지배기구 15건, 규제기관 및 감사감독기구 11건, 기준개발기구 16건, 회계법인 21건, 기타 인증업무 수행자 58건 및 기타 18건이 제출되었다. 또한 제출된 의견서를 세부 주제별로 분류한 결과, 총 1,188건의 세부 의견이 도출되었는데, 이는 적용 범위(310건), 윤리 및 품질관리기준(101건), 제한적/합리적 확신(223건), 중요성(249건), 타 인증인(128건), 그룹업무(86건), 기타(91건)로 구분된다. 이후 2024년 3월, 6월 및 9월에 이사회(Board meeting)를 진행하여 수렴 의견을 검토하고 수정안을 준비하는 과정을 거쳐, 2024년 11월 15일 최종안이 공표되었다. ISSA 5000은 2026년 12월 15일 이후 개시하는 보고 기간이나 해당일 이후의 특정 일자에 대해 보고된 지속가능성 정보 인증에 사용될 수 있으며 조기 적용 또한 허용된다.

**제출자 유형 및 주제별 제출의견건수**

| | Monitoring Group | 작성자, 이용자 및 지배기구 | 규제기관 및 감사 감독기구 | 기준 개발기구 | 회계법인 | 기타 인증기관 | 기타 이해관계자 | 합계 |
|---|---|---|---|---|---|---|---|---|
| 적용 범위 | 2 | 18 | 17 | 50 | 54 | 13 | 156 | 310 |
| 윤리 및 품질 관리기준 | 1 | 6 | 9 | 14 | 17 | 4 | 50 | 101 |
| 제한적/ 합리적 확신 | 8 | 7 | 17 | 34 | 42 | 9 | 106 | 223 |
| 중요성 | 6 | 16 | 20 | 34 | 45 | 8 | 120 | 249 |
| 타 인증인 | 2 | 2 | 5 | 18 | 26 | 7 | 68 | 128 |
| 그룹업무 | 1 | 2 | 5 | 13 | 20 | 2 | 43 | 86 |
| 기타 | 3 | 9 | 9 | 13 | 13 | 4 | 40 | 91 |
| **합계** | **23** | **60** | **82** | **176** | **217** | **47** | **583** | **1,188** |

출처: 국제감사인증기준위원회, 2024a, IAASB Agenda Item 3 – Sustainability Assurance – Cover Note.

ISSA 5000의 제정은 지속가능성 정보 공시 및 보고에 대한 수요가 증가함에 따라 이루어졌다. 특히 투자자, 일반목적 외부보고서 이용자, 규제기관 및 비정부기구 등 여러 이해관계자에게 보고 정보의 신뢰성은 매우 중요한 이슈로 부각되었다. 이에 따라 보다 높은 품질, 중립적이고 포괄적이며, 표준화된 인증기준이 필요하게 된 것이 ISSA 5000 제정의 배경이다. 최근 EU를 포함한 여러 국가에서 지속가능성 정보 인증을 요구하거나 권장하는 추세가 확대되는 가운데, ISSA 5000은 보고 대상, 준거기준, 인증인[4)]과 관계없이 모든 지속가능성 정보 인증에 적용 가능한 포괄적(Overarching) 기준이다. ISSA 5000은 향후 지속가능성 정보 인증기준의 글로벌 기준선(Global baseline)으로 자리매김할 것으로 기대되며, 최종안 공표 직후 국제증권감독기구의 강력한 지지 성명서가 발표되었다.[5)]

## 2) ISSA 5000의 특징

ISSA 5000의 주요 특징을 요약하면 다음과 같다.

우선, ISSA 5000은 특정한 지속가능성 주제, 보고 방법, 준거기준, 또는 인증인의 유형과 무관하게 적용되는 포괄적이고 원칙 중심의 국제 인증기준이다. 이는 단일한 형태의 보고 체계나 제한된 주제에 한정되지 않고, 기후변화, 인권, 생물다양성, 사회적 책임, 공급망 거버넌스 등 다양한 지속가능성 이슈 전반을 아우르는 범용적인 기준으로 설계되었다는 점에서 특징적이다. 이러한 점이 ISAE 3000이나 EER 지침에 비해 개선된 부분이다. 또한, 지속가능성 정보의 보고 형식(서술형, 정량지표, 핵심성과지표(Key Performance Index, KPI) 등)이나 보고 주체(기업, 공공기관, NGO 등), 인증인의 형태(회계법인, 제3자 인증기관 등)와 관계없이 동일한 프레임워크로 일관되게 적용될 수 있도록 구성되어 있다. 이는 지속가능성 보고의 국제적 흐름이 빠르게 변화하는 현 상황에서, ISSA 5000이 법적·제도적 요건 변화 및 이해관계자 요구에 유연하게 대응할 수 있는 기반을 제공함을 의미한다. 특히, 실체(entity)[6)]가 보고할 지속가능성 정보를 식별하기 위한 절차나 보고 범위 설정의 유연성은 다양한 보고 환경과 산업 특수성에 대한 적응 가능성을 높인다.

4) 지속가능성 인증업무를 수행하는 개인(들)(일반적으로 업무수행리더나 기타의 업무팀원, 또는 경우에 따라 해당 법인)

5) 국제증권감독기구는 성명서를 통해 국제감사인증기준위원회가 ISSA 5000의 개발 전 과정에서 폭넓고 철저한 의견 수렴을 바탕으로 기준을 마련한 점을 긍정적으로 평가하였으며, 국제증권감독기구가 이 과정에 적극적으로 참여할 수 있었던 점에 대해서도 환영의 뜻을 표했다. 또한 국제증권감독기구는 지속가능성 인증업무를 수행하는 모든 유형의 인증기관 및 전문가들이 적용할 수 있는 보편적인 인증기준을 마련해야 한다는 공익적 요구에 부응하여, 국제감사인증기준위원회가 적시에 ISSA 5000 기준을 완성한 것을 높이 평가하며 지속적인 지지를 다시 한번 강조하였다. 아울러, 국제증권감독기구는 ISSA 5000 기준이 지속가능성 관련 정보에 대한 고품질의 인증을 가능하게 함으로써, 시장에 제공되는 지속가능성 정보의 일관성, 비교가능성 및 신뢰성을 크게 향상시킬 수 있을 것으로 기대한다고 밝혔다.(IOSCO 2024).
국제증권감독기구(IOSCO), 2024, IOSCO Issues Statement of Support on the IAASB's International Standard on Sustainability Assurance (ISSA) 5000, https://www.iosco.org/news/pdf/IOSCONEWS746.pdf

6) 실체란 지속가능성 정보의 작성 주체를 의미하는 것으로 실무적으로는 기업이나 공공기관, 비영리단체 등을 의미한다.

둘째, ISSA 5000은 인증업무를 수행하는 데 있어 필수적인 윤리적 요구사항과 품질관리 요건을 명확히 규정하고 있다. 인증업무의 신뢰성과 투명성은 인증인의 독립성과 윤리기준의 준수 여부에 달려 있으며, ISSA 5000은 이 점을 재무제표 감사기준의 전통적인 원칙에 기반해 명시하고 있다. 인증인은 국제윤리기준인 국제윤리기준에 따라 성실(Integrity), 공정(Objectivity), 전문가적 적격성 및 정당한 주의(Professional Competence and Due Care), 비밀유지(Confidentiality), 전문가적 품위(Professional Behavior)와 같은 윤리강령을 반드시 준수해야 하며, 동시에 독립성 유지 여부를 스스로 점검하고 위협 요소를 식별, 평가, 대응하는 절차도 마련해야 한다. 더불어, 인증기관은 국제감사인증기준위원회의 품질관리기준(ISQM 등)에 기반해 법인 수준 및 업무 수준에서 체계적인 품질관리시스템을 운영해야 하며, 이에는 인증업무 리더(업무수행리더[7]), 팀원, 외부전문가 및 타 인증인의 적격성과 역량에 대한 평가도 포함된다. ISSA 5000은 이들의 역할, 활용 가능성 및 전제조건까지 구체적으로 제시해, 품질 확보의 책임 주체와 절차를 명확히 구조화하고 있다.

셋째, ISSA 5000은 인증업무의 전 과정—업무 수용부터 계획, 위험평가, 증거 수집, 결론 도출, 타 인증인 활용, 보고서 작성까지—에 걸쳐 체계적이고 원칙 기반의 요구사항을 제시한다. 인증업무는 크게 합리적 확신(Reasonable assurance)과 제한적 확신(Limited assurance)으로 나뉘며, 그에 따라 절차의 범위와 접근 방식이 달라진다. 합리적 확신업무는 보다 높은 수준의 확신을 제공하기 위해 보다 정밀하고 광범위한 절차 및 증거 수집이 요구되며, 제한적 확신업무는 절차의 성격과 범위가 간소화되어 있으나 여전히 유의미한 수준의 확신을 제공하도록 설계된다. 인증인은 업무 착수 전 해당 지속가능성 정보에 대한 왜곡 가능성(중요왜곡표시위험(Risk of Material Misstatement, RMM))을 사전에 평가하고, 이 위험에 대응하기 위한 추가절차와 전략적 접근을 마련해야 한다. 또한, 인증업무 수행 중 실체의 내부통제시스템, 지배기구 및 경영진의 책임, 증거의 적합성과 충분성 등도 함께 고려되어야 하며, 이는 보고 대상 정보의 품질과 신뢰도를 높이기 위한 필수적인 기반으로 작용한다. ISSA 5000은 이러한 절차들을 표준화함으로써 전세계적으로 일관되고 신뢰할 수 있는 지속가능성 인증 실무의 정착을 도모할 수 있을 것으로 예상된다.

7) 법인을 대표해 인증업무, 인증업무의 수행, 발행된 인증보고서에 대해 책임을 지며, 관련 요구사항이 있을 경우에는 전문직 단체, 정부 또는 규제기관으로부터 적합한 권한을 부여받은 법인이 선임한 파트너 또는 기타 개인을 가리킨다.

### 3) ISSA 5000의 기본 내용

ISSA 5000은 실체가 공시하는 지속가능성 정보에 대해 인증인이 평가하고 확신을 제공하는 데 필요한 기준을 제시하는 데 목표가 있다. 지속가능성 정보는 다양한 주제(예: 기후, 근로 관행, 생물다양성)와 그 측면(예: 위험 및 기회, 지표, 핵심성과지표 등)을 포함할 수 있으며, 법규나 보고체계에 따라 인증대상이나 범위가 달라질 수 있다. 이러한 지속가능성 정보는 지속가능성 관련 위험과 기회에 대한 통찰력을 제공해 이용자가 지속가능성 사안이 실체에 미치는 영향 또는 실체가 환경, 사회 또는 경제에 미치는 긍정적이거나 부정적인 실제 또는 잠재적 영향을 이해하고 평가할 수 있도록 하는 것을 목적으로 한다(문단 A1[8]).

지속가능성 정보는 적절한 준거기준에 따라 보고되어야 하며, 인증인은 해당 준거기준이 업무 상황에 적합한지를 판단해야 한다. 특히, 법규에 구체화되어 있거나 공신력 있는 기관이 제정한 체계 준거기준은 특별한 문제가 없는 한 적합한 것으로 간주한다(문단 3). 체계 준거기준은 지속가능성 정보를 측정하거나 평가하는 원칙과 개념을 제공하며, 실체가 일관성 있는 보고정책을 선택·적용할 수 있는 토대를 마련해 줄 수 있다. 이러한 준거기준은 중요성 개념 적용, 보고할 지속가능성 사안 식별 절차 등을 포함할 수 있다(문단 A2).

인증업무는 전체 지속가능성 정보를 다룰 수도, 일부만을 다룰 수도 있으며, 관할 국가에 따라 인증 범위가 다를 수 있다. 업무의 범위는 명확히 식별되어야 하며, 보고 요구사항에 따라 인증대상을 구체적으로 설명해야 한다. ISSA 5000에서는 인증업무의 전제로 윤리기준(독립성 포함) 및 품질관리기준의 적용을 요구하고 있으며, 인증인의 소속 법인은 품질관리시스템을 갖춘 조직이어야 하고, 이는 높은 품질의 인증업무 수행을 위한 필수요건으로 간주된다(문단 6). 이러한 품질관리와 관련해, 인증인이 소속된 법인의 목적은 ISQM 1에 따라, 전문직 기준 및 관련 법규의 요구사항에 따라 책임을 이행하고 업무를 수행하며, 법인 또는 업무수행책임자가 발행하는 업무보고서가 해당 상황에 적합하다는 점에 대해 합리적 확신을 제공할 수 있도록 품질관리시스템을 설계하고, 실행하며, 운영하는 데 있다. 특히 ISSA 5000 공개초안 회람 단계 때부터 국제윤리기준위원회의 IESSA(독립성 포함) 공개초안 및 해당 사항과 관련된 윤리기준의 기타 개정사항에 대해 ISSA 5000과의 조정이 중요하다는 의견이 이해관계자로부터 대두되었다. 국제윤리기준위원회와 국제감사인증기준위원회는 두 기준 사이의 차이를 조율하는 데 전념했다.

ISSA 5000은 '입증업무(attestation engagements)'에 한정되며, ISAE 3000(revised)을 별도로 적용할 필요 없이 이 기준서만으로 업무 수행이 가능하다. 또한, 국제감사인증기준위원회에서는 ISAE 3410(온실가스보고서 인증업무기준)의 요구사항들이 ISSA 5000에서 적절히 다루고 있다고 판단하고 있으므로, ISSA 5000이 시행되면 ISAE 3410은 철회될 것으로 예상된다.

8) 본 장에서 ISSA 5000 기준서 중 참조하고 있는 문단을 표기한 것이다.

**참고: 지속가능성 사안 및 지속가능성 정보**

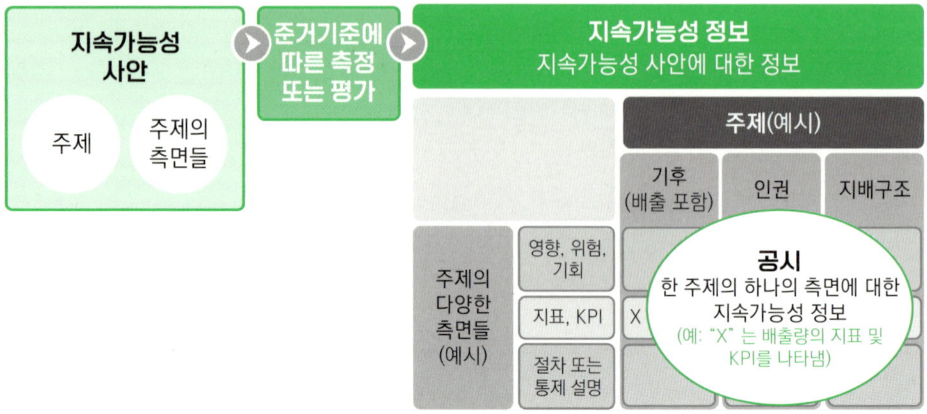


출처: 국제감사인증기준위원회, 2024c, International Standard on Sustainability Assurance 5000, 저자 재구성

지속가능성 사안(즉, 기초인증대상)과 지속가능성 정보(즉, 인증대상정보) 사이의 관계는 해당 준거기준에 비추어 지속가능성 사안과 관련 공시를 측정 또는 평가한 결과로 정해진다.
지속가능성 정보는 준거기준에 따라 보고한다. 경영진은 보고할 지속가능성 정보를 결정할 때 지속가능성 사안의 주제들 그리고 주제들의 다양한 측면들을 고려하고, 이 주제들 및 주제들의 다양한 측면들은 관련 공시들에서 구체적으로 나타난다. 공시는 다양한 형태로 할 수 있다(예: 서술적 설명 또는 다른 질적 정보, 핵심성과지표 또는 다른 양적 정보가 제시된 표, 또는 이들을 조합한 정보).

## 4) 업무의 수용과 유지

### (1) 인증업무의 수용, 유지 조건

지속가능성 인증업무를 수행하는 인증인은 ISSA 5000 및 다른 관련된 기준의 요구사항을 준수해야 해당 기준을 준수했다고 기술할 수 있다. 다만, 예외적인 상황에서 특정 요구사항의 이행이 비효율적이거나 목적 달성에 적절하지 않을 수 있다. 이 경우 ISSA 5000에서는 대체 절차가 원래 요구사항의 목적을 충분히 달성할 수 있다면, 인증인이 해당 요구사항을 이탈하고 대체 절차를 수행할 수 있다고 제시하고 있다(문단 23). 또한, 이러한 판단이 이루어진 경우, 인증인은 대체 절차가 어떻게 목적을 달성했는지와 이탈 이유를 명확히 문서화해야 한다(문단 24).

무엇보다도, 인증기준의 목적 자체가 달성될 수 없는 상황에 직면한 경우, 인증인은 업무 결과에 대한 결론을 수정하거나, 법령상 가능하다면 해당 업무를 해지할지를 평가해야 한다. 가령 2025년 현재 국내법에서는 아직 지속가능성 정보에 대한 인증이 의무화되어 있지 않기 때문에 관련

기준이 미비하다. 재무제표 감사의 경우를 본다면 「주식회사 등의 외부감사에 관한 법률」 제15조의 감사인의 감사계약 해지와 관련된 조항 등이 유사한 건에 해당될 것이다.[9)]

또한, 인증인이 독립성, 적격성을 만족하고, 인증업무를 위한 전제조건을 포함해 업무 조건에 대해 인증인과 업무의뢰자 간의 합의가 있으면 인증업무를 수행, 유지할 수 있다. 다만, 업무 수임 이전에 업무의뢰자가 제안된 업무의 조건에서 인증인의 업무 범위에 제한을 가했고 인증인이 그러한 제한 때문에 지속가능성 정보에 대한 결론 표명을 거절하게 될 것이라고 판단하는 경우, 인증인은 법규에서 요구되는 경우를 제외하고, 해당 업무를 인증업무로 수임해서는 안 된다(문단 26, 27).

### (2) 독립성(윤리적 요구사항 포함)

지속가능성 인증인이 준수하는 독립성은 윤리강령 중 성실(integrity), 공정(objectivity)과 관계가 있으며 크게 두 가지 요소로 구성되어 있다. 첫째, 정신적 독립성(independence of mind)은 전문가적 판단을 손상시키는 요인에 영향을 받지 않고 의견을 표명할 수 있는 정신적 상태를 의미하며, 개인이 진실되게 행동하고 공정성을 유지하며 전문가적 의구심을 발휘하도록 한다. 둘째, 외관상 독립성(independence in appearance)은 합리적이고 충분한 정보를 가진 제3자(즉, 일반적인 외부 이해관계자)의 시각에서 보았을 때, 인증인이 독립적인지, 즉 인증인의 성실성, 공정성, 또는 전문가적 의구심이 손상되었다고 판단할 만한 사실이나 상황이 없는 상태인지를 나타낸다. 국제윤리기준위원회는 이 두 요소가 동시에 충족되어야만 독립성이 유지된 것이라고 판단한다. 인증인이 정신적으로 독립적인 판단을 내렸다고 하더라도, 외부에서 보기에 이해관계가 얽힌 상황처럼 보인다면 독립성이 손상된 것으로 간주될 수 있다.

업무의뢰자와 사업관계나 가족관계, 고용관계가 있거나 인증의뢰인에게 최근 제공한 서비스가 있는 경우 등 독립성을 위협할 수 있는 다양한 경우가 있다.[10)] 이러한 요인은 모두 독립성 훼손의 가능성을 높이므로, 인증인은 각 상황에 대해 충분한 주의와 내부 절차를 통해 그 영향을 평가하고, 필요한 경우 적절한 대응 조치를 취해야 한다.

ISSA 5000에서는 인증인이 독립성을 유지하기 위해 다음과 같이 국제윤리기준 등을 준수하도록 하고 있다(문단 A58).

---

9) 제15조(감사인의 감사계약 해지) ① 감사인은 제16조에 따른 회계감사기준에서 정하는 독립성이 훼손된 경우 등 대통령령으로 정하는 사유에 해당하는 경우에는 사업연도 중이라도 감사계약을 해지할 수 있다.
② 제10조 제3항에도 불구하고 주권상장법인, 대형 비상장주식회사 또는 금융회사의 감사인은 감사의견과 관련해 부당한 요구나 압력을 받은 경우 등 대통령령으로 정하는 사유에 해당하는 경우에는 연속하는 3개 사업연도 중이라도 매 사업연도 종료 후 3개월 이내에 남은 사업연도에 대한 감사계약을 해지할 수 있다.
③ 감사인은 제1항 또는 제2항에 따라 감사계약을 해지한 경우에는 지체 없이 그 사실을 증권선물위원회에 보고해야 한다.

10) 재무제표 감사에서 독립성을 훼손할 수 있는 경우와 거의 유사하다고 볼 수 있다.

**윤리적 요구사항**

| 분류 | 내용 |
|---|---|
| 국제윤리기준(인증인에게 기대되는 행동에 관한 기준을 정한 윤리강령) | 성실, 공정, 전문가적 적격성 및 정당한 주의, 비밀유지, 전문가적 품위 |
| 윤리적 요구사항이 포함된 국가법령 | 정보의 비밀유지에 영향을 미치는 개인정보보호법 등 국가의 법규에도 독립성을 포함한 윤리적 요구사항을 다루는 조항들이 포함될 수 있다. |

또한 ISSA 5000에서는 윤리강령의 준수에 대한 위협 요소에 대응할 때 인증인이 적용해야 하는 개념체계를 제공한다(문단 A59). 이러한 개념체계의 절차는 다음과 같다.

**윤리강령 준수에 대한 위협 요소 대응 절차**

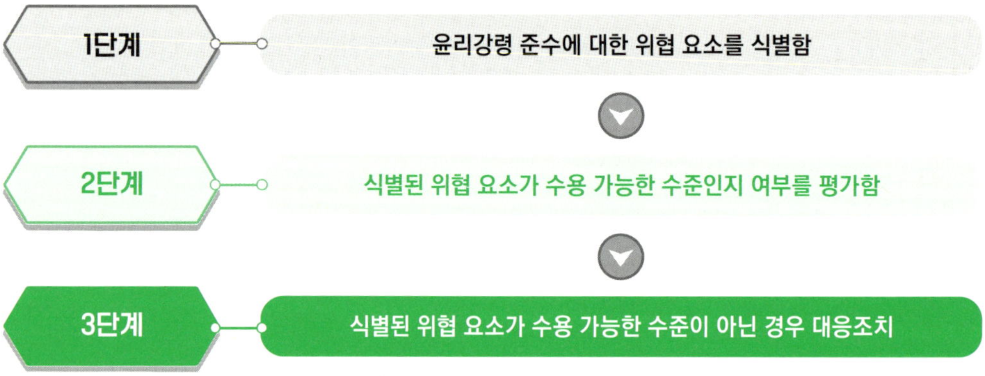


윤리강령 준수에 대한 위협의 종류는 다음과 같다.

**윤리강령 준수에 대한 위협의 종류**[11)]

| 위협의 종류 | 내용 |
|---|---|
| 이기적위협 | 인증인이 재무적 또는 기타 이해관계가 있는 경우 발생하는 위협 |
| 자기검토위협 | 인증인이 직접 판단한 지속가능성 정보에 대해 인증을 하는 경우 발생하는 위협 |
| 변호위협 | 인증인이 공정성이 손상될 수 있을 정도로 어떤 입장이나 의견을 옹호하는 경우 발생하는 위협 |
| 유착위협 | 인증인의 밀접한 관계로 인하여 다른 사람이나 기업의 이익에 지나치게 동정적일 때 발생하는 위협 |
| 압력위협 | 인증인이 현실적 또는 잠재적인 협박의 가능성 때문에 공정하지 못하게 되는 경우 발생하는 위협 |

11) 재무제표에 대한 감사의 독립성 훼손 위협 내용에 준하여 내용을 서술했다.

3단계의 대응조치로는 해당 위협 요소를 발생시키는 상황을 제거하거나, 위협 요소를 수용 가능한 수준으로 감소시키기 위한 안전장치를 적용하거나, 해당 법규에 따라 가능하다면 업무를 해지함으로써 위협 요소에 대응하는 것들이 있을 수 있다.

한편, 업무수행리더는 의뢰인 관계와 인증업무의 수용 및 유지에 대한 법인의 정책 또는 절차가 준수되었는지, 그리고 이와 관련해 도달한 결론이 독립성, 적격성, 업무 조건에 대해 인증인과 업무의뢰자 간의 합의가 있는지에 따라 해당 업무를 수용하는 데 적절한지 결정해야 하며, 의뢰인 관계 또는 특정한 업무의 수용 또는 유지 이전에 법인이 미리 알았더라면 업무를 거절했을 정보를 입수한 경우, 법인에 해당 정보를 신속하게 전달해 법인과 업무수행리더가 필요한 조치를 취할 수 있게 해야 한다(문단 28).

또한, ISQM 1에 근거해 수용 및 유지 결정을 내릴 때, 법인은 전문직 요구사항과 해당 법규의 요구사항에 따라 법인이 업무를 수행할 수 있는지 여부에 관해 판단을 내려야 하는데, 업무수행리더는 이와 관련해 법인이 고려한 정보를 사용해 의뢰인 관계 및 업무의 수용과 유지에 대해 도달된 결론이 적절한지 여부를 결정할 수 있다. 법규에 따라 법인이 인증업무를 수용하거나 유지할 의무가 있는 경우, 업무수행리더는 해당 업무의 성격과 상황에 대해 법인이 입수한 정보를 고려할 수 있다(A65-A67).

### (3) 품질관리

인증인의 윤리성, 적격성 등을 담보하기 위해서는 법인과 개별 업무 수준의 품질관리가 핵심적이다. 이에 대해서 아래와 같이 자세히 정리했다.

#### 가) 법인 수준의 품질관리

지속가능성 정보에 대한 인증업무와 관련된 품질관리란 인증인이 속한 법인과 그 구성원들이 전문직 기준과 해당 법규의 요구사항을 준수하고 인증인이 속한 법인이나 업무수행리더가 발행한 보고서가 해당 상황에 적합할 수 있도록 하는 제도적 관리를 의미한다.[12] ISSA 5000에 따르면, 업무수행리더는 ISQM 1이나 관계 당국이 "최소한 ISQM 1에 준한다"고 결정한 다른 전문직 요구사항이나 법규의 요구사항 중 하나를 적용하는 법인의 구성원이어야 한다고 명시하고 있다(문단 30).

이러한 품질관리는 ISSA 5000에 따르면 법인 수준의 품질관리기준과 같은 제도와 기준을 기반으로 한다.

12) ISQM 1 문단 11을 참고해 수정했다.

**법인 수준의 품질관리기준(문단 A68-A71)**

| 기준 | 내용 |
|---|---|
| 적격성 | 인증인의 교육 및 경험, 지속적인 전문성 개발, 평생 학습에 대한 요구사항 |
| 윤리성 | 성실, 공정, 전문가적 적격성, 정당한 주의, 비밀유지, 전문가적 품위 등 포괄적인 윤리기준, 특히 독립성 유지 요구사항 포함 |
| 국제품질관리기준서<br>(ISQM) 적용 | 1) ISQM 1: 법인이 수립해야 할 품질 목표, 위험 식별 및 평가, 이에 대한 대응조치의 설계와 실행 책임을 명시. 또한, 업무품질검토 대상에 대한 정책·절차 수립도 포함<br>2) ISQM 2: 업무품질검토자의 자격, 선임, 검토 절차 및 문서화 요건을 규정 |
| 품질관리시스템의 핵심 구성요소<br>(단, 법인이나 국가별로 규제 체계에 따라 표현이나 분류가 다를 경우 그것을 적용 가능) | 1) 법인의 위험평가절차<br>2) 거버넌스 및 리더십<br>3) 관련 윤리적 요구사항<br>4) 의뢰인 관계 및 특정 업무의 수용과 유지<br>6) 업무 수행<br>7) 자원<br>8) 정보 및 소통<br>9) 모니터링 및 개선 절차 |
| 모니터링 및<br>설계개선 절차 | 1) 품질관리시스템의 설계, 실행 및 운영과 관련된 정보를 법인에 목적적합하고 신뢰할 수 있으며 시의적절하게 제공<br>2) 모니터링을 통해 식별된 미비점에 대해 적절한 조치를 신속히 취할 수 있도록 함 |

업무팀은 일반적으로 법인의 품질관리시스템에 의존할 수 있으나, 그 시스템이 업무의 특성과 상황에 적절하지 않거나, 효과성에 대한 의문이 제기되는 경우에는 의존하지 않아야 한다.

문단 30에 따르면 업무수행리더가 소속될 수 있는 법인 수준을 결정하는 데 2단계 접근법을 취하고 있다. 해당 문단의 경우 공개초안 당시, 관계 당국을 언급한 내용이 없었으나, 이해관계자 의견 수렴 결과 관할권/국가 규제기관 및 기준 제정기구의 중요한 역할을 인정하기 위해 '관계 당국'에 대한 언급이 추가되었다(ISSA 5000, 결론도출근거 문단 38-42). 관계 당국은 감사, 인증 또는 관련 윤리적 요구사항에 대한 책임을 가진 국가기준제정기구, 규제기관 또는 감독기구, 또는 공공기관의 인정을 받은 지정된 인증기관이 될 수 있다(문단 A74).

'최소한 ISQM 1에 준한다'는 의미는 다음과 같다. 품질관리시스템을 설계, 실행, 운영해야 하는 법인의 책임을 다루는 전문직 요구사항 또는 법규 요구사항이 법인 수준의 품질관리제도와 기준에서 언급한 모든 사항을 다루고 ISQM 1의 목적 및 요구사항을 달성할 의무를 법인에 부과한다면, 이러한 요구사항은 최소한 ISQM 1에 준하는 것이다(문단 A74).

### 나) 업무 수준의 품질관리

#### ① 업무수행리더의 역할

업무수행리더는 법인을 대표하여 인증업무, 인증업무의 수행, 발행된 인증보고서에 대해 책임을 지며, 관련 요구사항이 있을 경우에는 전문직 단체, 정부 또는 규제기관으로부터 적합한 권한을 부여받은 법인이 선임한 파트너 또는 기타 개인을 가리킨다(문단 18). 업무수행리더는 1차적으로 인증업무의 품질을 관리하고 업무를 달성하는 데에 전반적인 책임을 지고 있으며, 충분한 적격성을 보유하여야 한다. 또한, 팀원들에 대해서도 적절하게 구성, 지휘, 감독, 검토를 수행하여야 한다.

(a) 품질의 관리 및 달성에 대한 전반적 책임

업무수행리더는 자신이 담당하는 인증업무의 전반적인 품질에 대해 책임을 지게 된다. 업무수행리더는 본인의 유의적 판단 및 도달한 결론이 업무의 성격 및 상황을 감안할 때 적절한지 판단할 수 있는 근거를 확보할 수 있도록, 업무에 전반적으로 충분하고 적절하게 개입하고 품질의 관리 및 달성에 대한 전반적 책임을 가져야 한다. 또한, 이러한 책임은 업무수행리더가 관련 업무(ISSA 5000의 요구사항과 관련된 절차, 임무 또는 조치의 설계 또는 수행 등)를 다른 업무팀원에게 배정 시에도 업무팀원들에 대한 지휘와 감독, 그리고 이들의 업무에 대한 검토를 통해 업무의 품질관리 및 달성에 대한 전반적인 책임을 계속해서 가진다(문단 30-31).

따라서 업무수행리더는 업무팀원들에게 1) 업무 수행에 있어 전문직 기준과 관련 법규 요구사항을 준수하고, 2) 법인의 해당 정책 또는 절차를 준수하며, 3) 해당 상황에 적합한 업무보고서를 발행하고, 4) 보복에 대한 두려움 없이 업무팀이 의문을 제기할 수 있어야 한다는 것이 인증업무의 품질에 중요하다는 점을 강조하여야 한다(문단 A78). 또한, 업무수행리더는 업무팀원에게 업무가 할당된 경우, 1) 업무팀원에게 각자의 책임과 권한의 성격, 할당된 업무의 범위와 그 목적에 대해 알리고, 기타 필요한 지침 및 관련 정보를 제공하고, 2) 업무팀원들을 지휘 및 감독하며, 3) 업무팀원의 업무를 검토하여 업무수행리더가 업무 전반에 걸쳐 충분하고 적절하게 관여하고 있다는 점을 주지시켜야 한다(문단 A80).

(b) 업무수행리더의 자격

업무수행리더는 1) 충분한 훈련과 실무 적용을 통해 인증기술과 기법에 대한 적격성 및 역량을 보유하고, 2) 독립성과 관련 윤리적 요구사항에 대한 이해를 보유하며, 3) 업무에 대해 도달한 결론에 대해 책임을 질 수 있는 충분한 지속가능성 적격성을 보유하여야 한다. 해당 적격성은 다음의 요소들에 의해 판단될 수 있다(문단 33, A83).

1) 인증인이 준거기준이 해당 업무의 상황에 적절한지 여부를 평가하는 것과 관련된 판단
2) 인증업무 범위 내의 지속가능성 정보가 적절한지 여부를 결정하는 것과 관련된 판단
3) 지속가능성 사안의 성격과 복잡성
4) 지속가능성 사안이 높은 수준의 측정 불확실성이 있는지 여부
5) 지속가능성 사안과 관련된 업무수행리더 및 업무팀의 적격성 및 과거 경험

ISQM 1에 따라, 법인은 품질업무를 일관되게 수행하기 위해 업무수행리더를 포함하여 적합한 적격성과 역량을 갖춘 업무팀원들에게 각 업무가 할당되도록 하는 품질 목표를 수립해야 한다(문단 A81).

### (c) 업무수행리더의 자원 관리 및 품질 확보 책임

업무수행리더는 업무의 성격 및 상황, 법인의 정책 또는 절차, 그리고 업무 도중 발생할 수 있는 변경을 고려하여, 업무 수행에 충분하고 적합한 자원이 업무팀에 시의적절하게 배정되었는지 여부를 결정해야 하며, 업무팀원, 인증인측 외부전문가, 내부감사부서 등이 지속가능성 적격성, 인증 기술 및 기법, 시간 등의 측면에서 적절한 자격과 역량을 갖추었는지를 판단하여야 한다(문단 41-42).

### (d) 업무 자원 할당 및 지휘, 감독, 검토

업무수행리더는 자원의 배정 결과가 불충분하거나 부적절하다고 판단될 경우, 추가 또는 대체 자원 제공의 필요성에 대해 법인의 적절한 구성원과 소통하고, 이에 대한 조치를 취하여야 한다(문단 44). 업무수행리더는 배정된 자원을 단순히 확보하는 데 그치지 않고, 이를 업무의 성격과 상황에 맞추어 효과적으로 활용할 책임이 있다(문단 45). 만일 할당되거나 제공된 자원이 불충분하거나 부적절한데도 법인으로부터 추가 또는 대체 자원이 제공되지 않는 경우, 업무수행리더는 다음과 같은 조치를 고려할 수 있다(문단 A109).

1) 지휘, 감독, 검토의 성격, 시기, 범위에 대한 계획을 재조정함
2) 관련 법규에 따라 실체의 보고기한 연장이 가능하다면, 경영진 또는 지배기구와의 협의를 통해 연장을 추진함
3) 필요한 자원을 확보하지 못한 경우, 의견 차이를 해소하기 위한 법인의 정책 또는 절차를 따름
4) 관련 법규에 따라 업무 해지가 가능한 경우, 해지를 위해 법인의 정책 또는 절차를 따름

업무팀은 법인의 인증 방법론뿐만 아니라, 해당 업무의 성격과 상황에 비추어 산업별 인증 방법론, 관련 지침, 보조 도구 등 기타 지적 자원의 사용 가능성도 고려해야 한다(문단 A110).

업무수행리더는 업무팀에 대한 지휘 및 감독, 그리고 이들의 업무에 대한 검토를 수행하여야 하며, 지휘·감독·검토의 성격·시기·범위는 1) 법인의 정책, 전문직 기준, 관련 법규에 따라 계획 및

실행되었는지, 2) 업무의 특성과 상황, 그리고 자원의 적절성에 비추어 적합한지를 기준으로 설정되었는지 여부를 포함한다(문단 46-47). 인증수행리더의 지휘 및 감독, 검토에 대한 책임은 아래 업무수행리더의 지휘, 감독, 검토와 같다.

**업무수행리더의 지휘, 감독, 검토**

<table>
<tr><th>종류</th><th>내용</th></tr>
<tr><td>지휘</td><td>1) 개인적인 행동, 소통 및 조치를 통해 업무 수준에서 품질의 관리 및 달성에 기여해야 할 책임<br>2) 증거를 수집 및 평가할 때 전문가적 의구심을 발휘함에 있어 의문을 품는 마음을 유지하며 무의식적 혹은 의식적 편의를 인지해야 할 책임<br>3) 품질 달성 및 업무팀의 예상되는 대응조치에 대한 위협요소들을 해결할 책임<br>4) 관련 윤리적 요구사항들을 이행할 책임<br>5) 수행할 업무의 목적, 그리고 계획된 인증절차의 성격, 시기, 범위에 관한 상세한 지침을 이해해야 하는 책임<br>6) 각 업무팀원의 절차를 수행해야 하는 책임, 그리고 숙련도가 낮은 업무팀원의 업무를 지휘, 감독 및 검토해야 하는 숙련도가 높은 업무팀원의 책임</td></tr>
<tr><td>감독</td><td>1) 다음을 모니터링하는 것을 포함해, 업무의 진행상황을 추적함: 업무계획 대비 진행상황, 수행된 업무의 목적이 달성되었는지 여부, 할당된 자원의 지속적인 적합성<br>2) 업무 중 발생하는 이슈를 해결하기 위해 적절한 조치를 취함(이슈가 초기에 예상했던 것보다 더 복잡한 경우, 계획된 절차를 더 숙련된 업무팀원에게 재배정하는 것을 포함)<br>3) 업무 중 더 숙련된 업무팀원의 자문이나 고려가 필요한 사항을 식별함<br>4) 업무팀원이 기술이나 적격성을 개발하는 데 도움이 되도록 코칭 및 직무교육을 제공함<br>5) 업무팀원이 보복에 대한 두려움 없이 의문을 제기할 수 있는 환경을 조성함</td></tr>
<tr><td>검토</td><td>1) 업무가 법인의 정책 또는 절차, 전문직 요구사항, 해당 법규 요구사항에 따라 수행되었는지 여부<br>2) 추가적으로 고려해야 할 유의적 사항이 제기되었는지 여부<br>3) 적절한 자문이 이루어졌으며 그로 인한 결론이 문서화되고 실행되었는지 여부<br>4) 수행된 업무의 성격, 시기, 범위를 수정할 필요가 있는지 여부<br>5) 수행된 업무가 도달된 결론을 뒷받침하고 적절히 문서화되는지 여부<br>6) 입수된 증거가 인증인의 결론에 대한 근거를 제공하기에 충분하고 적합한지 여부<br>7) 절차의 목적이 달성되었는지 여부</td></tr>
</table>

업무수행리더는 업무 수행 과정에서 유의적 사항, 논쟁 여지가 있는 판단, 기타 전문가적 판단 사항들을 포함한 업무 문서를 적절한 시점에 검토하여야 하며, 경영진, 지배기구, 또는 규제기관에 제공되는 공식적인 서면 소통은 반드시 사전에 검토해야 한다(문단 48-49). 업무수행리더는 업무팀이 내린 유의적 판단을 식별할 때 전문가적 판단을 내리며, 법인의 정책 또는 절차는 일반적으로 유의적 판단이 될 것으로 예상되는 특정 사항들을 명시할 수 있다.

업무수행리더는 업무팀이 자문이 필요한 다른 사항들에 대해 자문을 받도록 할 책임을 가지며, ISQM 1 또는 법인의 정책 또는 절차에 따라 업무품질검토가 요구되는 업무의 경우, 업무수행리더는 업무품질검토 과정에서 식별된 사항들을 포함해 업무 과정에서 발생하는 유의적 사항 및 유의적 판단에 대해 업무품질검토자와 논의하여야 한다. 업무수행리더는 법인의 모니터링 및 개선 절차를 통해 입수한 정보를 통하여 정보가 업무에 영향을 미칠 수 있는지 여부를 결정하고, 영향을 미치는 경우 적절한 조치를 취해야 한다(문단 61-63).

### (e) 관련 윤리적 요구사항의 준수

업무수행리더는 업무의 성격 및 상황에 따라 적용되는 윤리적 요구사항과 이에 관한 법인의 정책이나 절차를 업무팀원들이 인지할 수 있도록 해야 하며, 1) 독립성을 포함한 관련 윤리적 요구사항의 준수에 대한 위협을 식별·평가하고 적절히 대응할 수 있도록 하는 정책 또는 절차, 2) 윤리적 요구사항 위반을 초래할 수 있는 상황과, 위반 사실 인지 시 업무팀원들의 책임, 3) 실체의 법규 위반 상황을 인지했을 경우 업무팀원의 책임에 대해 주의를 기울여야 한다(문단 35). 또한, 업무수행리더는 윤리적 요구사항 준수에 대한 위협이 존재함을 인지한 경우, 법인, 업무팀 등을 활용하고 법인의 정책 및 절차를 준수해 해당 위협을 평가하고 적절한 조치를 취해야 한다(문단 36). 더불어 업무수행리더는 업무의 전 과정에서 지속적인 관찰과 질문을 통해 업무팀원이 윤리적 요구사항을 위반하고 있다는 증거가 있는지를 파악하기 위해 항상 주의를 기울여야 하며, 업무팀원의 위반 사실을 법인의 품질관리시스템 등을 통해 알게 된 경우, 적절한 조치를 수행해야 한다(문단 37).

인증인은 독립성 관련 요구사항을 포함한 관련 윤리적 요구사항을 반드시 준수해야 한다. 이러한 요구사항은 1) 지속가능성 인증업무와 관련된 국제윤리기준 또는 이보다 엄격한 국가별 기준, 또는 2) 관계 당국이 '최소한 국제윤리기준에 준한다'고 판단한 법규 또는 전문직 요구사항 중 하나로 구성된다(문단 34). 한편, '최소한 국제윤리기준에 준한다'는 의미는, 관련 윤리적 요구사항을 다루는 전문직 요구사항 또는 법규 요구사항이 ISSA 5000에서 언급된 사항들을 포함하고, 국제윤리기준의 인증업무 관련 요구사항의 목적을 충족해야 한다는 의무를 부여한다는 것을 의미한다.

### (f) 전문가적 의구심 및 전문가적 판단

전문가적 의구심이란 오류 또는 부정으로 인한 왜곡표시 가능성을 나타내는 것일 수 있는 상황에 유의하면서, 의심하는 마음과 증거에 대한 비판적인 평가를 포함하는 태도를 말한다(문단 18). 인증인은 지속가능성 정보의 중요왜곡표시를 초래하는 상황이 존재할 수 있다는 전문가적 의구심을 가지고 업무를 계획하고 수행해야 하며, 입수한 증거에 대한 비판적 평가와 증거의 충분성과 적합성에 대해 고려해야 한다(문단 39, A88). 전문가적 의구심의 유지를 통해 인증인은 다음과 같은 사항에 대해 지속적으로 주의를 기울여야 한다(문단 A88).

1) 입수한 다른 증거와 일관성이 없는 증거
2) 질의에 대한 답변 또는 증거로 사용될 정보의 신뢰성에 의문을 제기하는 정보
3) 관련 지속가능성 인증기준에서 요구하는 절차 외에 추가절차의 필요성을 나타내는 상황
4) 왜곡표시의 존재 가능성을 나타내는 것일 수 있는 상황
5) 부정의 존재 가능성을 나타내는 것일 수 있는 상황

또한 인증인은 문서의 진위 여부에 대한 인증이 업무에 포함되는 경우를 제외하고 문서가 진실하다고 받아들이되, 이를 증거로 사용할 때는 그 신뢰성을 반드시 검토해야 하며, 증거 제공자의 정직성에 대한 과거 경험이 있더라도 전문가적 의구심 유지의 필요성이 완화되어서는 안 된다(문단 A89-A90).

인증인은 절차의 성격, 시기와 범위의 결정을 포함해 인증업무를 계획하고 수행할 때 전문가적 판단을 해야 한다(문단 40). 인증인은 업무의 전 과정에 걸쳐 훈련, 지식, 경험을 바탕으로 사실과 상황에 근거한 합리적인 의사결정을 내려야 하며, 이는 전문가적 판단의 핵심이다. 전문가적 판단은 관련 윤리적 요구사항과 지속가능성 인증기준을 해석하고, 해당 기준의 목적을 달성하기 위해 적절한 절차와 결론을 도출하는 데 필수적인 기능으로 작용한다. 전문가적 판단은 특히 다음과 같은 의사결정에 있어 요구된다(문단 A93).

1) 인증업무의 전제조건이 충족되었는지 여부
2) 중요성과 업무위험의 판단
3) 인증기준의 요구사항 충족 및 충분하고 적합한 증거 확보를 위한 절차의 성격, 시기, 범위 결정 (특히 가치사슬 전반에 걸친 절차 범위 포함)
4) 입수한 증거가 충분하고 적합한지 여부, 추가절차의 수행 필요성 평가(제한적 확신업무에서는 유의미한 수준의 확신 도출 여부에 대한 판단 포함)
5) 입수한 증거에 기초한 결론 도출
6) 전문가적 의구심을 어떻게 실무적으로 발휘할 것인지에 대한 조치 결정
7) 업무수행리더가 업무의 전 과정에 충분히 관여해 유의적 판단과 결론이 업무의 특성과 상황에 비추어 적절한지를 평가할 수 있는지 여부

전문가적 판단은 인증인이 알고 있는 사실과 상황에 기초해 이루어져야 하며, 해당 판단은 업무 전반에 걸쳐 지속적으로 행사되어야 하고, 그 과정은 적절히 문서화되어야 한다. 판단의 정당성은 인증과 관련된 기준이 적절히 적용되었는지 여부, 인증보고서일까지 인지된 사실 및 상황과 일관성을 유지하는지 여부에 따라 평가되어야 하며, 단순히 증거가 부족한 상황에서 의사결정을 정당화하는 수단으로 사용되어서는 안 된다(문단 A95). 전문가적 판단이 가지는 또 다른 핵심적 특징은, 그러한 판단이 반드시 합리적이고 적격한 판단 능력을 갖춘 인증인에 의해 수행되어야 한다는 점이다(문단 A94). 이는 인증인의 훈련과 경험이 단순한 직관이나 경험칙이 아닌, 기준과 사실에 근거한 전문성 있는 해석과 판단으로 이어져야 함을 의미한다.

② 외부전문가의 활용

지속가능성 정보의 복잡성을 고려할 때 법인 내부적으로 업무를 수행하기 어려울 경우 인증인은 인증인측 전문가, 경영진측 전문가, 내부감사부서(경영진측) 등을 활용해 인증업무를 수행할 수 있다(문단 A99 등).

업무수행리더는 인증인측 전문가를 활용해 인증업무를 수행하려고 할 때, 지속가능성 정보의 성격, 중요성, 위험 수준 등을 종합적으로 고려해야 하며, 특히 다음 사항에 주의를 기울여야 한다(문단 A100-A101).

1) 경영진이 지속가능성 정보를 작성할 때 경영진측 전문가를 활용했는지 여부
2) 지속가능성 정보의 복잡성과 유의성
3) 평가된 중요왜곡표시위험의 수준
4) 식별된 위험에 대응하기 위한 절차의 예상되는 성격, 이때 해당 사항과 관련된 전문가의 업무에 대해 인증인이 보유한 지식과 경험, 그리고 대체 증거 원천의 사용 가능성 등이 함께 고려되어야 한다(문단 A100).

인증인측 전문가의 업무를 사용하려고 계획하는 경우, 해당 업무가 자신의 인증 목적에 적합한지를 전문가적 의구심을 가지고 평가해야 하며, 이는 전문가의 자격, 업무의 성격, 사용된 가정과 자료의 신뢰성 등에 대한 비판적 검토를 포함하는 태도를 의미한다(문단 56-58). 이를 통해 인증인은 다음과 같은 사항에 대해 지속적으로 주의를 기울여야 한다.

1) 전문가가 인증인의 목적에 필요한 적격성, 역량, 객관성을 갖추고 있는지 평가함[13)]
2) 인증인측 외부전문가의 객관성을 검토할 때, 이해관계나 기타 관계 등 객관성을 훼손할 수 있는 요소에 대해 질문함
3) 전문가 업무의 성격, 범위 및 목적을 명확히 하기 위해, 전문가의 전문 분야에 대한 충분한 이해를 확보함
4) 필요한 경우, 전문가와 다음 사항에 대해 서면 합의를 함: 전문가 업무의 성격, 범위 및 목적, 전문가와 인증인의 역할과 책임, 그리고 소통의 성격, 시기 및 범위

또한 인증인은 인증인측 전문가의 업무가 자신의 인증 목적에 적합한지를 판단하기 위해 다음과 같은 요소들을 검토해야 한다(문단 57).

1) 전문가가 제시한 결론이나 발견사항의 관련성과 합리성, 그리고 다른 증거들과의 일관성
2) 유의적인 가정과 방법이 사용된 경우, 그 관련성과 합리성
3) 유의적인 원천데이터가 사용된 경우, 그 데이터의 관련성, 완전성 및 정확성

13) 네트워크 법인의 파트너나 스태프인 인증인측 내부전문가는, 법인 품질관리시스템에 포함되어 수립되어 있는 네트워크 요구사항 및 네트워크 서비스에 대한 법인의 정책 또는 절차의 적용을 받는다. 경우에 따라서, 네트워크 법인의 인증인측 내부전문가는 동일한 네트워크에 속해 있다는 점을 감안할 때 인증인측 법인과 공통된 품질관리 정책 또는 절차의 적용을 받을 수 있다(문단 A142).

위의 요구사항들을 충족하기 위해 수행하는 절차들의 성격, 시기, 범위는 상황에 따라 상이하다. 이때는 1) 업무의 관점에서 인증인측 전문가 업무의 유의성, 2) 해당 전문가의 업무와 관련된 공시의 성격, 3) 해당 전문가의 업무와 관련된 지속가능성 정보의 평가된 중요왜곡표시위험, 4) 해당 전문가가 수행했던 과거의 업무에 대해 인증인이 가지고 있는 지식과 경험을 고려해야 한다(문단 A137). 만약 인증인이 전문가의 업무가 자신의 목적에 적합하지 않다고 판단한 경우, 1) 전문가가 추가로 수행할 업무의 성격과 범위를 전문가와 합의하거나, 2) 해당 상황에 적절한 추가 절차의를 인증인이 직접 수행해야 한다.

경영진측 전문가가 작성한 정보를 증거로 사용하고자 하는 경우, 인증인은 해당 정보의 관련성과 신뢰성을 평가해야 한다(문단 92). 이를 위해 인증인은 전문가의 적격성과 역량, 수행한 업무의 성격과 방법, 경영진이 해당 정보를 활용한 방식, 그리고 전문가 업무가 증거로서 적절한지 여부를 포괄적으로 고려해야 한다.

만약 지속가능성 인증업무의 목적을 위해 인증인의 법인이 아닌 법인의 업무를 사용할 경우, 해당 업무에 충분하고 적절하게 개입할 수 있는지 여부가 중요하다. 개입 여부에 따라 이러한 인증인이 아닌 법인은 부문인증인과 타 인증인으로 나뉜다.

**부문인증인과 타 인증인(문단 43)**

| 항목 | 내용 |
|---|---|
| 부문인증인 | 업무수행리더가 인증인이 아닌 법인의 업무에 개입이 가능한 경우임 이 경우 사실상 업무팀원과 동일하게 취급함 |
| 타 인증인 | 업무수행리더가 인증인이 아닌 법인의 업무에 적절하게 개입이 불가능한 경우 |

업무수행리더는 인증인의 법인이 아닌 타 법인의 업무를 사용해 증거를 입수하고자 하는 경우, 해당 업무에 대해 충분하고 적절하게 관여할 수 있는지를 판단해야 하며, 이 판단은 업무 전반에 걸쳐 실질적으로 관여한 정황이 있는지를 근거로 이루어져야 한다(문단 A103).

그룹부문의 지속가능성 정보와 관련해 인증업무가 수행되는 경우에는, 일반적으로 해당 업무에 인증인이 충분하고 적절하게 관여했다고 간주된다(문단 A104). 그러나 특정 상황에서는 그룹의 한 부문에 대한 인증업무가 이미 타 법인(예: 네트워크 내 타 사무소 또는 타 법인의 전문가 등)에 의해 별도로 수행된 사실을 사후적으로 인지하게 될 수 있다. 예컨대, 그룹 지속가능성 정보에 포함된 종속회사의 온실가스 배출에 대해 타 인증인이 독립적으로 인증을 완료한 경우가 이에 해당된다(문단 A105). 이러한 경우, 인증인은 해당 업무에 대해 더 이상 개입할 수는 없지만, 해당 타 법인의 업무를 통해 그룹 전체의 지속가능성 인증업무에 필요한 증거를 일부 확보하고자 할 수 있다. 이때 해당 타 인증인의 업무에서 확보한 증거가 인증인의 목적에 적합한지를 판단하고, 후술할 타 인증인의 업무 사용에 대한 요구사항을 적용해야 한다.

인증인이 타 인증인의 업무를 사용해 증거를 입수하고자 하는 경우, 타 인증인의 업무 사용과 같은 절차와 판단을 통해 전문가적 의구심을 유지하고 적절성을 검토하여야 한다(문단 50-55).

**타 인증인의 업무 사용**

| 항목 | 내용 |
|---|---|
| 타 인증인의 업무 사용을 위한 기본 요건(문단 50) | 1) 관련 윤리적 요구사항의 준수 여부 확인<br>2) 타 인증인의 적격성과 역량 평가<br>3) 타 인증인 업무의 성격, 범위, 목적이 자신의 업무 목적에 부합하는지 평가<br>4) 타 인증인으로부터 입수한 증거가 자신의 업무 목적에 적합한지 판단 |
| 일대다 보고서(One-to-many report) 사용 시 고려 사항(문단 51) | 가치사슬 전반의 이용자기업들을 대상으로 작성된 일대다 보고서를 사용할 경우, 인증인은 다음 요소를 평가해 충분하고 적합한 증거인지 여부를 판단해야 한다.<br>1) 수행된 절차 및 결과에 대한 설명이 인증인의 목적에 적합한지 여부<br>2) 해당 인증보고서 발행 시 적용된 기준이 적정한지 여부 |
| 통제 운영효과성 관련 증거의 사용(문단 52) | 통제 운영의 효과성에 대한 증거를 타 인증인의 보고서를 통해 입수하고자 할 경우, 인증인은 보고서에서 식별된 보완적인 이용자기업 통제가 자신의 이용자기업과 관련성이 있는지를 결정해야 한다. |
| 타 인증인과의 소통(문단 53) | 인증인은 타 인증인의 업무에서 발견된 사항들에 대해 적절한 범위 내에서 소통을 수행해야 한다. |
| 타 인증인 업무 문서의 추가 검토(문단 54) | 타 인증인의 업무에 대한 추가 문서 검토가 필요한지 여부와 그 검토 범위를 인증인은 판단해야 한다. |
| 타 인증인의 증거가 부적절한 경우의 조치(문단 55) | 타 인증인의 업무에서 입수한 증거가 인증인의 목적상 적절하지 않다고 판단되는 경우, 또는 필요한 정보를 입수하거나 타 인증인과의 소통이 만족스럽지 않은 경우,<br>1) 인증인은 대체 절차를 통해 충분하고 적합한 증거를 입수할 수 있는지 여부 결정<br>2) 대체 절차로도 충분한 증거를 확보할 수 없는 경우, 해당 상황이 업무에 미치는 영향과 범위 제한 여부를 고려 |

인증인은 타 인증인의 업무를 사용할 때, 그 업무가 인증업무인지 여부에 따라 적용되는 윤리적 책임이 달라질 수 있음을 인지하고, 이에 대해 다음과 같은 사항에 대해 지속적으로 주의를 기울여야 한다(문단 A125-A126).

1) 타 인증인의 업무가 인증업무인지, 또는 단순한 비인증업무인지 여부를 명확히 판단
2) 인증업무 여부에 따라 인증인의 윤리적 책임의 범위와 성격이 달라질 수 있음을 인식
3) 다음과 같은 고려 사항을 통해 인증업무 여부를 평가해야 함:
   ① 업무의 성격: 예를 들어, ISRS 4400(합의된 절차에 의한 업무)이나 컨설팅, 자문 업무는 인증업무가 아님
   ② 수행된 절차의 성격: 검증(Validation)이나 확인(Verification)이 공인된 기준에 따라 수행되었고, 그 절차가 인증 결론을 뒷받침할 수 있도록 설계되었는지 여부
   ③ 타 인증인 보고서의 표현: 인증업무 보고서는 절차와 증거를 기초로 하는 명시적인 의견, 결론 또는 인증진술을 포함해야 함. 단순히 사실만을 기술한 보고서는 인증업무로 간주되지 않음

인증인은 타 인증인의 업무를 사용할 때, 그 업무가 인증업무인지 여부에 따라 적용되는 윤리적 책임이 달라질 수 있음을 인지해야 한다. 인증인은 타 인증인의 소통이 인증인의 목적에 적합하지 않다고 판단하는 경우, 1) 타 인증인으로부터 추가 정보를 입수할 수 있는지 여부(예: 추가 토의 또는 회의를 통해), 2) 타 인증인이 작성한 추가 문서에 대한 검토를 통해 인증인이 추가 정보를 확보할 수 있는지 여부, 3) 타 인증인의 적격성이나 역량에 대한 우려사항이 있는지 여부와 같은 사항들을 고려할 수 있다(문단 A134).

타 인증인의 업무와 관련해 다음과 같은 사안이 발생할 경우 범위 제한이 존재한다(문단 A135). 이러한 경우, 인증인은 이로 인해 업무 및 인증보고서에 미치는 시사점(한정 결론 표명, 결론 표명의 거절, 법규에 따라 가능한 경우 업무 해지)을 고려한다.

1) 인증인이 인증인의 목적에 적합한 증거를 타 인증인의 업무에서 입수할 수 없는 경우
2) 인증인이 타 인증인 업무를 증거로 사용하고자 하는 공시에 대해 다른 수단을 통해 충분하고 적합한 증거를 입수할 수 없는 경우

인증인이 내부감사기능의 업무를 사용하기로 계획하는 경우, 1) 내부감사기능의 조직 내 위상, 그리고 관련된 정책 및 절차가 내부감사인의 객관성을 뒷받침하는 정도를 평가하고, 2) 지속가능성 사안과 해당 준거기준에 대한 적격성을 포함한, 내부감사기능의 적격성 수준을 평가하며, 3) 내부감사기능이 품질관리시스템 등 체계적이고 규율된 접근방식을 적용하는지 여부를 평가하고, 4) 내부감사기능이 수행한 특정한 업무를 활용할지 여부와 활용할 범위를 결정하며, 5) 해당 업무가 인증인의 목적에 적합한지 여부를 결정해야 한다.

내부감사기능이 체계적이고 규율된 접근방식을 적용하는지 여부에 대한 인증인의 평가에 영향을 미칠 수 있는 요소는 아래 내부감사기능의 체계적·규율된 접근방식 적용 여부에 대한 평가 요소와 같다(문단 A154).

**내부감사기능의 체계적·규율된 접근방식 적용 여부에 대한 평가 요소**

| 항목 | 내용 |
| --- | --- |
| 내부감사 절차·지침의 존재 및 사용 여부 | 위험평가, 업무프로그램, 문서화, 보고 등 내부감사 영역을 포괄하는 문서화된 절차나 지침이 존재하는지 |
| 품질관리 정책 및 절차의 보유 여부 | 내부감사기능이 적절한 품질관리 정책과 절차를 보유하는지 |
| 전문직 기준에 따른 요구사항의 충족 여부 | 관련 전문직 단체의 품질관리기준이 내부감사기능에 적용되고 있는지 |

## (4) 인증업무의 전제조건

인증인은 인증업무를 수락하거나 수행하기 전에, 해당 업무가 적절한 전제조건을 충족하는지를 평가해야 하며, 이를 위해 업무 상황에 대한 사전 지식을 입수하고 적절한 당사자와의 토의를 바탕으로 전문가적 판단을 내려야 한다(문단 75-80).

먼저 인증인은 사전적으로 보고 대상이 되는 지속가능성 정보가 무엇인지, 그리고 제안된 인증업무의 범위에 해당 정보의 전체 또는 일부가 포함되는지를 파악함으로써 기본적인 업무에 대한 이해를 확보해야 한다(문단 75). 이어서, 실체가 지속가능성 정보를 식별하기 위한 내부 절차를 갖추고 있는지 여부를 검토하고, 경영진, 지배기구, 업무의뢰자(경영진 및 지배기구와 다른 경우 포함)의 역할과 책임이 해당 업무에 적절한지를 평가해야 한다. 이 과정에서 인증인은 특히 적절한 경영진 또는 지배기구가 지속가능성 정보에 대해 합리적인 근거를 확보하는지를 함께 확인해야 한다(문단 76).

그다음으로, 인증인은 해당 업무가 다음의 네 가지 조건(문단 77-80)을 모두 충족하는지를 전제조건의 존재 여부 판단 항목과 같이 종합적으로 판단해야 한다.

**전제조건의 존재 여부 판단 항목**

| 항목 | 내용 |
|---|---|
| 지속가능성 사안의 적절성(문단 77) | 대상이 명확히 식별 가능하며, 기준에 따라 측정·평가 가능한지 |
| 준거기준의 적합성 및 이용 가능성(문단 78) | 1) 인증업무의 대상인 전체 지속가능성 정보에 대한 준거기준이 존재하는지 평가함<br>2) 준거기준의 원천을 식별함. 준거기준이 체계 준거기준인지, 실체가 개발한 준거기준인지 또는 두 가지가 조합된 준거기준인지 여부의 식별을 포함함[14)]<br>3) 준거기준이 목적적합성, 완전성, 신뢰성, 중립성, 이해가능성[15)]을 충족하는지 여부를 평가함<br>4) 의도된 이용자가 준거기준을 이용 가능해 확인할 수 있는지, 그리고 어떻게 이용 가능할지를 평가함 |

14) 준거기준은 다음 중 하나가 됨(문단 A195): 1) 법규에 반영됨; 2) 광범위한 이해관계자들의 견해를 검토 및 고려하는 투명하고 정당한 절차를 따르는, 지속가능성 정보 보고기준을 발표할 수 있도록 권한을 부여받았거나 공인된 조직에 의해서, 특정한 유형의 실체들이 사용할 수 있도록 제정됨; 3) 투명하고 정당한 절차를 따르지 않는 집단에 의해 공동으로 제정됨; 4) 학술지 또는 책에 게재됨; 5) 독점적으로 판매할 수 있도록 제정됨

15) 적합한 준거기준의 특징은 다음과 같다.

| 구분 | 세부 내용 |
|---|---|
| 목적적합성 | 목적에 적합한 준거기준은 의도된 이용자의 의사결정에 도움을 주는 지속가능성 정보를 산출한다. |
| 완전성 | 준거기준이 완전하다는 것은 이에 따라 작성된 지속가능성 정보가 해당 지속가능성 정보를 근거로 한 의도된 이용자의 결정에 영향을 미칠 것이라 합리적으로 예상되는 관련 요소들을 누락하지 않는 것을 말한다. 완전한 준거기준은 관련이 있는 경우 표시와 공시를 위한 기준을 포함한다. |
| 신뢰성 | 신뢰할 수 있는 준거기준은 타 인증인이 유사한 상황에서 사용할 경우, 지속가능성 사안을 합리적으로 일관성 있게 측정 또는 평가할 수 있도록 한다. |
| 중립성 | 중립적인 준거기준은 업무상황에 비추어 적절하게 편향되지 않은 지속가능성 정보를 산출한다. |
| 이해가능성 | 이해 가능한 준거기준은 의도된 이용자가 이해할 수 있는 지속가능성 정보를 산출한다. |

| 항목 | 내용 |
|---|---|
| 인증인의 결론을 뒷받침하기 위한 증거 및 결론의 형태(문단 79) | 1) 인증인은 인증인의 결론을 뒷받침하는 데 필요한 증거를 입수할 것으로 기대함<br>2) 인증인의 결론은 해당 업무에 적합한 형태로 서면보고서에 포함될 것임 |
| 합리적 목적(문단 80) | 인증인은 업무가 합리적 목적을 보여주는지 여부를 결정해야 함. 이 과정에서, 인증인은 다음의 여부를 결정해야 함<br>1) 제한적 확신업무의 경우에 인증인이 유의미한 수준의 확신을 얻을 것으로 기대함<br>2) 전체적으로 볼 때 업무는 의도된 이용자에게 유용하고 이용자를 오도하지 않을 것임<br>3) 보고할 지속가능성 정보의 일부가 제외되어 있는 경우를 포함해, 인증업무의 범위가 적절함 |

제한적 확신업무에서의 유의미한 확신 수준은 정량적으로 명확히 정의되기 어렵고, 이는 궁극적으로 인증인이 업무 상황을 고려해 전문가적 판단을 통해 결정해야 한다(문단 80(a), A209L-A211L 참조). 제한적 확신업무는 절차의 성격과 시기, 범위에서 합리적 확신업무와는 차이가 있으나, 그럼에도 불구하고 유의미한 수준의 확신을 제공하도록 설계되어야 한다. 이는 의도된 이용자가 지속가능성 정보를 신뢰하는 수준이 단순한 관심이나 기대를 넘어, '미미한 수준보다는 명백히 높은 수준'임을 의미한다.

이러한 유의미한 확신 수준은 확신의 강도로 보자면 합리적 확신보다 낮지만, 의도된 이용자가 실질적인 의사결정에 활용할 수 있을 정도로 의미 있는 수준을 말한다. 이 범위는 고정된 수치나 기준이 있는 것이 아니라, 업무의 목적과 이용자의 정보 수요, 준거기준의 특성 등에 따라 달라질 수 있으며, 다음과 같은 요소들을 종합적으로 고려해 판단된다(문단 A211L).

**제한적 확신업무의 유의미한 확신 수준 판단 요소**

| 구분 | 세부 내용 |
|---|---|
| 지속가능성 사안 및 준거기준의 특성 | 정보의 복잡성과 정밀도, 그리고 해당 기준의 명확성과 일관성은 확신 수준의 설정에 영향을 준다. |
| 적절한 당사자의 지시 또는 암시 | 업무 조건이나 의뢰인의 요청에 따라, 특정 절차의 수행이나 정보의 특정 측면에 집중할 것을 요구받을 수 있으며, 인증인은 이에 따라 추가절차의의 필요성을 스스로 판단해야 한다. |
| 인증업무에 대한 일반적인 관행 | 업계나 국가, 이해관계자들 사이에 형성된 확신 수준에 대한 통상적 기대가 존재할 수 있으며, 이는 확신 수준 설정에 참조 기준이 된다. |
| 의도된 이용자 집단의 정보 수요 | 이용자에게 미치는 영향이 클수록, 유의미한 확신을 제공하기 위해 더 높은 수준의 절차가 요구될 수 있다. 경우에 따라, 이용자에게 미치는 잠재적 피해가 커서 제한적 확신만으로는 충분하지 않다고 판단되면, 합리적 확신업무로 전환해야 할 수도 있다. |
| 제한된 시간과 자원에 대한 이용자의 기대 | 제한적 확신업무는 일반적으로 비교적 짧은 시간과 낮은 비용으로 결론이 도출될 것이라는 기대를 수반하며, 이는 절차의 범위에 영향을 미칠 수 있으나, 그렇다고 해서 유의미한 수준의 확신을 희생해서는 안 된다. |

인증업무를 위한 전제조건이 충족되지 않는 경우, 인증인은 업무의뢰자와 이를 논의해야 하며, 필요한 변경이 이루어질 수 없다면 법적 요구가 없는 한 해당 업무를 수용해서는 안 된다. 법규에 따라 업무를 수용하더라도, 그 업무는 ISSA 5000을 준수한 것으로 간주되지 않으며, 따라서 인증보고서에 해당 기준에 따라 수행되었다는 어떠한 언급도 해서는 안 된다(문단 81).

만약 업무 수용 이후에 인증업무의 전제조건이 하나 이상 존재하지 않음을 알게 된 경우, 인증인은 적절한 당사자(들)와 해당 사안을 논의하고 이 사안을 인증인이 만족할 수 있도록 해결할 수 있는지 여부와 업무를 지속하는 것이 적절한지 여부, 인증보고서에서 소통할지 여부와 소통한다면 어떻게 해야 할지 여부를 결정해야 한다(문단 82). 만약 업무 수용 이후에, 해당 인증업무에 대해 준거기준 중 일부 또는 전체가 적합하지 않거나 지속가능성 사안 중 일부 또는 전체가 적절하지 않음을 알게 된 경우, 법규에 따라 업무 해지가 가능하다면 인증인은 업무의 해지를 고려해야 한다. 인증인이 업무를 지속하는 경우, 인증인은 해당 상황에 적합하게 한정 결론 또는 부적정 결론을 표명하거나 또는 결론 표명을 거절해야 한다(문단 83).

## (5) 인증업무의 조건

### 가) 인증업무 조건의 합의

인증인은 인증업무를 수락하기에 앞서 업무의뢰자와 업무 조건에 대해 명확히 합의해야 하며, 이 합의는 업무계약서, 서면합의서, 확인서 또는 법규에 명시된 형태의 문서로 남겨져야 한다(문단 85). 이 문서에는 다음과 같은 핵심 요소들이 포함되어야 한다.

첫째, 인증업무의 목적 및 범위에 대한 구체적인 설명이 포함되어야 한다. 여기에는 1) 인증업무의 목적, 2) 범위 내에 포함되거나 제외되는 지속가능성 정보, 3) 보고 범위, 4) 업무 유형이 제한적 확신업무인지, 합리적 확신업무인지 혹은 둘이 결합된 형태인지, 그리고 각 확신 수준에 해당하는 지속가능성 정보, 5) 적용되는 준거기준, 6) 본 업무가 ISSA 5000에 따라 수행된다는 명시가 포함되어야 한다.

둘째, 인증인의 책임이 명확히 기술되어야 하며, 경영진 또는 지배기구의 책임 또한 다음과 같이 문서화되어야 한다.

1) 공정표시 여부를 포함해, 해당 준거기준에 따라 지속가능성 정보를 작성할 책임
2) 적절한 준거기준의 식별, 선택 또는 제정 책임
3) 사용된 준거기준의 출처 또는 기관에 대한 설명 책임
4) 중요왜곡표시를 방지하기 위한 내부통제의 설계·실행·운영 책임
5) 인증인에게 다음과 같은 접근 권한을 보장할 책임
   ① 지속가능성 정보와 관련된 모든 정보에 대한 접근
   ② 인증인이 추가적으로 요청할 수 있는 정보
   ③ 증거 확보를 위해 필요한 실체 내 개인에 대한 제한 없는 접근

셋째, 인증인이 발행할 보고서의 형식과 내용에 대한 설명과 함께, 특정한 상황에서 해당 보고서가 수정될 수 있음을 명시해야 한다.

넷째, 인증업무의 결론 단계에서 경영진이 서면진술서를 제공하겠다는 확인 또한 포함되어야 한다.

한편, 계속인증업무(Recurring engagement)의 경우에는 업무 상황에 변화가 있는지를 고려해, 기존 조건의 수정이 필요한지 또는 기존 조건을 적절한 당사자에게 상기시킬 필요가 있는지를 평가해야 한다(문단 86).

### 나) 인증조건의 변경

인증업무의 조건은 임의로 변경되어서는 안 되며, 합리적 정당성이 없는 한 조건 변경에 합의해서는 안 된다. 특히 합리적 확신업무에서 제한적 확신업무로의 변경처럼 더 낮은 확신 수준으로 전환하는 경우도 이에 해당된다(문단 87). 인증인이 인증업무 조건 변경 요청에 합의할 수 없고, 적절한 당사자(예: 업무의뢰자, 지배기구 등)가 기존 조건하에서 업무의 유지를 허용하지 않는 경우, 인증인은 다음과 같은 절차를 따라야 한다.

1) 해당 법규에 따라 해지가 가능한 경우, 인증업무를 해지함
2) 지배기구, 소유주 또는 규제당국과 같은 다른 당사자에게 상황을 보고해야 하는 계약상 또는 기타 의무가 있는지 여부를 결정함

적절한 당사자가 인증업무 조건의 변경을 요청하는데, 그에 대한 합리적 정당성이 없을 수 있는 경우의 예시는 다음을 포함한다(문단 A223).

1) 충분하고 적합한 증거를 입수하지 못해 합리적 확신에서 제한적 확신으로 변경하는 경우
2) 인증결론의 변형을 피하기 위해 인증업무의 범위에서 지속가능성 정보를 삭제하도록 변경하는 경우

만약 인증업무의 조건이 변경되는 경우에는, 다음과 같은 추가 조치가 요구된다(문단 88).

1) 인증인과 적절한 당사자(들)는 업무계약서 또는 기타 적합한 형태의 서면합의서로 인증업무의 새로운 조건에 합의하고 기록해야 함
2) 인증인은 조건 변경 이전에 이미 입수한 증거를 무시해서는 안 됨

이러한 절차는 인증업무의 독립성과 전문성을 유지하기 위한 최소한의 기준이며, 업무 조건의 신뢰성과 보고서의 정합성을 보장하기 위한 핵심 관리 영역이라 할 수 있다.

## (6) 기타 고려 사항

### 가) 부정 및 법규 위반

인증인은 실체의 경영진이나 지배기구에 대한 과거의 신뢰 경험이 있더라도, 부정이나 법규 위반으로 인한 중요왜곡표시가 존재할 가능성을 인식하고 업무 전 과정에서 전문가적 의구심을 지속적으로 유지해야 한다. 이를 위해 인증인은 부정 및 법규 위반 관련 전문가적 의구심 유지에 대한 평가 요소와 같은 사항에 대해 지속적으로 주의를 기울여야 한다(문단 64-67).

**부정 및 법규 위반 관련 전문가적 의구심 유지에 대한 평가 요소**

| 평가 항목 | 내용 |
|---|---|
| 경영진 및 지배기구의 정직성(문단 64) | 과거에 정직성과 성실성이 확인된 경험이 있더라도, 부정 가능성이 존재할 경우 전문가적 의구심을 지속적으로 유지해야 함 |
| 법규 위반 가능성(문단 65) | 업무 절차를 통해 위반 또는 의심되는 사항이 발견될 수 있으므로 항상 주의를 유지해야 함 |
| 절차 수행 요건(문단 66) | 위반 징후가 없는 경우, 별도의 법규준수 절차 수행은 요구되지 않음 |
| 부정·법규 위반 식별 시 조치(문단 67) | 외부 보고 여부 및 인증인의 책임 판단 필요 |

### 나) 경영진 및 지배기구와 소통

인증인은 인증인측 전문가적 판단에 따라서 적절한 경영진 또는 지배기구가 인지해야 한다고 판단되는 유의적 사항들을 업무 과정에서 시의적절하게 경영진 또는 지배기구와 소통해야 한다(문단 68). 이를 통해 인증인은 경영진 및 지배기구와의 소통 대상 유의사항 및 관련 상황과 같은 항목에 대해 지속적으로 주의를 기울여야 한다. 필요한 경우, 규제기관이나 건전성 감독당국 등 외부 이해관계자와의 소통이 요구될 수 있다(문단 A169).

**경영진 및 지배기구와의 소통 대상 유의사항 및 관련 상황(문단 A166-A168)**

| 평가 항목 | 세부 내용 |
|---|---|
| 유의사항 | 1) 식별된 내부통제 미비점<br>2) 지속가능성 정보 작성 시 경영진의 편의<br>3) 지속가능성 정보의 중요왜곡표시 또는 경영진이 수정을 거부한 기타정보(인증업무와 인증보고서의 대상인 지속가능성 정보를 포함하는 문서(들)에 포함되어 있지만, 인증업무의 대상이 아닌 정보)<br>4) 관련 산업에서 사용하는 준거기준 또는 해당 준거기준과 일관성이 없거나, 적절하지 않은 보고정책<br>5) 인증보고서의 형식과 내용에 영향을 미치는 상황<br>6) 추정치, 미래전망정보, 고유의 불확실성 및 관련 공시와 관련된 사항들<br>7) 경영진과 논의했거나 서신을 교환한 유의적 사항들<br>8) 업무 중에 경험한 유의적인 어려움 |

| 평가 항목 | 세부 내용 |
|---|---|
| 경영진과의 논의 내용 | 1) 연중에 발생한 유의적 사건이나 거래<br>2) 경영진의 전문가 업무 사용 또는 외부 원천으로부터 입수된 정보 사용과 관련된 우려사항<br>3) 경영진과 의견의 불일치가 있었던 유의적 사항 |
| 업무 중 경험한 어려움 | 경우에 따라, 아래의 어려움들은 인증인의 인증결론을 변형시키는 범위 제한에 해당할 수 있음<br>1) 인증인이 절차를 수행하는 데 필요한 정보의 제공을 경영진이 유의적으로 지연시키거나, 정보를 제공할 실체 관련자가 없거나, 경영진이 정보를 제공하기 꺼려함<br>2) 업무 완료 시한이 불합리할 정도로 촉박함<br>3) 충분하고 적합한 증거를 입수하는 데 광범위하고 예상하지 못한 노력이 요구됨<br>4) 기대한 정보의 입수가 불가능함<br>5) 경영진이 인증인에게 제한을 가함 |

### 다) 문서화

인증인은 전문가적 판단에 따라 인증업무의 근거를 충분하고 적시에 문서화해야 하며, 이는 향후 해당 업무에 참여하지 않았던 지속가능성 인증 경험이 있는 인증인이 업무내용을 이해할 수 있을 정도로 충분하고 적합해야 한다(문단 69). 업무 문서는 또한 경영진, 지배기구 및 기타 관련자와 유의적 사항에 관해 한 토의 내용도 포함해야 한다. 여기에는 토의한 유의적 사항의 성격과 토의 시기 및 토의 상대자 등이 포함된다(문단 71). 이를 통해 인증인은 전반적 문서화 요구사항에 포함된 항목들에 대해 지속적으로 주의를 기울여야 한다.

**전반적 문서화 요구사항**

| 항목 | 문서화 내용 |
|---|---|
| 업무문서의 기본 요건(문단 69) | 1) 절차의 성격, 시기, 범위<br>2) 절차 결과 및 입수한 증거<br>3) 유의적 사항과 결론, 전문가적 판단[16] |
| 절차별 이행 세부사항(문단 70) | 1) 테스트한 항목의 특성<br>2) 업무 수행자 및 종료일<br>3) 검토자, 검토일, 검토범위 |
| 소통 기록(문단 71) | 1) 토의한 내용의 성격<br>2) 토의 시기 및 상대방 정보 |
| 문서의 보관 및 관리 (문단 72-73) | 1) 단일한 업무파일로 취합<br>2) 보존기간 종료 전 삭제/폐기 금지<br>3) 수정/추가 시: 사유, 작성자와 검토자, 수정 및 추가 내용 작성시기와 검토시기 명시 |

16) 유의적 상황의 예는 다음과 같다(문단 A174).
1) 높은 수준으로 평가되는 중요왜곡표시위험을 야기하는 사항
2) 지속가능성 정보에 중요왜곡표시가 있을 수 있음을 시사하는 절차의 결과, 또는 합리적 확신업무의 경우 중요왜곡표시위험에 대한 인증인의 과거 평가와 이러한 위험에 대한 인증인의 대응조치를 수정해야 할 필요성
3) 인증인이 필요한 절차를 적용하는 데 있어 유의적인 어려움을 야기하는 상황
4) 인증결론을 변형하거나 인증보고서에 강조사항 문단을 포함시키는 결과를 야기할 수 있는 발견사항

인증인은 품질관리와 관련된 핵심 사항들을 업무문서에 포함시켜야 하며, 이는 인증업무의 윤리적 타당성과 독립성을 뒷받침하는 중요한 근거가 된다(문단 74). 그러한 핵심 사항들은 다음과 같다.

1) 인증인은 관련 윤리적 요구사항의 준수 여부와 관련해 식별된 이슈들, 그리고 이러한 이슈들을 어떻게 해결했는지에 대한 내용을 문서화해야 한다.
2) 업무에 적용되는 독립성 요구사항의 준수 여부에 대한 결론과 함께, 이와 관련해 법인 내에서 이루어진 토의의 주요 내용
3) 인증인은 의뢰인과의 관계 및 인증업무의 수용과 유지와 관련해 도달한 결론을 문서화해야 하며, 이에는 인증업무의 전제조건과 관련된 판단도 포함된다.
4) 업무 수행 과정에서 자문을 받은 경우, 자문의 성격, 범위, 그리고 자문을 통해 도달한 결론을 명확히 기록해야 한다.

## 5) 업무의 계획과 수행

### (1) 업무의 계획

#### 가) 계획수립 활동

인증인은 업무 수용 및 유지 단계에서 입수한 정보와 과거 업무에서 얻은 지식을 반영해 업무의 전반적인 전략과 계획을 수립해야 하며, 여기에는 절차의 성격, 시기, 범위가 포함된다(문단 95, A280 참조). 이러한 계획 수립은 인증업무의 효과적 수행을 위한 필수적 절차로, 중요한 업무 영역에 적절한 주의를 기울이고, 잠재적인 문제를 조기에 식별하며, 업무를 조직적으로 배분하고 관리하는 데 기여한다(문단 A277). 또한 업무수행리더, 핵심 팀원, 필요시 외부전문가가 함께 전략을 수립하며, 수행할 절차의 성격·시기·범위를 포함한 구체적 접근방식을 마련하고 그 이유를 문서화할 수 있다(문단 A278).

업무계획의 내용과 범위는 업무의 상황에 따라 달라질 수 있다. 예를 들어 실체의 산업, 규모, 업무 유형(합리적 확신, 제한적 확신 또는 혼합), 인증대상의 특성, 이해관계자의 정보 요구, 실체 내부감사기능의 활용 여부, 필요한 자원의 구성, 경영진 및 지배기구와의 소통 방식 등이 주요 고려요소로 작용한다. 이러한 전략의 최종 결정은 인증인의 책임으로 절차의 성격이나 시기를 실체와 지나치게 논의하면 인증업무가 예측 가능해져 효과성이 저하될 수 있으므로 주의가 요구된다. 전략과 계획은 1회적으로 수립하는 것이 아니라, 예기치 못한 사건이나 업무 여건의 변화, 증거의 성격에 따라 수정될 수 있는 반복적이고 유연한 과정이다. 업무가 단순하거나 팀 규모가 작을 경우, 전략 수립은 간소화될 수 있으며, 전기 업무 종료 시 작성된 비망록 등을 토대로 전략을 보완하는 방식도 허용된다(문단 A279-A283).

그룹 지속가능성 인증업무를 수행할 경우, 인증인은 다음의 세 가지 사항을 추가로 고려해 전략과 계획을 수립해야 한다(문단 96, A288-A291). 첫째, 인증업무 대상인 지속가능성 정보의 성격과 그 정보의 원천(해당 실체 또는 사업부)을 식별해야 하며, 이는 정보의 세분화 수준, 과거 오류 발생 여부, 의도된 이용자의 정보 요구 등을 반영해 판단한다. 둘째, 필요한 자원을 결정함에 있어 정보 접근성, 시스템 통제 수준, 지리적 분산, 부문인증인의 전문성 등을 종합적으로 고려해야 한다. 셋째, 타 인증인이 수행한 업무를 증거로 사용할 수 있는지 판단해야 하며, 해당 보고서가 인증인의 목적에 적합한지를 평가해야 한다. 다만, 이를 사용하더라도 충분하고 적합한 증거를 확보해야 하는 인증인의 책임은 면제되지 않는다.

아울러 인증인은 전략 수립 및 수행 과정에서 지속가능성 정보를 어떻게 그룹화(Grouping)할 것인지에 대해서도 전문가적 판단을 내려야 한다. 그룹화는 주제별, 주제의 측면별, 정보 특성별(예: 정성적/정량적, 과거/미래전망적 정보) 또는 이들의 결합 형태로 이루어질 수 있으며, 이는 중요왜곡표시위험에 대한 대응과 절차 효율성 확보에 유용하다(문단 A284-A287).

### 나) 중요성 판단 및 수행중요성 설정

지속가능성 정보에 대한 인증업무 수행 시, 인증업무를 계획하고 수행하며, 지속가능성 정보에 중요왜곡표시가 없는지 평가하기 위해, 인증인은 정보의 성격과 공시 방식에 따라 질적 공시에 대한 중요성(Materiality)을 고려하고, 양적 공시에 대한 중요성을 결정하며, 양적 공시에 대해 수행중요성(Performance materiality)을 설정해야 한다(문단 98, 100). 수행중요성이란 양적 공시의 미수정왜곡표시와 미발견왜곡표시의 합계가 해당 공시의 중요성에 이를 확률을 적절하게 낮은 수준으로 감소시키기 위해 인증인이 해당 공시의 중요성보다 작게 설정하는 금액을 의미한다(문단 18). 중요성 판단은 업무 전체의 기획, 위험평가절차 수행, 절차의 성격·시기·범위 결정 및 결론 도출에까지 영향을 미치므로, 인증업무의 핵심 기반으로 작용한다.

인증인은 인증문서에 1) 질적 공시에 적용하는 중요성 설정 시 인증인이 고려한 사항들, 2) 양적 공시에 적용하는 중요성을 결정한 근거, 3) 수행중요성을 결정한 근거를 포함시켜서 작성해야 한다(문단 102).

업무 수행 중 실체의 운영, 환경, 전략적 변화 등으로 인해 중요성 판단이 변경되어야 할 경우, 인증인은 판단을 갱신하고 그에 따라 수행중요성 및 절차 계획을 수정해야 한다(문단 101, A312). 예를 들어, 초기 업무 계획 수립 시 10%의 매출 비중을 차지하던 사업부가 업무 수행 중 30%를 초과하는 것으로 확인된 경우, 해당 사업부 관련 정보에 대한 중요성 기준은 재설정되어야 하며, 절차의 범위 역시 확대 조정될 수 있다. 이러한 중요성의 변경은 업무수행리더의 전문가적 판단에 기반해 문서화되어야 하며, 필요시 수행중요성과 관련된 위험평가 및 절차도 함께 수정되어야 한다.

### ① 질적 공시의 중요성 고려

질적 공시에 대해서는 중요성을 고려해야 한다. 이는 인증인이 인증대상에 대한 높은 이해를 바탕으로 공시 내용이 왜곡될 가능성과 그 영향력을 사전적으로 평가하는 과정을 의미한다(문단 98(a), A293~A300). 예를 들어, 실체가 '내부통제가 효과적으로 운영되고 있다'고 기술하는 경우, 해당 진술이 실제 운영 실태와 상이할 가능성이 있거나 일부 통제 미비점을 의도적으로 은폐하고 있다면, 이는 질적으로 중대한 왜곡으로 간주될 수 있다. 특히 법규 또는 제도상 의무가 부여된 영역, 사회적 민감도가 높은 주제에서는 왜곡의 사회적 파장이 크기 때문에 보다 엄격한 중요성 기준이 적용될 수 있다. 이러한 질적 공시에 대한 중요성을 평가할 때는 질적 공시에 대한 중요성 고려 사항과 같이, 특히 정보 표현 방식에 대한 이용자의 인식과 오해 가능성을 정량 정보보다도 훨씬 더 주의 깊게 평가해야 한다.

**질적 공시에 대한 중요성 고려 사항(문단 A300)**

| 고려요소 | 설명 |
|---|---|
| 영향의 범위 및 심각성 | 영향을 받는 대상의 규모 및 그 결과의 중대성 |
| 상호작용 및 상대적 중요성 | 다양한 주제들과 주제의 측면 간 상호작용 및 상대적 중요성 |
| 서술적 공시 형식 및 진술 방식 | 설명의 세부내용 수준 또는 설명을 위해 사용된 단어들의 전반적 어조가 오해를 유발할 가능성 존재 |
| 법규 또는 인센티브와의 연계성 | 잠재적인 왜곡표시가 법규 또는 규정준수에 영향을 미치거나 경영진이 예상된 목표나 성과를 달성하기 위해 인센티브나 압력을 받을 가능성이 있는지 여부, 예를 들어 잠재적인 왜곡표시가 탄소세를 납부해야 하는 기준에 영향을 미치는 경우 |
| 통제절차 | 잠재적 왜곡표시의 성격 및 이러한 잠재적 왜곡표시가 중요하다고 간주되는 경우, 예를 들어 '통제가 효과적이다'라는 진술인 경우, 관찰된 통제이탈의 성격 |
| 시각 자료의 표현 방식 | 이미지나 그래프 왜곡 여부 등 시각적 정보의 신뢰성 |

### ② 양적 공시의 중요성 결정

양적 공시는 수치 기반 공시(예: 지속가능성 정보가 '통제가 효과적이다'라는 진술인 경우, 관찰된 통제이탈의 개수는 관련성 있는 양적 요소가 될 수 있음)로 구성되며, 이에 대해서는 중요성을 결정해야 한다(문단 98(b), A301~A305). 양적 공시에 대한 중요성을 결정할 때도, 질적 요소들은 관련성이 있을 수 있다. 일반적으로 보고되는 수치(예: 온실가스 배출량, 재생에너지 비중, 사회공헌지출 비율 등)에 대해서는 기준값 또는 관련 지표의 총계 대비 백분율 등을 통해 중요성을 설정한다. 이때 설정 기준은 사전에 준거기준에서 제시된 한도기준(예: 5% 초과 시 중요) 또는 이용자 기대, 산업 평균치 등을 참고할 수 있다. 실체가 재무제표상 항목(예: 지역사회 투자, 교육비, 세금 등)을 동시에 공시할 경우, 동일 수치를 인증인이 감사하는 경우에도 ISSA 5000 기준하에서 별도의 중요성 기준이 설정될 수 있으며, 반드시 재무제표 감사 기준과 동일할 필요는 없다(문단 A305). 양적 공시의 적절한 기준이나 비율을 식별할 때 영향을 줄 수 있는 요소는 아래 양적 공시의 적절한 비율 식별 시 영향 요소에 기술되어 있다.

**양적 공시의 적절한 비율 식별 시 영향 요소(문단 A304)**

| 고려요소 | 설명 |
|---|---|
| 공시 구성요소 | 의도된 이용자들이 중점을 둘 가능성이 높은 요소 |
| 기준값의 상대적인 변동성 | 특정 기간의 급변 가능성 여부 반영 |
| 준거기준의 요구사항 | 해당 준거기준이 중요성에 대해 비율 기준의 한도기준을 정해 놓은 경우, 이는 인증인이 해당 공시에 대해 중요성을 결정할 때 참조할 수 있는 준거 체계를 제공해 줄 수 있음 |

### ③ 이중 중요성(Double materiality) 적용 시 판단

지속가능성 정보의 보고에 있어 '재무적 중요성(Financial materiality)'과 '임팩트 중요성(Impact materiality)'을 함께 적용하는 경우, 인증인은 이중 중요성을 반영한 중요성 판단을 수행해야 한다(문단 99, A306). 보고 체계가 두 관점을 함께 요구할 경우, 중요성 판단도 각각의 기준을 비교한 후, 보다 민감한 쪽을 기준으로 절차를 설계해야 한다.

**이중 중요성 적용 시 선택 기준(문단 A306)**

| 공시 유형 | 판단 기준 |
|---|---|
| 양적 공시 | 재무적 중요성과 임팩트 중요성 중 낮은 수준 중요성 기준 우선 적용 |
| 질적 공시 | 재무적 중요성과 임팩트 중요성 중 필요한 세부사항이 더 높은 수준 중요성 기준 우선 적용 |

### ④ 수행중요성의 설정

인증인은 중요성보다 낮은 수준에서 수행중요성(Performance materiality)을 설정해야 하며, 이는 인증업무 수행 중 누적되는 왜곡표시들이 중요성을 초과하지 않도록 절차의 설계를 조정하는 기능을 한다(문단 100, A307~A311). 수행중요성은 단순한 비율 설정이 아니라, 전문가적 판단에 따라 공시의 세분화 수준, 과거 오류 경향, 업무 환경 등을 반영해야 한다. 수행중요성은 공시 수준에서 중요왜곡표시위험을 식별 및 평가(제한적 확신업무의 경우)하거나 공시의 경영진 주장 수준에서 중요왜곡표시위험을 식별 및 평가(합리적 확신업무의 경우)하고, 추가절차의 성격, 시기, 범위를 결정하는 데 사용될 수 있다(문단 A307).

양적 공시의 경우, 개별적으로 중요한 왜곡표시만을 발견하기 위한 목적으로 업무를 계획하면 합산 위험[17)]을 간과하게 된다. 이러한 합산 위험은 지속가능성 정보가 세분화되어 인증인이 개별 정보에 대해 별개로 인증절차를 설계하고 수행할 수 있기 때문에 발생한다. 따라서 절차의 성격,

시기, 범위를 결정할 때 인증인이 1) 합산 위험을 적절히 낮은 수준으로 줄이기 위해 양적 공시에 대한 수행중요성을 결정하고, 2) 어떠한 유형의 오류나 누락이 다른 왜곡표시와 합산될 경우 잠재적으로 중요왜곡표시에 해당할지 고려해야 한다(문단 A308). 또한, 수행중요성은 전문가적 판단에 따라 결정되는데, 이때 고려할 사항은 다음과 같다.

**수행중요성 결정 고려 사항(문단 A309)**

| 요소 | 설명 |
|---|---|
| 공시 세분화 구조 | 여러 부문에 걸친 공시가 많은 경우 더 낮은 수행중요성 설정 |
| 과거 오류 및 왜곡 빈도 | 과거 유사 업무에서 식별된 오류 유형 및 규모 고려 |
| 질적 요소 기반 왜곡 가능성 | 질적 왜곡을 식별할 수 있도록 절차 설계에 반영 |
| 모집단의 구조적 특성 | 단일 모집단 또는 통합 공시 여부에 따라 수행중요성 동일 적용 가능 |

### 다) 증거를 입수하기 위한 절차의 설계 및 수행

#### ① 증거의 충분성과 적합성

인증인이 충분하고 적합한 증거를 확보하는 것은 인증인이 표명하는 의견의 신뢰도의 핵심이라고 할 수 있다. 인증인은 본 지속가능성 인증기준 준수를 위해 위험평가절차 및 추가절차 등 절차들을 설계 및 수행함으로써 증거를 입수한다. 절차의 성격은 절차의 목적과 유형을 나타낸다. 절차의 유형은 질문, 검사, 관찰, 조회, 재계산, 재수행, 분석적 절차를 포함한다(문단 A226). 충분하고 적합한 증거의 입수를 위해, 1) 확인적일 수 있는 증거를 입수하거나 상충될 수 있는 증거를 배제하는 방식으로 편향되지 않도록 하고, 2) 이러한 절차의 의도한 목적을 충족할 수 있는 증거를 제공하기 위해 해당 상황에 적절한 성격, 시기, 범위의 절차를 설계 및 수행해야 한다(문단 89).

증거의 충분성과 적합성은 서로 연관되어 있으며, 충분성과 적합성이 함께 증거의 설득력에 영향을 미친다.

**증거의 충분성과 적합성**

| 요소 | 설명 |
|---|---|
| 충분성 | 증거의 양을 측정하는 지표. 증거의 질로부터 영향을 받지만(증거의 질이 높을수록, 필요한 증거의 양은 더 적어질 수 있음) 더 많은 증거를 입수해서 낮은 증거의 질을 보완할 수는 없음(문단 A233) |
| 적합성 | 증거의 질을 의미. 증거로 사용하려는 정보의 1) 관련성, 2) 신뢰성, 그리고 3) 인증인의 인증절차 설계 및 적용의 효과성에 따라 결정됨. 그러나 동일한 유형의 절차를 수행해 증거의 양을 늘린다고 해서 모든 상황에서 더 설득력 있는 증거를 제공할 수 있는 것은 아님(문단 A236) |

17) 미수정왜곡표시와 미발견왜곡표시의 합계가 중요성을 초과할 확률을 의미한다.

제한적 확신업무와 합리적 확신업무 모두에서, 입수된 증거가 집단적으로 가지는 설득력이 얻게 되는 확신의 수준을 결정한다. 인증인은 위험에 대한 고려 사항들에 대응하기 위해 집단적으로 보았을 때 설득력 있는 증거를 입수하는 것을 목표로 한다. 일반적으로 증거는 확정적이라기보다는 설득적이다. 인증인이 제한적 확신업무에서 입수하는 증거는 합리적 확신업무에서 입수하는 증거보다 더 제한적이다. 그러나 인증인이 제한적 확신업무에서 지속가능성 정보가 중요하게 왜곡표시되었을 수 있다고 판단하게 하는 사항을 알게 되는 경우, 인증인은 추가 증거를 입수하기 위한 추가절차를 설계하고 수행해야 한다(문단 A232). 인증인은 인증결론을 뒷받침하기 위한 증거의 충분성과 적합성을 평가할 때 전문가적 판단을 하고 전문가적 의구심을 발휘한다(문단 A237). 합리적 확신업무와 제한적 확신업무에서 필요로 하는 충분성은 다음과 같다(문단 A234R-A235L).

**확신 수준에 따른 증거의 충분성**

| 제한적 확신 | 합리적 확신 |
| --- | --- |
| 공시의 성격 및 수, 그리고 공시 수준의 중요왜곡표시위험평가에 의해 영향을 받음 | 공시의 성격 및 수, 그리고 이러한 공시들의 경영진 주장 수준의 중요왜곡표시위험평가에 의해 영향을 받음(평가된 위험이 높을수록 더 많은 증거가 필요할 가능성이 높음) |

증거의 적합성과 충분성에 영향을 미치는 요소는 1) 지속가능성 사안 또는 공시의 특성, 2) 공시를 작성하는 데 사용된 정보의 원천이 접근 가능한지 여부, 그리고 3) 기타 상황에 따라 영향을 받는다(문단 A238). 인증인이 설계 및 수행한 절차들은 입수된 증거의 설득력에도 영향을 미칠 수 있다. 예를 들어, 합리적 확신업무에서 지속가능성 정보의 작성을 지원하는 실체의 정보시스템 내 절차들과 관련된 통제의 설계 및 실행에 대한 평가, 또는 경영진이 지속가능성 정보 작성에 사용한 정보에 관한 증거를 입수하기 위한 외부조회절차들은 경영진에게 질문하는 것보다 더 설득력 있는 증거를 제공할 수 있다. 합리적 확신업무에서는 일반적으로 질문만으로는 충분하고 적합한 증거를 확보할 수 없다(문단 A239).

### ② 질적 정보

일부 질적 공시는 본질적으로 판단을 수반할 수 있어 직접 관찰이 불가능하며 경영진의 편의가 개입될 수 있다. 이러한 경우 인증인은 이러한 상황에서 충분하고 적합한 증거에 해당되는 것이 무엇인지 평가할 때 유의적인 전문가적 판단을 해야 할 수 있다. 질적인 정보 및 양적인 정보별로, 내부통제를 포함하는 실체의 정보시스템은 각기 다를 수 있다. 이러한 점은 인증인이 계획한 절차, 질적인 지속가능성 정보에 대해 필요한 증거를 입수할 수 있는지 여부, 그리고 인증결론에 영향을 미칠 수 있다(문단 A240-A241).

질적 지속가능성 정보에 대한 절차를 설계 및 수행할 때, 인증인은 다음 사항을 고려할 수 있다.

1) 합리적 확신업무의 경우, 실증절차만으로 충분하고 적합한 증거를 제공할 수 있는지 여부. 제공할 수 없는 경우, 인증인은 데이터 무결성에 관한 통제 또는 질적 정보의 작성을 지원하는 실체의 정보시스템 내 기타 통제에 대한 테스트를 수행해야 할 수 있음
2) 증거로 사용하려는 정보의 원천, 이러한 정보가 실체의 정보시스템에서 입력 및 처리되는 방식, 그리고 이러한 방식이 정보의 신뢰성에 미칠 수 있는 영향. 예를 들어, 정보가 근거문서 없이 실시간으로 실체의 정보시스템에 직접 입력되거나, 비공식적 소통을 통해 입수될 수 있음

### ③ 미래전망정보

미래전망정보는 그 성격상 예측적이며 양적 및 질적 기준으로 모두 표현될 수 있다. 미래 상황이나 결과에 관한 정보는 아직 발생하지 않았고 향후에도 발생하지 않을 수 있는 사건이나 행동, 또는 이미 발생했지만 여전히 예측 불가능한 방식으로 전개 중인 사건이나 행동과 관련이 있다. 인증인은 미래전망정보의 성격상 불확실성과 예측 오류 가능성이 높다는 점을 인식하고, 이에 대한 충분하고 적합한 증거의 확보 여부를 전문가적 판단에 따라 결정해야 한다(문단 A243). 미래전망정보는 과거 데이터를 기반으로 한 예측치나, 가상의 가정에 기반한 전망치, 실체의 전략이나 의도, 미래의 위험 및 기회 등과 관련될 수 있으며, 그 특성상 실제로 실현될지 여부나 정확성을 사후적으로 인증하는 것이 불가능하다. 인증인은 이와 같은 정보가 실체가 설정한 가정에 기반해 준거기준에 따라 작성되었는지 여부를 판단함으로써 인증업무를 수행해야 한다.

이를 통해 인증인은 미래전망정보 관련 증거 수집 고려 사항에 포함된 항목들에 대해 지속적으로 주의를 기울여야 한다.

**미래전망정보 관련 증거 수집 고려 사항**

| 구분 | 세부사항 |
|---|---|
| 가정의 평가<br>(문단 A242) | 1) 과거 데이터 기반 예측치에 대해 사용된 가정이 합리적인지 여부<br>2) 가상의 가정이 공시 목적과 일관성을 갖추었는지 여부 |
| 증거의 성격<br>(문단 A243) | 1) 미래전망정보를 뒷받침하는 증거도 본질적으로 추측적일 수 있으며, 전문가적 판단이 요구됨<br>2) 상황에 따라 다양한 결과 범위를 허용할 수 있으며, 해당 공시가 이 범위 내에 속하는지 평가 |
| 주제별 접근 방식<br>(문단 A244). | 1) 전략, 타깃, 의도 관련 공시의 경우: 실체가 전략을 따를 의도와 능력을 갖추었는지 여부에 중점<br>2) 위험 및 기회 관련 공시의 경우: 실체의 위험기록부 또는 지배기구와의 토의 기록으로부터 얻을 수 있는 정보에 중점 |
| 통제의 존재 및<br>효과성(문단 A244). | 특히 합리적 확신업무의 경우, 실체의 내부통제시스템이 작동하는지에 대한 증거 확보 고려 |

### 라) 증거로 사용하려는 정보

4한편, 인증인은 실체가 생성한 정보를 증거로 사용할 경우, 해당 정보가 절차 목적에 부합할 만큼 충분히 정확하고 완전한지를 평가해야 한다(문단 A264). 일부 경우에는 실체의 정보 작성·유지에 대한 내부통제테스트 결과가 충분한 증거가 될 수 있지만, 그렇지 않은 경우 인증인은 추가적인 실증적 절차나 분석적 절차를 수행할 필요가 있다. 또한 인증인은 실체가 본래 다른 목적으로 생성한 정보를 인증업무에 사용하고자 할 수 있으며, 이 경우 해당 정보의 세부성, 정밀도, 정보 수준이 인증 목적에 적합한지를 신중히 평가해야 한다(문단 A265).

또한 인증인은 증거로 사용하려는 정보의 관련성이나 신뢰성에 대해 의구심이 있는 경우, 그 의구심을 해소하기 위해 절차를 수정하거나 추가로 수행할 필요가 있는지 판단해야 하며, 만약 의구심이 해소되지 않는다면 업무 전반에 미치는 영향을 고려해야 한다(문단 94, A276). 이 과정에서는 부정(fraud)에 따른 왜곡표시 가능성도 함께 검토되어야 한다.

정보에 대한 의구심을 유발할 수 있는 상황에는 다음이 포함된다(문단 A274):

1) 정보의 진위 여부 판단이 불가능한 경우
2) 인증업무 중 왜곡표시나 내부통제 미비가 발견된 경우
3) 표본 검사에서 이탈 비율이 과도하게 높은 경우
4) 정보가 기타 증거와 불일치하는 경우

이처럼, 인증인은 문서의 진위 또는 정보의 신뢰성에 대한 의심이 있을 경우, 해당 사안을 전문가적 의구심을 유지하며 절차적으로 대응해야 한다. 단순한 의혹 차원을 넘어, 인증결론 전반의 신뢰성을 확보하기 위한 핵심적인 대응 조치이다.

## (2) 업무의 수행

### 가) 위험평가절차

위험평가절차란 1) 제한된 확신업무에서, 공시 수준에서의 오류 또는 부정으로 인한 중요왜곡표시위험을 식별 및 평가, 2) 합리적 확신업무에서, 경영진 주장 수준에서의 오류 또는 부정으로 인한 공시의 중요왜곡표시위험을 식별 및 평가하기 위한 설계 및 이를 수행하는 절차를 의미한다(문단 18, 103, A313-A314). 인증인이 수행하는 위험평가절차들의 유형에는 1) 질문, 2) 분석적 절차, 3) 관찰 및 검사 등이 포함된다(문단 A315). 하지만, 합리적 확신업무의 경우, 일반적으로 질문만으로는 경영진 주장 수준에서의 중요왜곡표시위험을 식별 및 평가하기에 충분하지 않다(문단 A316). 인증인은 가령 위험평가절차와 통제의 운영 효과성을 평가할 때, 중요왜곡표시위험의 식별과 평가 과정에서 입수한 증거를 활용하는 것이 효율적일 경우, 추가절차를 함께 수행할 수 있다(문단 A318).

업무수행리더는 인증업무 전략을 수립할 때 수임 단계에서 입수한 정보 및 과거 유사 업무의 경험을 활용해야 하며, 핵심 업무팀원 및 필요한 경우 외부전문가와의 토의를 수행해야 한다(문단 104). 인증업무에 적용되는 전략은 업무의 성격, 인증대상 실체의 복잡성, 위험 수준 등을 고려해 계획되어야 한다. 업무수행리더는 인증업무 전략 및 계획 수립 시 팀 내에서 위험요인과 이에 대응하기 위한 절차에 대해 충분히 토의하고 공유해야 한다(문단 105). 위험평가절차는 다음의 절차를 거쳐 수행된다.

위험평가절차

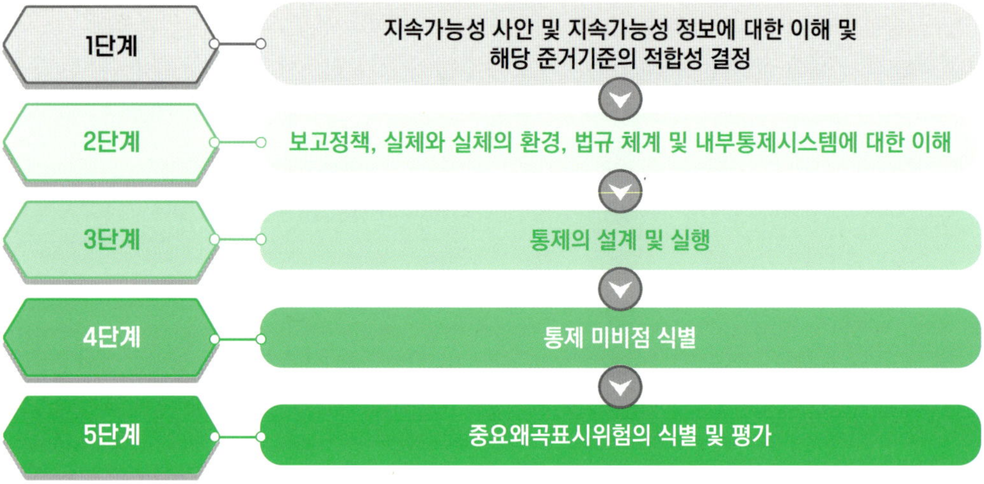


### ① 지속가능성 사안 및 지속가능성 정보에 대한 이해와 준거기준 적합성 결정

인증인은 공시의 중요왜곡표시를 초래할 수 있는 사건 또는 상황의 특성을 포함해 지속가능성 사안 및 지속가능성 정보에 대해 이해해야 한다(문단 106). 지속가능성 정보의 복잡성, 판단, 변화, 불확실성, 경영진의 편의 또는 부정으로 인한 왜곡표시 발생의 위험성이 포함될 수 있으며, 그 결과 부정 또는 오류로 인해 공시가 중요하게 왜곡표시될 위험성이 발생한다.

중요왜곡표시위험을 야기할 수 있는 사건이나 상황의 특성은 공시마다 다를 수 있으며(문단 A324), 지속가능성 사안은 측정 또는 평가가 복잡하거나 불확실성에 노출될 수 있다(문단 A325). 가령, 잠재적인 기후 관련 위험, 기후 관련 위험의 발생 가능성, 위험이 실체 및 실체의 공급망에 미칠 것으로 예상되는 단기, 중기, 장기적 영향은 측정 및 평가가 복잡할 뿐만 아니라 높은 수준의 불확실성에 노출될 수 있다. 내재적인 불확실성 때문에 공시의 중요왜곡표시위험이 높아지거나 지속가능성 정보의 중요왜곡표시위험의 식별 및 평가가 어려울 수 있다

이러한 지속가능성 사안 및 지속가능성 정보에 대한 이해를 바탕으로 해 인증인은 해당 준거기준이 업무 상황에 적합한지 여부를 결정해야 한다(문단 107). 준거기준 적합성 판단 시 고려 사항은 다음과 같다.

준거기준 적합성 판단 시 고려 사항(문단 A326-A342)

| 구분 | 핵심 검토사항 |
| --- | --- |
| 질적 정보 기준 적합성 | 기준의 구체성, 기준 미존재 시 수립 가능성, 부적합 기준의 인증 범위 제외 여부, 인증결론에 미치는 영향 등 |
| 절차/시스템/통제 기준 적합성 | 1) 인증결론이 실체의 절차, 시스템, 통제에 대한 설명을 포함하는 경우: ① 통제의 목적들과 이러한 목적들을 달성하기 위해 설계된 통제들, ② 관련 정보기술 및 수작업 시스템 내부 모두에 존재하는 절차들 및 기록들<br>2) 인증결론이 절차, 시스템 또는 통제의 설계 적합성에 대해 다루는 경우: ① 통제 목표들의 달성을 위협하는 위험의 식별, ② 앞의 통제들이 설명과 같이 운영되었을 때 통제 목표들의 달성에 대한 합리적인 확신을 제공하는지 여부<br>3) 인증결론이 절차, 시스템 또는 통제의 운영효과성에 대해 다루는 경우: 통제들이 명시된 기간 동안 지속적으로 설계된 대로 일관되게 적용되었는지 여부 |
| 성과 기준 적합성 | 성과 평가 핵심성과지표를 위해 사용되는 지표나 기준, 성과 측정 및 평가 방법 포함 여부 |
| 미래예측 정보 기준 적합성 | 가정의 근거, 측정 또는 평가방법 포함 여부 |
| 목적적합성 | 의도된 이용자의 의사결정에 도움이 되는 지속가능성 정보 산출 여부 등 |
| 재무적 중요성 또는 임팩트 중요성이 적용되는 경우의 목적적합성 | 재무적 중요성, 임팩트 중요성, 혹은 이중 중요성 고려 여부 |
| 완전성 | 의도된 이용자의 의사결정에 영향을 미칠 것으로 합리적으로 예상되는 주제들 포함 여부, 정보 작성 판단 근거, 내재된 유의적 불확실성의 원인, 보고 범위 명시 여부 |
| 신뢰성 | 정확성 확보, 준거기준이 모호하지 않는지, 일관 적용 가능 여부 |
| 중립성 | 유·불리 정보 균형 공시, 의도된 이용자들을 오도할 수 있는 정보의 도출을 초래하지 않는지 여부, 경영진 편의 최소화 여부 |
| 이해가능성 | 정보의 명확성, 파악 용이성, 탐색 용이성 등 |

### ② 보고정책, 실체와 실체의 환경, 법규 체계에 대한 이해

인증인은 실체의 보고정책과, 보고정책이 변경된 경우 그 이유를 이해해야 하며(문단 108), 실체의 보고정책이 적절하고 해당 준거기준 및 관련 산업 준거기준과 일관성이 있는지 여부를 평가해야 한다(문단 109). 그리고 인증인은 1) 실체의 지속가능성 정보의 맥락에서, 실체 및 실체가 사업을 영위하는 산업 또는 부문에 적용되는 법규 체계, 2) 실체가 해당 체계를 준수하는 방식에 대해 이해해야 한다(문단 111).

인증인은 1) 실체의 운영, 실체의 법적 및 조직적 체계, 소유권 및 거버넌스, 2) 비즈니스모델의 성격, 보고 범위 및 보고 범위 내에 속하는 활동, 3) 지속가능성 사안과 관련된 목표, 타깃 또는 전략적 목적, 그리고 실체의 성과 평가를 위해 또는 경영진 보상을 결정하기 위해 사용하는 지표 등 실체와 실체의 환경에 대해 이해해야 한다(문단 110). 특히 보고 범위를 이해하려면, 실체의 가치사슬 내의 복잡한 조직적 체계(예: 서로 다른 국가에 있는 여러 운영단위), 계약관계, 활동들에 대한 분석이 필요할 수 있으며(문단 A347), 지속가능성 사안과 관련된 목표, 타깃 또는 전략적 목적, 그리고 실체의 성과 평가를 위해 사용하는 측정지표들을 이해하면, 인증인이 경영진의 편의 또는 부정에 대한 지속가능성 정보의 취약성을 증가시키는 동기와 압력을 식별하는 데 도움이 될 수 있다(문단 A348).

인증인은 1) 적절한 당사자가 지속가능성 정보에 영향을 주는 부정이나 부정이 의심되는 사항 또는 식별된 법규 위반이나 법규 위반이 의심되는 사항을 알고 있는지 여부와, 2) 실체가 내부감사기능을 가지고 있는지와 관련 내부감사기능의 활동 그리고 발견한 주요사항들을 이해할 수 있도록 추가 질문해야 한다(문단 112). 내부감사기능 내의 적절한 개인에게 질문을 하면 인증인이 실체와 실체의 환경 및 내부통제시스템을 이해하고, 중요왜곡표시위험을 식별 및 평가하는 데 도움이 될 수 있다(문단 A353).

### ③ 내부통제시스템에 대한 이해

인증인이 실체의 내부통제시스템의 구성요소를 이해하는 것은 위험평가절차 수행 시 중요한 요소이다. 인증인이 실체의 내부통제시스템 구성요소에 대해 이해해야 하는 내용들은 다음과 같다.

**내부통제시스템 구성요소에 대한 이해**

| 항목 | 제한적 확신 | 합리적 확신 |
|---|---|---|
| 내부통제시스템 구성요소에 대한 이해 (문단 113) | 인증인은 질문을 통해 지속가능성 사안 및 지속가능성 정보 작성과 관련된 실체의 내부통제시스템 구성요소들에 대해 이해해야 함 | 인증인은 질문 및 기타 절차들을 통해 지속가능성 사안 및 지속가능성 정보 작성과 관련된 실체의 내부통제시스템 구성요소들에 대해 이해해야 함 |
| 통제환경 (문단 114) | 인증인은 지속가능성 사안 및 지속가능성 정보 작성과 관련된 실체의 통제환경에 대해 이해해야 함 | 인증인은 다음을 포함해 실체의 통제환경에 대해 이해해야 함<br>1) 지배기구의 감독하에 경영진이 정직성과 윤리적 행동의 문화를 조성 및 유지했는지 여부<br>2) 통제환경이 내부통제시스템의 다른 구성요소들에 대한 적절한 토대를 제공하는지 여부<br>3) 통제환경에서 식별한 통제 미비점들이 내부통제시스템의 다른 구성요소들을 약화시키는지 여부 |
| 실체의 위험평가절차 (문단 115) | 인증인은 지속가능성 사안 및 지속가능성 정보 작성과 관련된 실체의 위험평가절차 결과에 대해 이해해야 함 | 인증인은 다음을 포함해 실체의 위험평가절차에 대해 이해해야 함.<br>1) ① 지속가능성 정보 보고 목적과 관련된 위험 식별 절차, ② 이러한 위험의 발생 가능성을 포함하는, 위험의 유의성 평가절차, ③ 이러한 위험을 다루는 절차에 대한 이해<br>2) 실체의 위험평가절차 결과의 이해<br>3) 1)와 2)의 이해를 토대로, 실체의 위험평가절차가 실체의 상황에 적합한지 여부를 평가 |
| 실체의 내부통제시스템 모니터링 절차 (문단 116) | 인증인은 지속가능성 사안 및 지속가능성 정보 작성과 관련된 실체의 내부통제시스템 모니터링 절차의 결과에 대해 이해해야 함 | 1) 인증인은 ① 지속가능성 사안 및 지속가능성 정보 작성과 관련된 실체의 내부통제시스템 모니터링 절차와 ② 위 절차의 결과에 대해 이해해야 함<br>2) 인증인은 이러한 이해를 토대로, 관련된 실체의 내부통제시스템 모니터링 절차가 실체의 상황에 적절한지 여부를 평가함 |

실체의 내부통제시스템 구성요소들에 대한 인증인 이해의 성격과 범위는 인증업무의 복잡성, 그리고 지속가능성 사안의 성격과 복잡성에 따라 달라질 수 있다. 실체와 지속가능성 사안이 더 복잡해지면, 예를 들어 실체 구성원들에게 한 질문을 확인하기 위해 추적조사(Walk-through)를 수행하는 등 보다 광범위한 절차가 필요할 수 있다(문단 A356). 제한적 확신업무에서, 인증인은 전문가적 판단을 사용해 공시 수준에서 부정이나 오류로 인한 중요왜곡표시위험을 식별 및 평가하기 위해 필요한 내부통제시스템 구성요소들을 이해해야 할 범위를 결정한다(문단 A357L).

한편, 통제환경에 대한 인증인의 이해(예: 실체가 성실 및 윤리적 가치에 대한 실체의 의지에 부합하는 행동을 어떻게 보여주는지)는 인증인이 중요왜곡표시위험을 식별하는 데 도움이 될 수 있다(문단 A360). 합리적 확신업무에서, 통제환경이 실체 내부통제시스템의 기타 구성요소들의 기초가 되므로 통제환경에 대한 인증인의 평가는 인증인이 실체 내부통제시스템의 기타 구성요소들에서 잠재적인 이슈를 식별하거나 중요왜곡표시위험을 식별 및 평가하는 데 도움이 될 수 있다(문단 A361R).

실체의 위험평가절차 결과나 실체의 내부통제시스템 모니터링 절차의 결과를 이해하면 1) 인증인이 공시의 중요왜곡표시위험을 식별 및 평가하거나, 2) 지속가능성 사안 및 기타 업무 상황에 대해 이해하고, 3) 인증인이 통제테스트에서 증거 입수를 할지 여부를 결정하는 데 도움이 될 수 있다(문단 A369). 합리적 확신업무에서, 실체의 내부통제시스템 모니터링 방식을 이해하려고 할 때, 인증인은 1) 모니터링 활동의 설계, 2) 모니터링 활동의 성과 및 빈도, 3) 통제가 효과적인지 여부를 결정하기 위해 수행한 모니터링 활동의 결과에 대한 시의적절한 평가, 4) 식별된 미비점이 적절한 개선 조치를 통해 어떻게 해결되었는지를 고려해야 한다(문단 A373R).

인증인은 1) 보고할 지속가능성 정보를 식별하기 위한 실체의 절차, 2) 외부 원천에서 입수한 정보를 필요에 따라 기록, 처리, 수정하고 지속가능성 정보에 반영한 방식, 3) 추정치와 미래전망정보의 경우, 해당 준거기준에 비추어 적절한 관련 방법, 가정 또는 데이터의 원천, 그리고 이들의 변경 필요성을 실체가 식별한 방식 등을 포함해 지속가능성 사안 및 지속가능성 정보 작성과 관련된 실체의 정보시스템 및 소통에 대해 이해해야 하고 실체의 정보시스템이 해당 준거기준에 따라 지속가능성 정보 작성을 적절하게 뒷받침하는지 여부를 평가해야 한다(문단 117-118).[18] 인증인은 질문, 문서검사, 관찰, 추적조사 등을 통해 정보시스템에 대해 이해할 수 있다(문단 A379).

18) 정보시스템에 대한 이해는 실체가 실체 내 구성원들, 경영진과 지배기구, 의도된 이용자, 규제기관 등 외부 당사자들과 다음과 같은 관련자 간에 어떻게 소통하는지에 대한 이해도 포함된다(문단 A386).

④ 통제의 설계 및 실행

통제의 설계 및 실행

| 항목 | 제한적 확신 | 합리적 확신 |
|---|---|---|
| 통제활동<br>(문단 119R, 120) | 인증인이 통제의 운영효과성을 테스트해 증거를 입수하려고 계획한 경우, 인증인은 다음을 모두 이해해야 함<br>1) 이용자기업과 관련된 것으로 판단되고, 타 인증인의 인증보고서에서 식별된 보완적인 이용자기업 통제가 있는 경우, 이를 포함해 인증인이 테스트하고자 계획하는 통제들<br>2) 1)에서 식별된 통제들과 관련된 정보기술 사용으로 인해 발생하는 위험을 다루는 실체의 정보기술 일반통제 | 인증인은 다음에 대해 식별해 통제활동을 이해해야 함<br>1) 통제의 운영 효과성을 테스트해 증거를 입수하려고 계획하는 통제들. 이러한 통제는 다음을 포함.<br>① 실증절차만으로는 충분하고 적합한 증거가 도출되지 않는 위험들에 대해 다루는 통제<br>② 타 인증인의 인증보고서에서 식별된 이용자기업의 보완적인 통제<br>2) 1)에서 식별된 통제들을 토대로 해, 정보기술의 사용으로 인해 발생하는 위험의 영향을 받는 정보기술 응용프로그램 및 실체 정보기술 환경의 다른 측면들<br>3) 2)에서 식별된 정보기술 사용으로 인해 발생하는 위험을 다루는 실체의 정보기술 일반 통제<br>4) 공시의 경영진주장 수준에서 중요왜곡표시위험을 식별 및 평가하고, 이러한 평가된 위험에 대응하는 추가절차를 설계하기 위해 인증인이 적절하다고 판단하는 다른 통제 |
| 통제의 설계 및 실행<br>(문단 120) | 위를 이해하기 위해서 다음을 수행함<br>1) 통제가 공시의 중요왜곡표시위험을 다룰 수 있도록 효과적으로 설계되어 있거나 다른 통제들의 운영을 지원하기 위해 효과적으로 설계되어 있는지 여부를 평가함<br>2) 질문 외의 절차들을 수행해 통제가 실행되었는지 여부를 판단함 | 인증인은 다음을 수행해, 식별된 각 통제에 대해 이해해야 함<br>1) 통제가 경영진 주장 수준의 중요왜곡표시위험을 다룰 수 있도록 효과적으로 설계되어 있거나 다른 통제들의 운영을 지원하기 위해 효과적으로 설계되어 있는지 여부를 평가함<br>2) 질문 외의 절차들을 수행해 통제가 실행되었는지 여부를 판단함 |

정보기술(IT) 환경과 응용프로그램, 그리고 이와 관련된 일반통제는 통제테스트, 중요왜곡표시위험평가, IT 응용프로그램이 생성한 정보에 대한 테스트, 추가절차 설계 등에서 인증인의 의사결정에 중요한 영향을 미친다(문단 A390). 정보기술 관련 위험에는 무단 접근, 프로그램 변경, 데이터의 부적절한 변경 등이 있으며, 그 위험의 정도는 IT 시스템의 성격과 특성에 따라 달라진다(문단 A392).

인증인은 업무 수행 시 통제가 적절히 설계되고 실행되었는지를 평가해, 추가적인 절차 설계와 위험평가에 활용할 수 있다. 이를 위해 인증인은 다음과 같은 절차를 따른다.

1) 인증인은 통제가 개별적으로 또는 다른 통제와 결합해 중요왜곡표시를 효과적으로 방지, 적발 및 수정할 수 있는지를 판단함으로써 통제의 설계 목적을 평가(문단 A393)
2) 해당 통제가 실체 내에서 실제로 존재하고 사용되고 있는지를 확인함으로써 통제의 실행 여부를 판단(문단 A394)
3) 인증인은 통제가 효과적으로 설계되고 실행되었다고 판단되는 경우, 이 통제를 테스트해 그 결과를 추가절차의 성격, 시기 및 범위 결정에 활용. 예를 들어, 운영 효과성이 입증된 통제는 보다 제한적인 추가절차로도 충분한 증거를 얻을 수 있도록 해줄 수 있음(문단 A395)

통제테스트의 결과는 인증인의 위험평가절차에도 직접적으로 활용될 수 있다. 즉, 통제가 중요왜곡표시위험을 어느 정도 다루고 있는지를 파악함으로써, 인증인은 업무의 핵심 위험 영역을 보다 명확히 식별하고 이에 맞춘 절차를 설계할 수 있다(문단 A396).

다만, 자동화된 통제의 경우에는 일반적인 통제 테스트와는 접근 방식이 다르다. 자동화된 통제는 사람의 개입 없이 일관되게 작동하기 때문에, 해당 통제 자체를 반복적으로 테스트하기보다는, 이 통제의 일관된 운영을 가능하게 하는 정보기술 일반통제(ITGCs)를 식별하고 이를 테스트함으로써 간접적으로 운영 효과성을 입증할 수 있다. 특히, 경영진이 임의로 변경할 수 없는 IT 일반통제는 자동화된 통제의 신뢰성을 높이는 핵심 기반이 된다(문단 A397).

제한적 확신업무에서는 원칙적으로 인증인에게 통제의 설계나 실행에 대한 평가가 요구되지 않는다. 다만, 인증인이 통제의 운영 효과성을 테스트해 증거를 입수하려는 경우에는 예외적으로 해당 통제에 대한 이해가 필요하며, 설계 및 실행 여부를 판단해야 한다(문단 A399L).

### ⑤ 통제 미비점 식별

인증인은 내부통제시스템 구성요소들에 대한 이해를 바탕으로 통제 미비점이 식별되었는지 여부를 고려해야 한다(문단 121). 이러한 통제 미비점은 통제의 운영 효과성에 대한 인증인의 전반적인 기대치에 영향을 미칠 수 있으며, 이에 따라 통제의 운영 효과성을 테스트하려는 인증인의 계획에도 영향을 미칠 수 있다(문단 A400). 인증인은 이와 같은 통제 미비점이 추가절차의 설계에 미치는 영향, 그리고 미비점을 경영진이나 지배기구에 소통할지 여부를 고려할 수 있다(문단 A401).

통제환경 또는 내부통제의 기타 구성요소에 대한 인증인의 평가 결과, 인증결론의 근거가 될 증거를 입수할 수 있을지 여부에 의구심이 제기되는 경우, 1) 인증인의 의구심을 완화할 수 있는 증거가 입수될 때까지 추가 위험평가절차를 수행하거나, 2) 법규상 허용되는 경우 업무를 해지하거나, 3) 인증보고서에 미치는 영향을 고려해야 한다(문단 A403).

### ⑥ 중요왜곡표시위험의 식별 및 평가

중요왜곡표시위험의 식별 및 평가는 인증인이 지속가능성 사안과 지속가능성 정보, 그리고 실체와 그 환경에 대한 충분한 이해를 바탕으로 수행하는 전문가적 판단에 의존한다(문단 A404). 이때 인증인은 왜곡표시 발생가능성과 실제 발생한 왜곡표시가 이용자의 의사결정에 영향을 미칠 수 있을 정도로 중요한지 여부(즉, 규모나 심각성)를 함께 고려해야 한다(문단 A405). 중요왜곡표시위험을 식별하고 평가하는 절차는 다음과 같다.

**중요왜곡표시위험의 식별 및 평가**

| 항목 | 제한적 확신 | 합리적 확신 |
|---|---|---|
| 절차<br>(문단 122) | 인증인은 아래와 같은 절차들을 설계 및 수행하기 위한 토대로 <u>공시 수준에서 중요왜곡표시위험을 식별 및 평가</u>해야 한다.<br>1) 평가된 중요왜곡표시위험에 대응하는 성격, 시기, 범위의 절차<br>2) 지속가능성 정보가 해당 준거기준에 따라 중요성의 관점에서 작성되었는지 여부에 대해 인증인이 합리적인 확신을 얻을 수 있도록 하는 성격, 시기, 범위를 가진 절차 | 인증인은 아래와 같은 절차들을 설계 및 수행하기 위한 토대로 <u>공시의 경영진 주장 수준에서 중요왜곡표시위험을 식별 및 평가</u>해야 한다.<br>1) 평가된 중요왜곡표시위험에 대응하는 성격, 시기, 범위의 절차<br>2) 지속가능성 정보가 해당 준거기준에 따라 중요성의 관점에서 작성되었는지 여부에 대해 인증인이 합리적인 확신을 얻을 수 있도록 하는 성격, 시기, 범위를 가진 절차 |

제한적 확신업무에서는 중요왜곡표시위험의 식별 및 평가 범위가 합리적 확신업무보다 좁게 설정된다. 이는 1) 위험평가절차의 성격, 시기 및 범위가 제한적이고, 2) 경영진 주장 수준에서의 평가가 요구되지 않으며, 3) 확신 수준 자체가 낮기 때문이다(문단 A406L). 따라서 제한적 확신업무에서 인증인의 기대치는 다소 모호할 수 있으며, 결론은 해당 정보가 중요하게 왜곡되었음을 인증인이 발견했는지 여부를 중심으로 서술된다(문단 A409L). 따라서 절차 수행 중 중요왜곡표시가 의심되는 정황이 식별된다면, 인증인은 1) 해당 사항으로 인해 지속가능성 정보가 중요하게 왜곡표시되지 않는다고 결론내릴 수 있거나, 2) 지속가능성 정보가 중요하게 왜곡표시된다고 결정할 수 있을 때까지 추가 증거를 입수하기 위해 추가절차들을 설계 및 수행해야 한다(문단 148L, A409L).

위험평가는 발생 가능성과 규모(잠재적 영향)를 종합적으로 고려해 이루어진다. 발생 가능성이 높고 규모가 큰 경우 위험은 높게 평가되며, 반대의 경우에는 낮게 평가된다. 이러한 위험 수준에 따라 인증인은 대응할 추가절차를 설계하게 된다(문단 A407). 인증인은 왜곡표시의 질적 및 양적 측면을 모두 고려해 그 규모를 판단할 수 있다(문단 A410). 특히 질적 공시에서는 해당 공시에 대한 의도된 이용자의 기대와 관심도에 따라 중요성이 달라질 수 있다. 예컨대, 탄소 배출량 절감 공시가 지역사회 교류보다 더 중시된다면, 전자에 대한 왜곡표시는 더 민감하게 평가될 것이다(문단 A411).

합리적 확신업무에서 중요왜곡표시위험을 식별하고 평가할 때, 인증인은 경영진 주장이라는 개념적 틀을 활용해, 공시 내에서 발생 가능한 다양한 유형의 왜곡표시를 체계적으로 고려한다. 경영진 주장은 실체가 공시를 통해 주장하는 바에 대한 구조화된 분류이며, 각 공시 항목의 신뢰성과 적정성을 평가하는 데 기준이 된다(문단 A415R). 경영진주장의 예시들은 다음과 같다.

1) 발생사실 및 실재성: 공시가 실제로 발생하거나 실재한 사건과 관련이 있는지
2) 책임: 공시 내용이 해당 실체에 귀속되는지
3) 완전성: 보고 범위와 관련된 모든 사건이나 정보가 누락 없이 포함되어 있는지
4) 정확성 및 평가: 수치나 추정이 준거기준에 따라 정확하게 측정·평가되었는지
5) 기간귀속: 공시가 관련된 보고 기간에 귀속되어 있는지
6) 표시, 분류 및 이해가능성: 정보가 적절하게 집계되고 표현되어, 이용자에게 명확하게 전달되는지
7) 일관성: 준거기준과 그 적용이 전기와 일관되거나, 변경된 경우에는 그 변경이 정당하고 적절하게 반영 및 공시되었으며, 비교정보가 있을 경우 전기 정보와 일치하거나 적절히 재작성 되었는지

왜곡표시는 인적 오류, 절차상 결함, 경영진의 편의 또는 부정으로 인해 발생할 수 있다(문단 A417). 여러 가지 유형의 발생 가능한 왜곡표시의 예시는 다음과 같다.

1) 정보의 허위 주장('발생사실 및 실재성' 또는 '책임' 경영진 주장)
2) 잘못된 기간의 정보 기록('기간귀속' 경영진 주장)
3) 정보의 부정확성('정확성 및 평가' 경영진 주장)
4) 정보의 누락('완전성' 경영진 주장)
5) 분류된 정보('표시, 분류 및 이해가능성' 경영진 주장)
6) 정보에 대한 오해의 소지가 있거나 불명확한 진술('표시, 분류 및 이해가능성' 경영진 주장)
7) 성과의 긍정적인 측면에 초점을 맞추고 부정적인 측면은 누락하는 편향된 정보('표시, 분류 및 이해가능성' 경영진 주장)

제한적 확신업무에서는 경영진 주장 수준의 중요왜곡표시위험을 식별하고 평가할 필요는 없다. 단, 발생 가능한 왜곡유형을 체계적으로 고려할 필요가 있거나, 절차 설계에 유용한 경우라면 인증인은 경영진 주장을 사용할 수 있다(문단 A416L).

한편, 합리적 확신업무 수행 시, 경영진이 예측 불가능한 방식으로 통제를 우회할 수 있기 때문에, 인증인은 경영진이 통제를 우회할 위험을 부정으로 인한 중요왜곡표시위험, 따라서 위험의 범위 내에서 위험 수준이 높은 중요왜곡표시위험으로 간주해야 한다(문단 123R). 특히, 실체 내에서 경영진은 통제를 우회해 정보 조작이 가능한 독특한 위치에 있기 때문에, 이러한 위험은 모든 실체에 존재하며 고유한 특성을 갖는다. 이러한 통제 우회의 위험은 일반적으로 예측이 어렵고, 발생 시 지속가능성 정보에 중대한 왜곡을 초래할 수 있으므로, 이는 부정으로 인한 중요왜곡표시위험으로 간주되며, 통상적으로 높은 수준의 위험으로 평가된다(해설 문단 A418R).

인증인은 위험평가절차에서 입수한 증거가 중요왜곡표시위험의 식별 및 평가에 대한 적절한 근거를 제공하는지 결정해야 한다. 적절한 근거를 제공하지 않는 경우, 인증인은 이러한 근거를 제공할 수 있는 증거를 입수할 때까지 추가 위험평가절차를 수행해야 한다(문단 124).

### 나) 중요왜곡표시위험에 대한 대응

#### ① 추가절차의 설계 및 수행

**추가절차의 설계 및 수행 요건**

| 항목 | 제한적 확신 | 합리적 확신 |
|---|---|---|
| 요건<br>(문단 126) | 인증인은 공시 수준에서 부정 또는 오류로 인해 평가된 중요왜곡표시위험에 대응하는 성격, 시기, 범위의 추가절차를 설계 및 수행해야 한다 | 인증인은 공시의 경영진 주장 수준에서 부정 또는 오류로 인해 평가된 중요왜곡표시위험에 대응하는 성격, 시기, 범위의 추가절차를 설계 및 수행해야 한다. |

인증인의 추가절차에는 검사, 관찰, 조회, 재계산, 재수행, 분석적 절차, 질문 등 다양한 절차들의 조합이 포함될 수 있다(문단 A420). 추가절차의 계획된 성격, 시기 및 범위는 전문가적 판단 사항이며, 의도된 이용자 집단의 정보 요구, 준거기준 및 업무 범위 내 지속가능성 사안을 포함한 인증업무의 상황으로부터 영향을 받는다(문단 A422). 추가절차를 설계 및 수행할 때, 인증인은 1) 중요왜곡표시위험에 대해 한 평가의 이유를 고려하고, 2) 다른 절차들의 성격, 시기, 범위를 결정할 때, 인증인이 통제의 운영 효과성에 대해 증거를 입수하고자 하는지 여부를 고려하며, 3) 인증인이 평가한 위험 수준이 높을수록 더 설득력 있는 증거를 입수해야 한다(문단 127).

한편, 지속가능성 정보에 대한 합리적 확신업무와 제한적 확신업무 간 인증인이 수행하는 추가절차의 차이점에는 다음이 포함될 수 있다(문단 A424).

1) 증거의 원천인 절차 중 어떠한 성격의 절차에 중점을 두는지가 업무 상황에 따라 다를 수 있음 (제한적 확신업무에서 질문과 분석적 절차 중시)
2) 제한적 확신업무에서 수행되는 절차의 범위는 다음과 같은 특징을 가질 수 있음
   ① 더 적은 수의 항목을 조사 대상으로 선정할 수 있고, ② 더 적은 수의 절차를 수행할 수 있으며, ③ 더 적은 수의 설비에서 현장 방문 절차를 수행할 수 있음
3) 설계 방향에서 다음의 차이가 있음

| 제한적 확신 | 합리적 확신 |
|---|---|
| 평가된 중요왜곡표시위험에 대응해 수행되는 분석적 절차에서는, 추세, 관계 및 비율의 방향성에 대한 기대치를 뒷받침하도록 설계 | 중요왜곡표시를 식별할 수 있을 정도로 충분히 정확하게 양 또는 비율의 기대치를 설정 |

또한, 제한적 확신업무에서 분석적 절차를 수행할 때 인증인은 ① 보다 상위 수준(higher level)으로 집계된 데이터를 사용할 수 있고, ② 합리적 확신업무와 동일한 정도이나 별도의 신뢰성 인증절차를 거치지 않은 데이터를 사용할 수 있다.

② 대응조치

전반적 대응조치를 설계하는 것과 실행요건은 다음 표와 같다.

**전반적 대응조치 설계 및 실행 요건**

| 항목 | 제한적 확신 | 합리적 확신 |
|---|---|---|
| 전반적 대응조치 설계 및 실행 요건 (문단 128) | 다음의 경우, 인증인은 중요왜곡표시위험을 다루기 위한 전반적 대응조치를 설계 및 실행해야 한다.<br>1) 내부통제시스템의 다른 구성요소들을 약화시키는 통제환경 내 통제 미비점들을 식별<br>2) 부정이나 부정이 의심되는 사항 또는 법규 위반이나 법규 위반이 의심되는 사항을 식별<br>3) 지속가능성 정보가 전반적으로 존재하는 중요왜곡표시위험을 식별 | 다음의 경우, 인증인은 중요왜곡표시위험을 다루기 위한 전반적 대응조치를 설계 및 실행해야 한다.<br>1) 인증인의 통제환경 평가에서 다음이 나타난 경우<br>① 지배기구의 감독하에 경영진이 정직성과 윤리적 행동의 문화를 조성 및 유지하지 않았음<br>② 실체의 성격 및 복잡성을 고려해, 통제환경이 내부통제시스템의 다른 구성요소들에 대해 적절한 토대를 제공하지 않음<br>③ 통제환경에서 식별한 통제 미비점들이 내부통제시스템의 다른 구성요소들을 약화시킴<br>2) 부정이나 부정이 의심되는 사항 또는 법규 위반이나 법규 위반이 의심되는 사항을 식별<br>3) 지속가능성 정보에 전반적으로 존재하는 중요왜곡표시위험을 식별 |

부정이나 법규 위반으로 인한 중요왜곡표시를 적발하지 못하는 위험은 오류로 인한 중요왜곡표시를 적발하지 못하는 위험보다 높다. 또한 부정이나 부정이 의심되는 사항, 또는 법규 위반이나 법규 위반이 의심되는 사항을 적발하지 못하는 위험은 합리적 확신업무에서보다 제한적 확신업무에서 더 높다(문단 A430). 따라서 인증인은 업무 중에 식별된 부정이나 부정이 의심되는 사항 또는 법규 위반이나 법규 위반이 의심되는 사항에 대해 1) 이러한 행위의 성격 및 이러한 행위가 발생한 상황에 대한 이해를 하고, 2) 지속가능성 정보에 미칠 수 있는 영향을 평가하기 위한 추가 정보의를 입수하는 등 적절하게 대응해야 한다(문단 129).

업무 중에 식별되었거나 의심되는 부정 또는 법규 위반에 대한 적절한 대응에는 다음과 같은 조치를 취하는 것이 포함될 수 있다(문단 A431).

1) 해당 사항을 실체와 논의함
2) 실체의 법률고문이나 규제기관과 같이 적합한 자격이 있는 제3자의 자문을 구하도록 실체에 요청함
3) 관련 라이선스 기관 또는 규제기관과 교환한 서신이 있는 경우, 이러한 서신을 검사함

4) 인증인의 위험평가 및 실체 서면진술의 신뢰성을 포함하는 업무의 기타 측면들과 관련해, 해당 사항이 미치는 영향을 고려함
5) 서로 다른 조치의 결과에 대한 법적 조언을 구함
6) 인증보고서의 발행을 보류함
7) 업무를 해지함

또한, 인증인이 부정 또는 법규 위반 사항이 있을 수 있다고 의심하는 경우, 법규에서 금지하는 경우를 제외하고 해당 사항을 적절한 수준의 경영진 및 해당되는 경우 지배기구와 토의해야 하며, 위험평가절차 및 서면진술서의 신뢰성을 포함해, 식별되었거나 의심되는 부정 또는 법규 위반이 인증업무에 대해 갖는 시사점을 평가하고 적절한 조치를 취해야 한다(문단 130-131).

### ③ 통제테스트

인증인은 식별된 통제의 운영 효과성에 대해 증거를 입수하고자 할 때, 통제테스트를 설계하고 수행해야 한다. 통제테스트의 설계 및 수행은 1) 통제의 운영 효과성에 대한 증거 입수를 위해 질문을 하고 기타 절차를 수행하고, 2) 테스트할 통제가 다른 통제에 의존하는지 여부와, 의존하는 경우 이러한 간접적 통제들의 효과적 운영을 뒷받침하는 증거를 입수할 필요가 있는지 여부를 결정하는 것을 포함한다(문단 132).

통제의 효과성에 대해 더 설득력 있는 증거가 필요한 경우, 통제테스트의 범위를 확대하는 것이 적절할 수 있다. 또한, 자동화된 응용통제의 실행에 대한 증거를 실체의 정보기술 일반 통제(특히, 변경 통제)의 운영효과성에 대한 증거와 함께 고려하는 경우, 이 자동화된 응용통제의 운영효과성에 대한 실증적 증거를 제공할 수 있다(문단 A436-A437).

인증인이 기중에 통제 운영효과성에 대해 증거를 입수하고, 나머지 기간에 대해 이러한 통제테스트의 결론을 확대 적용하려고 하는 경우, 기중 이후의 기간에 대해 통제들의 운영 효과성에 대한 증거를 입수해야 하며, 적절한 기간에 대해 통제를 테스트해야 한다(문단 133-134).

인증인이 증거의 지속적인 관련성을 확인하기 위한 절차들을 수행하는 경우, 과거 업무들에서 입수한 증거가 당기 업무를 위한 증거를 제공할 수도 있다(문단 A438). 과거의 지속가능성 인증업무에서 입수한 통제 운영효과성에 대한 증거를 사용할 계획인 경우, 인증인은 과거 업무 수행 이후에 이러한 통제에 유의적인 변경이 있었는지 여부에 대한 증거 입수를 통해 증거가 계속해서 관련성이 있음을 판단해야 한다. 인증인은 이러한 구체적인 통제에 대해 이해한 바를 다시 확인하기 위해 관찰 또는 검사와 함께 질문해 그 증거를 입수해야 하고, 과거 지속가능성 인증업무에서 입수한 통제 운영효과성에 대한 증거 활용의 내용을 수행해야 한다. 그러나 위험평가결과, 위험이 높은 수준에 가까운 중요왜곡표시위험에 대해 통제의 운영효과성 관련 증거를 입수할 계획인 경우, 인증인은 현 보고 기간에 이러한 통제들에 대해 통제테스트를 수행하여야 한다(문단 135-136).

**과거 지속가능성 인증업무에서 입수한 통제 운영효과성에 대한 증거 활용**

| 항목 | 과거 업무에서 입수한 증거가 계속해서 관련성이 있는지 여부에 영향을 미치는 변경이 없었던 경우 | 과거 업무에서 입수한 증거가 계속해서 관련성이 있는지 여부에 영향을 미치는 변경이 있었던 경우 |
|---|---|---|
| 수행내용 | 인증인은 3번의 업무를 수행할 때마다 최소한 1번은 통제테스트를 수행해야 하고, 일부 통제들에 대해서는 매번 업무 수행 시마다 통제테스트를 수행해야 함 | 인증인은 현 업무 수행 시 통제테스트를 수행해야 함 |

인증인이 테스트한 통제에서 이탈이 발견된 경우, 인증인은 이러한 사항들과, 이러한 사항으로 인해 발생하는 잠재적인 결과를 이해하기 위해 구체적인 질문을 하고 1) 실증절차를 수행한 통제테스트가 이러한 통제들의 운영효과성에 대해 충분하고 적합한 증거를 제시하는지 여부, 2) 추가 통제테스트가 필요한지 여부, 3) 실증절차를 수행해 잠재적 중요왜곡표시위험을 다루어야 할 필요가 있는지 여부를 결정해야 한다(문단 138).

④ 실증절차(Substantive Procedures)

합리적 확신업무를 수행하는 경우, 추가절차에는, 위험평가 결과 위험의 범위 내에서 높은 수준에 가까운 각 위험에 대응하는 실증절차가 포함되어야 한다(문단 139R). 평가된 중요왜곡표시위험과 관계없이, 인증인은 중요하다고 판단하는 공시에 대해 실증절차를 설계 및 수행해야 할 필요성이 있는지 고려해야 한다(문단 140R). 또한 합리적 확신업무 수행 시, 인증인은 경영진 주장, 공시, 주제 또는 주제의 측면에 관한 정보를 요청하기 위해 외부조회절차를 수행할지 여부를 고려해야 한다(문단 141R, A442R).

분석적 절차는 양적 및 질적 데이터 모두에 존재할 가능성이 있는 관계의 분석을 통한 지속가능성 정보의 평가를 의미한다. 분석적 절차는 다른 관련 정보와 일관되지 않거나 예상되는 금액과 유의적 금액이 차이 나는 변동 혹은 관계가 식별되는 경우 이에 대해 필요한 조사도 포함한다(문단 18). 지속가능성 정보와 재무 또는 운영 정보 간에 합리적으로 예측 가능한 관계가 있는 경우 분석적 절차를 수행할 수 있다(문단 A446). 세분화된 데이터를 쉽게 이용할 수 있거나, 사용될 데이터가 신뢰 가능하다고 인증인이 판단할 이유가 있는 경우(예: 데이터가 잘 통제된 원천에서 추출된 경우), 분석적 절차는 특히 효과적일 수 있다(문단 A447). 제한적 확신업무의 경우, 분석적 절차는 합리적 확신업무에서 요구되는 수준의 정확성으로 가능한 중요왜곡표시를 식별하기보다는, 추세, 관계 및 비율의 방향성에 대한 기대치를 뒷받침할 수 있도록 설계될 수 있다(문단 A448L). 분석적 절차에서 분석적 절차의 설계 및 수행, 후속 조치에 대해 정리하면 다음과 같다.

**분석적 절차**

| 항목 | 제한적 확신 | 합리적 확신 |
|---|---|---|
| 분석적 절차의 설계 및 수행<br>(문단 143) | 분석적 절차를 설계 및 수행하는 경우, 인증인은 다음을 해야 한다.<br>1) 공시 수준에서 중요왜곡표시위험평가에 대한 이유를 고려해, 특정한 분석적 절차의 적합성 결정<br>2) 기록된 양 또는 비율에 대한 기대치 설정 | 분석적 절차를 설계 및 수행하는 경우, 인증인은 다음을 해야 한다.<br>1) 특정한 경영진 주장에 대해서, 중요왜곡표시위험평가의 이유, 그리고 수행한 다른 절차가 있는 경우 이 절차에서 입수한 증거를 고려해, 이들 경영진 주장에 대해 특정한 분석적 절차의 적합성 결정<br>2) 발생 가능한 중요왜곡표시를 식별할 수 있을 정도로 충분히 정확하게, 기록된 양 또는 비율에 대한 기대치 설정 |
| 분석적 절차 후속 조치<br>(문단 144) | 분석적 절차를 통해, 다른 관련 정보와 일관성이 없거나 예상 결과와 유의미하게 차이가 나는 변동이나 관계를 식별하는 경우, 인증인은 이러한 차이에 대해 경영진에게 질문해야 한다. 인증인은 이러한 질문에 대한 답변을 고려해 해당 상황에서 추가절차가 필요한지 여부를 결정해야 한다. | 분석적 절차를 통해, 다른 관련 정보와 일관성이 없거나 예상되는 양 또는 비율과 유의미하게 차이가 나는 변동이나 관계를 식별하는 경우, 인증인은 다음을 통해 이러한 차이에 대해 조사해야 한다.<br>1) 경영진에게 질문하고 경영진의 답변과 관련된 추가 증거를 입수함<br>2) 해당 상황에 필요한 다른 절차를 수행함 |

테스트할 항목을 선택하기 위한 수단으로 표본추출을 하는 경우, 인증인은 1) 이 절차의 목적, 그리고 표본을 추출할 모집단의 성격을 고려하고, 2) 표본추출 위험(표본에 근거한 인증인의 결론이 모집단 전체가 동일한 절차를 거쳤을 때의 결론과 다를 수 있는 위험)을 적절하게 낮은 수준으로 낮출 수 있는 충분한 표본 크기를 결정하며, 3) 모집단의 각 표본추출 단위가 동등한 선택 기회를 갖도록 표본을 선택하고, 선택한 항목들에 대해 절차를 수행하고, 결과를 평가해야 한다(문단 145, A449).

인증인이 기중에 실증절차를 수행하고 이 실증절차의 결론을 나머지 기간에 대해 확대 적용하려고 하는 경우, 1) 기중 이후 기간에 대한 통제테스트와 함께 실증절차를 수행하거나 2) 인증인이 실증절차만으로 충분하다고 판단하는 경우, 실증절차의 결론을 기중 이후 기간에 확대 적용하는 데에 대한 합리적인 근거를 제공하는 실증절차만을 수행하는 것 중 하나를 수행해야 한다(문단 142). 인증인은 1) 비경상적으로 보이는 금액을 식별하고, 2) 해당 금액에 대해 조사하며, 3) 잔여기간에 대한 테스트를 위해 분석절차 또는 세부테스트를 수행해 기중에 실증절차를 수행하고, 기간 말 정보를 기중 일자의 비교 가능한 정보와 비교해 차이를 조정하는 것이 효과적이라고 결정할 수 있다(문단 A444).

미래전망정보는 과거 데이터 기반의 예측치, 가정에 기반한 전망치, 또는 미래 계획을 포함하는 것으로 경영진 판단의 영향을 받는 최적추정가정 또는 가상의 가정을 기반으로 한 시나리오를 사용해 작성할 수 있다. 지속가능성 사안과 관련해 미래에 발생하는 일, 사건 또는 행동은 불확실성이 더 클 수 있으며, 따라서 역사적 정보에 비해 평가의 정확성이 떨어질 수 있다. 또한, 공시 대상 기간이 길어질수록 공시의 추측성이 높아지고, 미래전망정보와 관련된 기간이 더 먼 미래가 될 수록 불확실성이 증가할 수 있다. 추정치 및 미래전망정보 관련 인증인의 업무에서 인증인이 수행할 업무는 다음과 같다. 일부 제한적 확신업무에서 인증인이 합리적 확신에서의 절차들을 하나 이상 수행하는 것이 적절할 수 있다(문단 A455L).

**추정치 및 미래전망정보 관련 인증인의 업무**

| 항목 | 제한적 확신 | 합리적 확신 |
|---|---|---|
| 추정치 및 미래전망정보 관련 인증인의 업무 (문단 146) | 추정치나 미래전망정보가 수반된 공시에 대해 평가된 중요왜곡표시위험에 대응해, 인증인은 다음을 해야 한다.<br>1) 다음의 여부를 평가함<br>① 경영진이 추정치 또는 미래전망정보와 관련된 해당 준거기준의 요구사항들을 적절하게 적용했는지 여부<br>② 추정치 또는 미래전망정보의 산출 방법이 적절하고 일관되게 적용되었는지 여부<br>③ 보고된 추정치 또는 미래전망정보의 변경사항 또는 추정치 또는 미래전망정보 산출 방법의 전기 대비 변경이 해당 상황에 적절한지 여부<br>2) 해당 상황에 다른 절차가 필요한지 여부를 고려함 | 추정치나 미래전망정보가 수반된 공시에 대해 평가된 중요왜곡표시위험에 대응해, 인증인은 다음을 해야 한다.<br>1) 경영진이 추정치 또는 미래전망정보와 관련된 해당 준거기준의 요구사항들을 적절하게 적용했는지 여부를 평가함<br>2) 다음 중 하나 이상을 수행함<br>① 경영진이 추정치 또는 미래전망정보 및 관련 공시를 산출한 방법, 그리고 추정치 또는 미래전망정보의 토대가 되는 정보를 테스트함. 이 과정에서 인증인은 다음을 평가함<br>a. 방법이 적절하게 선택 및 적용되었으며, 전기 대비 변경이 있는 경우 변경사항이 적절함<br>b. 전기 대비 변경사항을 포함해, 사용된 가정들이 적절한지 여부<br>c. 전기 대비 변경사항을 포함해, 데이터가 적절한지 여부<br>② 경영진의 추정치를 평가하기 위해 점 추정치 또는 범위 추정치를 도출함. 이를 위해서 인증인은 다음을 수행함<br>a. 준거기준의 맥락에서, 사용된 방법, 가정 또는 데이터가 적절한지 여부를 평가함<br>b. 인증인이 범위 추정치를 산출한 경우<br>i. 범위 추정치에 충분한 증거로 뒷받침되고 인증인이 합리적이라고 평가한 금액들만 포함되어 있는지, 결정함<br>ii. 불확실성에 대해 기술한 지속가능성 정보 내의 공시와 관련된 평가된 중요왜곡표시위험평가에 대해 충분하고 적합한 증거를 입수하기 위한 추가 절차를 설계 및 실행함<br>③ 인증보고서일 도래 전까지 발생한 사건들에서 증거를 입수함 |

### ⑤ 실체의 지속가능성 정보 취합 절차

지속가능성 정보를 취합하는 절차는 다음과 같다.

**지속가능성 정보 취합 절차**

| 항목 | 제한적 확신 | 합리적 확신 |
|---|---|---|
| 실체의 지속가능성 정보 취합 절차 (문단 149) | 실체의 지속가능성 정보 취합 절차와 관련해 다음의 절차를 포함해야 한다.<br>1) 지속가능성 정보와 그 근거가 되는 기록을 일치시키거나 차이를 조정함<br>2) 경영진에 대한 질문을 통해 지속가능성 정보 작성 과정에서 한 중요한 조정에 대해 이해하고 해당 상황에 추가절차가 필요한지 여부를 고려함 | 실체의 지속가능성 정보 취합 절차와 관련해 다음의 절차를 포함해야 한다.<br>1) 좌동<br>2) 지속가능성 정보 작성 과정에서 한 중요한 조정에 대해 증거를 입수함 |
| 경영진의 통제 우회 위험 대응 절차 (문단 150) | | 경영진의 통제 우회 위험에 대응해, 인증인은 다음의 절차들을 설계 및 수행해야 함<br>1) 지속가능성 정보 취합 과정에서 경영진이 한 조정의 적절성을 테스트함<br>2) 지속가능성 보고 절차에 관여하는 사람들에게, 지속가능성 정보의 조정과 관련된 부적절하거나 비경상적인 활동에 대해 알고 있는지 질문함<br>3) 경영진의 통제 우회 위험에 대응하기 위해, 1), 2)의 절차들 외에 다른 절차들이 필요한지 여부를 결정함 |
| 그룹 지속가능성 정보 (문단 151) | 그룹 지속가능성 정보의 경우, 인증인은 집계 절차에서 발생하는 평가된 중요왜곡표시위험에 대응하기 위해 추가절차들을 설계 및 수행해야 한다. 이러한 절차에는 다음이 포함되어야 한다.<br>1) 경영진에 대한 질문을 통해, 어떻게 경영진이 정보를 집계했는지 이해함<br>2) 해당 준거기준의 요구사항대로, 모든 실체가 지속가능성 정보에 포함되었는지 결정함<br>3) 집계 과정에서 한 경영진의 판단으로 인해 경영진 편의 가능성을 보여주는 징후가 발생하는지 여부를 고려함 | 그룹 지속가능성 정보의 경우, 인증인은 집계 절차에서 발생하는 평가된 중요왜곡표시위험에 대응하기 위해 추가절차들을 설계 및 수행해야 한다. 이러한 절차에는 다음이 포함되어야 한다.<br>1) 어떻게 경영진이 정보를 집계했는지 이해함<br>2) 좌동<br>3) 집계 과정에서 한 경영진의 판단으로 인해 경영진 편의 가능성을 보여주는 징후가 발생하는지 여부를 평가함 |

### 다) 식별된 왜곡표시의 집계 및 고려

#### ① 식별된 왜곡표시

인증인은 경미한 왜곡표시라는 것이 명백한 경우를 제외하고, 업무 중에 식별한 왜곡표시들을 집계해야 한다(문단 153). 명백하게 사소한 왜곡표시란 중요하다고 결정되는 왜곡표시와는 그 규모가 전적으로 다르거나(즉, 더 작거나) 성격이 전적으로 다르며, 개별적으로나 집합적으로나, 혹은 크기, 성격 또는 상황의 어느 기준으로 판단하더라도 명백하게 미미한 왜곡표시를 의미하며, 불확실성이 있는 경우, 해당 왜곡표시는 명백하게 사소하지 않은 것으로 간주된다(문단 A470). 지속가능성 정보에 실체의 절차, 시스템 또는 통제에 대한 설명이 포함된 경우, 무엇이 왜곡표시에 해당하는지는 업무의 범위에 따라 달라진다. 이에 대해서는 다음 설명에 따른다(문단 A476).

**업무 범위에 따른 왜곡표시 여부**

| 항목 | 업무 범위에 실체의 절차, 시스템 또는 통제가 적합하고 기간 전체에 걸쳐 효과적으로 운영되는지 여부가 포함되는 경우 | 업무 범위에 실체의 절차, 시스템 또는 통제가 적합하고 기간 전체에 걸쳐 효과적으로 운영되는지 여부가 포함되지 않으며, 실체의 절차, 시스템 또는 통제에 대한 관련 공시가 기타정보로 간주되는 경우 |
|---|---|---|
| 설명 | 실체의 설명이 해당 절차, 시스템 또는 통제가 적합하게 설계되거나 기간 전체에 걸쳐 효과적으로 운영된다고 나타내지만 인증인이 이 설명이 부정확하다고 판단하는 경우, 이는 왜곡표시에 해당할 수 있음 | 실체의 설명이 해당 절차, 시스템 또는 통제가 적합하게 설계되거나 기간 전체에 걸쳐 효과적으로 운영된다고 나타내지만 인증인이 이 설명이 부정확하다는 점을 인지하는 경우 기타정보의 수정을 경영진에게 요청해야 함 |

인증인은 식별된 왜곡표시가 개별적으로 또는 집합적으로 부정으로 인한 것일 수 있는지 여부를 고려해야 한다(문단 154). 부정으로 인한 왜곡표시는 1) 지속가능성 정보 작성의 기초가 되는 정보나 근거문서의 의도적인 조작, 위조 또는 변조나, 2) 지속가능성 정보에 의도적인 허위진술이나 누락으로 발생할 수 있다(문단 A478). 인증인이 부정으로 인한 왜곡표시를 식별하는 경우, 1) 부정으로 인한 중요왜곡표시위험을 공시 수준(제한적 확신업무의 경우) 또는 공시의 경영진 주장 수준(합리적 확신업무의 경우)에서 평가한 결과에 따라 추가절차의 성격, 시기 및 범위를 조정하고, 2) 특정 부정 사례가 단독으로 발생한 하나의 사건이 아닐 수 있다는 점으로 인식한다면, 경영진 진술의 신뢰성에 의구심을 가져야 한다(문단 A480).

인증인은 1) 식별된 왜곡표시의 성격과 이들이 발생한 상황이 다른 왜곡표시가 존재할 수 있음을 나타내고, 업무 중에 집계된 다른 왜곡표시들과 집합적으로 보았을 때 중요왜곡표시가 될 수 있는 경우나, 2) 업무 중에 집계된 왜곡표시들이 집합적으로 지속가능성 정보의 중요왜곡표시를 초래할 수 있는 경우에 업무 접근법을 변경해야 하는지 여부를 결정해야 한다(문단 155). 특히 인증인이 지속가능성 정보 작성과 관련된 실체의 내부통제시스템에 대해 기존에 이해하던 바를 새롭게 갱신해야 하는지 여부를 고려할 수 있다.

인증인은 인증업무 과정에서 집계된 모든 왜곡표시를 경영진에게 적시에 소통하고, 경영진에게 이러한 왜곡표시를 수정하도록 요구해야 한다.[19] 인증인의 요구에 따라 경영진이 지속가능성 정보를 검토해 발견된 왜곡표시를 수정하는 경우, 인증인은 경영진이 수행한 이 업무와 관련해 추가 절차를 수행해 중요왜곡표시가 남아 있는지 여부를 결정해야 하며, 인증인이 소통한 왜곡표시들의 일부 또는 전체의 수정을 경영진이 거부하는 경우, 인증인은 경영진이 거부하는 이유를 이해하고, 인증인의 결론 형성 시에 이를 고려해야 한다(문단 156-158).

### ② 미수정왜곡표시의 영향 평가

인증인은 수행한 절차의 결과 및 입수한 증거가 중요성을 수정해야 할 필요성을 나타내는지 고려 후, 인증인은 미수정왜곡표시가 개별적으로 또는 집합적으로 중요한지 여부를 결정해야 한다. 이러한 결정을 할 때, 인증인은 왜곡표시의 규모 및 성격, 그리고 해당되는 왜곡표시 발생의 다음과 같은 상황을 고려해야 한다(문단 159-160, A484-490).

**미수정왜곡표시의 영향 평가**

| 항목 | 내용 |
|---|---|
| 미수정왜곡표시의 중요도 | 1) 의도된 이용자가 누구인지, 2) 어떠한 공시가 중요할 가능성이 있는지, 3) 해당 준거기준, 4) 업무 상황에 비추어 전문가적 판단이 요구됨 |
| 미수정왜곡표시를 평가하는 방식 | 1) 미수정왜곡표시와 관련된 각 공시에 대해 미수정왜곡표시가 개별적으로 중요한지 여부. 단, 개별 왜곡표시가 중요하다고 결정되면 해당 공시 내에서 다른 왜곡표시들과 상쇄될 수는 없음(왜곡표시들이 동일한 사항과 관련되어 있고 동일한 측정 기준을 사용하는 경우는 제외됨)<br>2) 왜곡표시들이 개별적으로 중요하지 않은 경우 ① 특정한 주제 또는 주제의 측면들 별로 혹은 ② 왜곡표시들이 지속가능성 정보 전체에 대해 집합적으로 중요한지 여부 |
| 질적 공시의 중요성 | 양적 공시에서는 중요성보다 작은 금액의 왜곡표시라 하더라도 질적 관점에서는 중요한 영향 가능 |
| 지표별 중요성 설정 | 인증인은 각 지표에 대해 왜곡표시의 중요성을 개별적으로 평가 가능 |
| 측정 기준의 통일화 | 지속가능성 정보가 중요하게 왜곡표시되었는지 여부를 판단하기 위한 목적으로 다양한 측정 기준이 사용된 왜곡표시를 공통의 기준으로 변환할 필요는 없음 |
| 비계량 정보의 그룹화 | 정량화할 수 없는 모든 왜곡표시가 식별된 후, 이들을 예를 들어 지속가능성 사안의 특정 측면과 공통적으로 관련이 있는지 여부에 따라 그룹화하는 것이 가능 |
| 왜곡표시의 합산 | 왜곡표시가 개별적으로 중요하지 않더라도 지속가능성 정보 전체가 왜곡표시될 수 있음 |

19) 서술적 공시의 경우, 왜곡표시를 수정하도록 경영진에 요청하게 되면 경영진은 왜곡표시된 문구를 수정하거나 삭제할 수 있다(문단 A482).

왜곡표시가 중요할 가능성이 높다는 것을 나타낼 수 있는 질적 요소는 다음과 같다.

**미수정왜곡표시의 중요성 판단 질적 요소**

| 항목 | 내용 |
|---|---|
| 지속가능성 인증대상 | 1) 보고할 지속가능성 정보를 식별하기 위한 실체의 절차가 해당 준거기준에 따른 보고의 범위 또는 목적과 맞지 않는 경우<br>2) 왜곡표시된 지속가능성 정보가 유의적이라고 판단된 지속가능성 사안의 측면과 관련된 경우<br>3) 지속가능성 사안의 동일한 주제와 관련된 왜곡표시가 여러 개 있는 경우<br>4) 왜곡표시의 성격상 모든 왜곡표시가 지속가능성 사안을 과장하거나 축소하여 표현하는 경우 |
| 외부 요소 | 1) 왜곡표시된 지속가능성 정보가 법규 위반과 관련되어 있으며, 특히 위반으로 인한 결과가 심각한 경우<br>2) 왜곡표시된 지속가능성 정보가 실체 다수의 이해관계자에게 영향을 미치는 지속가능성 사안과 관련된 경우 |
| 지속가능성 정보의 성격 | 1) 왜곡표시가 경영진 계획의 실현 가능성에 대한 의구심을 나타낼 수 있는 경우<br>2) 왜곡표시가 실체를 동종 업계와 비교하는 데 일반적으로 사용되는 특정 공시와 관련된 경우<br>3) 왜곡표시가 목표나 한도기준과 관련이 있으며, 오류가 해당 목표나 한도기준의 달성 여부에 유의적인 영향을 미치는 경우<br>4) 왜곡표시된 정보가, 이전에 보고된 실체의 상태가 유의적으로 변화했거나 추세가 역전되었다고 보고하는 경우 |
| 표시 | 1) 오해의 소지가 있는 지속가능성 정보의 표시로 인해 왜곡표시가 발생한 경우 |
| 경영진의 행동 | 1) 경영진의 부정으로 인해 왜곡표시가 발생한 경우<br>2) 경영진이 왜곡표시가 중요하지 않다고 간주한다는 이유 외의 이유로 왜곡표시의 수정을 꺼리는 경우<br>3) 경영진이 공격적인 목표나 추정치를 보고하거나, 설명을 제공할 때 방어적인 태도를 보이는 경우 |

지속가능성 사안에는 내재적인 측정 또는 평가의 불확실성(예: 실체의 가치사슬 전반에 걸친 장기적인 기후 관련 위험의 추정)이 있을 수 있다. 해당 불확실성이 내재적 불확실성이 아닌 경우(즉, 불확실성이 해당 준거기준을 적절히 적용하지 못해 발생하는 경우), 왜곡표시가 야기될 수 있다(문단 A494-A495). 또한, 미래전망정보는 일반적으로 역사적 정보에 비해 측정 또는 평가의 불확실성이 높다. 그 결과, 다양한 결과가 발생할 수 있으며, 왜곡표시를 식별하고 평가하는 것이 어려울 수 있다(문단 A496). 그리고 1) 경영진이 합리적인 정당성 없이, 사용되는 가정 또는 방법을 바꾸었거나, 상황의 변화가 있었다는 판단에 기반한 평가를 한 경우, 2) 경영진이 실체의 사업 중 다른 영역에서 사용한 가정(재무제표 또는 운영 목적을 위한 가정 포함) 또는 관찰 가능한 시장의 가정과 일치하지 않는 가정을 사용한 경우, 3) 경영진이 경영진의 목적에 유리하거나 특정 패턴 또는 추세를 나타낼 수 있는 유의적 가정을 선택한 경우, 경영진의 편의가 발생했을 가능성이 있다(문단 A498).

### 라) 준거기준에 대한 기술내용 평가

인증인은 지속가능성 정보가 해당 준거기준 및 준거기준의 원천을 적정하게 언급하거나 기술하는지 여부를 평가해야 한다(문단 162). 인증인은 지속가능성 정보의 작성에 사용된 준거기준을 의도된 이용자가 쉽게 확인할 수 있도록 명확히 공시해야 한다(문단 A499). 이는 구체적으로, 지속가능성 정보의 주제와 측면을 선정한 방법, 의도된 이용자의 정보 요구를 어떻게 식별했는지, 지속가능성 사안을 어떻게 측정하거나 평가했는지에 관한 정보를 포함해야 한다.

특히 준거기준의 명시와 공개는, 유사한 상황에 놓인 동일 산업·지역·국가 내 실체들이 사용하는 준거기준 간에 유의적인 차이가 존재할 때나, 미래전망정보와 같이 측정과 평가의 불확실성이 높아 해석의 여지가 많은 경우 더욱 중요하다. 이러한 경우 준거기준을 명확히 제시하지 않으면 의도된 이용자가 정보를 잘못 해석하거나 오해할 위험이 커진다(문단 A500).

### 마) 후속사건

인증인은 지속가능성 정보 및 인증보고서에 영향을 미칠 수 있는, 인증보고서일까지 발생하는 사건들(후속사건)을 식별하기 위한 절차들을 수행하고 해당 준거기준에 따라 이러한 사건들이 해당 지속가능성 정보에 적절하게 반영되었는지 여부에 대해 입수한 증거의 충분성과 적합성을 평가해야 한다(문단 163). 후속사건의 예시는 정부기관과 같은 기관에서 수정된 요소, 가정 또는 기준(예: 수정된 배출계수) 발표, 관련 법규의 변경, 실체의 유의적인 구조적 변화 등을 들 수 있다(문단 A502).

합리적 확신업무 수행 시, 인증인은 후속사건을 식별하기 위해 다음의 절차를 수행해야 한다(문단 A503R).

1) 경영진이 수립한 모든 절차를 이해함
2) 지속가능성 정보에 영향을 미칠 수 있는 후속사건이 발생했는지 여부에 대해 경영진 및 해당하는 경우 지배기구에 질문
3) 지속가능성 정보일 이후 개최된, 소유자, 지배기구 및 경영진 회의의 회의록을 열람하고, 회의록이 아직 제공되지 않은 경우 이러한 회의에서 논의된 사항에 관해 질문함
4) 실체의 월별 또는 분기별 지속가능성 정보(이용 가능한 경우)를 열람함

반면에 제한적 확신업무 수행 시, 인증인은 지속가능성 정보에 영향을 미칠 수 있는 후속사건이 발생했는지 여부에 대해 경영진 및 적절한 경우 지배기구에 질문하는 절차를 수행하면 된다(문단 A504L).

인증인은 인증보고서일 이후 지속가능성 정보에 대해 어떠한 절차도 수행할 책임이 없다. 그러나 인증인은 인증보고서일에 알았더라면 해당 인증보고서를 수정할 원인이 될 수도 있었던 사실을 인증보고서일 이후에 알게 된 경우, 경영진 또는 지배기구와 해당 사안을 논의하거나 상황에 적합한 기타 조치를 취할 필요가 있을 수 있다(문단 164, A505).

### 바) 경영진 및 지배기구의 서면진술

인증인은 다음 서면진술이 필요한 사항에 대해 경영진 및 해당하는 경우 지배기구에게 서면진술을 요청해야 한다(문단 165).[20] 서면진술일은 인증보고서일에 현실적으로 최대한 근접해야 하되, 그 이후가 되어서는 안 된다(문단 168).

**경영진 및 지배기구의 서면진술**

| 내용 |
| --- |
| 1) 업무 조건에서 정한 바와 같이, 해당 준거기준에 따라 적절한 경우 비교정보를 포함한 지속가능성 정보 작성에 대한 책임을 충족했음 |
| 2) 업무 조건에서 합의한 바와 같이 모든 관련 정보 및 접근성을 인증인에게 제공했고 모든 관련 사항을 지속가능성 정보 내에 반영했음 |
| 3) 미수정왜곡표시가 지속가능성 정보에 미치는 영향이 개별적으로나 집합적으로 미미하다고 판단하는지 여부. 이러한 항목들의 개요를 서면진술서에 포함시키거나 첨부해야 함 |
| 4) 추정치 도출 및 미래전망정보 작성 시 사용 유의적 가정이 합리적이라고 판단하는지 여부 |
| 5) 인지한 명백하게 경미하지 않은 업무 관련 내부통제의 모든 미비점을 인증인에게 소통했음 |
| 6) 부정 또는 법규 위반이 지속가능성 정보에 중요한 영향을 미칠 수 있는 경우, 부정이나 부정으로 의심되는 사항 또는 식별되거나 의심되는 법규 위반에 대해 알고 있는 지식을 인증인에게 공개했는지 여부 |
| 7) 지속가능성 정보일 이후에 발생한 모든 사건을 반영하여 지속가능성 정보를 조정했거나 이러한 모든 사건을 공시했으며, 이에 대해 해당 준거기준이 조정 또는 공시를 요구함 |

인증인이 지속가능성 정보와 관련된 다른 증거를 뒷받침하기 위해 하나 이상의 서면진술을 입수하는 것이 필요하다고 판단하는 경우, 인증인은 이를 요구해야 하며, 서면진술이 지속가능성 정보에 중요한 사항들과 관련된 경우, 다른 진술(구두 또는 서면)을 포함해, 입수한 다른 증거와 일관성이 있고 합리적인지 평가하고, 진술을 한 당사자들이 이러한 사항들에 대해 충분한 지식을 가지고 있다고 기대할 수 있는지 고려해야 한다(문단 166-167).

요청한 서면진술이 하나 이상 제공되지 않거나 인증인이 서면진술을 제공하는 당사자들의 적격성, 성실성, 윤리적 가치 또는 정당한 주의에 대해 충분한 의구심이 있거나 서면진술이 다른 측면에서 신뢰할 수 없다고 결론을 내리는 경우, 인증인은 1) 이 사항을 경영진이나 지배기구와 토의하거나, 2) 진술을 요청하거나 제공한 당사자의 성실성을 다시 평가하고, 이것이 전반적인 진술

20) 경영진 및 적절한 경우 지배기구의 진술은 인증인이 이용 가능하다고 합리적으로 예상할 수 있는 기타 증거를 대체할 수 없다. 서면진술은 필요한 증거를 제공하지만, 서면진술이 다루는 그 어떠한 사항에 대해서도 서면진술 그 자체만으로는 충분하고 적합한 증거를 제공하지 못한다(문단 A507).

(구두 또는 서면) 그리고 증거의 신뢰성에 미칠 수 있는 영향을 평가하며, 3) 인증보고서의 결론에 미칠 수 있는 영향의 판단을 포함한, 적절한 조치를 취해야 한다(문단 169).

인증인은 경영진 및 지배기구의 서면진술 중 1)과 2)에서 요구하는 서면진술을 제공한 개인들의 성실성에 대해 충분한 의구심이 존재해, 이러한 측면에서 이들의 서면진술을 신뢰할 수 없다고 인증인이 결론을 내리거나 실체가 서면진술을 제공하지 않는 경우 지속가능성 정보에 대해 결론 표명을 거절하거나 법규에서 허용한다면 업무를 해지해야 한다(문단 170).

### 사) 기타정보

기타정보란 인증업무와 인증보고서의 대상인 지속가능성 정보를 포함하는 문서(들)에 포함되어 있지만, 인증업무의 대상이 아닌 정보를 말한다. 비록 기타정보는 인증업무의 대상은 아니지만, 인증인은 인증보고서일 이전에 입수한 기타정보를 열람해야 하고, 이 과정에서 1) 기타정보와 지속가능성 정보 사이의 중요한 불일치가 있는지 여부를 고려하고, 2) 업무에서 입수한 증거 및 도달한 결론에 비추어, 인증업무 중에 얻은 인증인의 지식과 기타정보 사이에 중요한 불일치가 있는지 여부를 고려하며, 3) 지속가능성 정보 또는 인증 과정에서 얻은 인증인의 지식과 관련성이 없는 기타정보가 중요하게 왜곡표시되어 있는 것으로 보이는 징후가 있는지 지속적으로 주의를 유지해야 한다(문단 172). 이 절차를 수행한 결과로, 지속가능성 정보에 중요왜곡표시가 존재하거나 실체와 실체의 환경에 대해 인증인이 이해한 바를 새롭게 갱신해야 한다고 인증인이 결론을 내리는 경우, 인증인은 적절하게 대응해야 한다(문단 177).

인증인이 중요한 불일치가 존재하는 것으로 보인다고 식별하거나 기타정보가 중요하게 왜곡표시된 것으로 보인다고 인지하는 경우, 인증인은 이 사항을 경영진과 논의하고, 필요한 경우 1) 기타정보에 중요왜곡표시가 존재하는지, 2) 지속가능성 정보에 중요왜곡표시가 존재하는지, 3) 실체와 그 환경에 대해 인증인이 이해한 바를 새롭게 갱신해야 할 필요가 있는지 여부에 대한 결론을 내리기 위해 추가적인 절차들을 수행해야 한다(문단 173). 인증인이 기타정보에 중요왜곡표시가 존재한다고 결론을 내리는 경우, 기타정보의 수정을 경영진에게 요청해야 한다(문단 175).[21] 이 때, 1) 경영진이 수정하기에 동의하는 경우, 인증인은 수정이 이루어졌는지 확인해야 하며, 2) 경영진이 수정하지 않겠다고 거절하는 경우, 인증인은 이 사항을 지배기구에 소통하고 수정을 하도록 요청해야 한다. 만약 기타정보에 중요왜곡표시가 존재하고 지배기구와 소통 후에도 중요왜곡표시가 수정되지 않았다고 인증인이 결론을 내리는 경우, 인증인은 1) 이로 인해 인증보고서에 미치는 시사점을 고려하고 인증보고서에서 이러한 중요왜곡표시를 어떻게 다루

21) 원칙적으로 인증인은 인증보고서일 이후에 제공된 기타정보와 관련해 어떠한 절차도 수행할 의무가 없다. 그러나 인증인은 인증보고서일 이후에 제공된 기타정보와 지속가능성 정보 또는 업무를 통해 얻은 인증인의 지식 간에 중요한 불일치가 존재함을 인지할 수 있다. 인증인은 해당 사항을 적절한 경영진 또는 지배기구와 논의하고, 기타정보가 수정되지 않는 경우 적절한 조치를 취할 수 있다(문단 A515).

려고 계획하는지에 대해 지배기구와 소통하며,[22] 2) 해당 법규에 따라 업무 해지가 가능한 경우, 업무를 해지해야 한다.[23]

기타정보에 실체의 감사를 받은 재무제표가 포함되어 있고, 인증인이 이러한 재무제표와 지속가능성 정보 사이에 중요한 불일치가 존재하는 것으로 보인다고 식별하거나 재무제표가 중요하게 왜곡표시된 것으로 보인다고 인지하는 경우, 인증인은 법규 또는 전문직 요구사항에서 금지하는 경우를 제외하고 실체의 재무제표 감사인에게도 이 사항을 소통해야 한다(문단 174).

### 아) 문서화

업무 수행 단계에서 다음의 내용들을 문서화해야 한다.

**업무 수행 단계에서의 문서화**

| 항목 | 내용 |
|---|---|
| 위험평가절차<br>(문단 125) | 1) 업무팀 토의 및 이를 통해 도달한 유의적 결론<br>2) 인증인의 이해, 질문, 토의의 핵심 구성요소<br>3) 식별한 통제의 설계 평가, 그리고 이러한 통제가 실행되었는지 여부에 대한 결정<br>4) 식별 및 평가된 중요왜곡표시위험 |
| 중요왜곡표시위험에 대한 대응<br>(문단 152) | 1) 전반적 대응조치들과 이러한 대응조치들을 취한 이유<br>2) 수행한 추가절차의 결과. 결론이 명확하게 나타나지 않은 경우 도달한 결론을 포함함<br>3) 식별하거나 의심되는 부정 또는 법규 위반, 수행한 절차, 내린 유의적 전문가적 판단, 그리고 이에 대해 도달한 결론<br>4) 해당되는 경우, 과거 업무에서 입수한 통제의 운영효과성에 대한 증거를 사용하는 것이 적절한지 여부에 대해 도달한 결론 |
| 식별된 왜곡표시의 집계 및 고려<br>(문단 161) | 1) 명백하게 경미한 왜곡표시를 제외하고 업무 중에 집계된 모든 왜곡표시와 이러한 왜곡표시들을 수정했는지 여부<br>2) 미수정왜곡표시들이 개별적으로나 집합적으로 중요한지 여부에 대한 인증인의 결론과 이러한 결론의 근거 |

22) 기타정보의 중요왜곡표시에 대한 수정 거부가 경영진 및 지배기구의 성실성에 대한 의구심을 불러일으키고 전반적인 증거의 신뢰성에 의문을 제기하는 경우, 지속가능성 정보에 대한 결론 또는 의견 표명을 거절하는 것이 적절할 수 있다(문단 A516).

23) 기타정보의 중요왜곡표시에 대한 수정 거부를 둘러싼 상황이 경영진 및 지배기구의 성실성에 대한 의구심을 불러일으키고 인증업무 중 이들로부터 입수된 진술의 신뢰성에 의문을 제기하는 경우, 해당 법규에 따라 해지가 가능하다면 업무의 해지를 하는 것이 적절할 수 있다(문단 A517).

## 6) 결론 및 보고

### (1) 인증결론의 형성

#### 가) 입수된 증거의 평가

인증인측 외부전문가, 타 인증인 또는 내부감사기능이 수행한 업무에서 입수한 증거를 포함해, 인증인은 입수한 증거의 충분성과 적합성을 평가해야 하며 해당 상황에서 필요한 경우 추가 증거를 입수하도록 노력해야 한다. 인증인은 1) 입수한 증거가 절차의 의도한 목적을 달성하는지 여부를 평가하고, 2) 입수된 모든 증거를 고려해 평가해야 한다(문단 178). 인증인이 수행된 절차를 통해 입수된 증거가 지속가능성 정보에 대한 결론을 형성하기에 충분하고 적합하지 않다고 결정하는 경우, 1) 수행한 업무를 확대하거나, 2) 상황에 필요하다고 인증인이 판단하는 기타 절차를 수행해야 한다. 만약 어떠한 방안도 실행이 가능하지 않은 경우, 인증인은 결론을 형성하기에 충분하고 적합한 증거를 입수할 수 없을 것이다(문단 A519).

양적 정보와 질적 정보가 충분하고 적합한 증거에 해당하는지에 대한 전문가적 판단에 영향을 주는 요소들은 각각 다음과 같다.

**충분하고 양적 정보와 질적 정보의 조건**

| 항목 | 양적 정보 | 질적 정보 |
|---|---|---|
| 관련 조건<br>(문단<br>A521-A522) | 1) 잠재적 왜곡표시의 유의성, 그리고 해당 왜곡표시가 개별적으로 또는 다른 잠재적 왜곡표시와 함께 집합적으로 지속가능성 정보에 중요한 영향을 미칠 가능성<br>2) 알려진 중요왜곡표시위험을 다루기 위한 경영진 또는 지배기구 대응조치의 효과성<br>3) 유사한 잠재적 왜곡표시와 관련해 과거 인증업무에서 얻은 경험<br>4) 수행된 절차의 결과<br>5) 이용 가능한 정보의 원천 및 신뢰성<br>6) 증거의 설득력<br>7) 실체 및 실체의 환경에 대한 이해 | 1) 추정치의 도출 및 지속가능성 정보의 작성 과정에서 한 판단과 결정에 편의 가능성의 징후가 있는지 여부<br>2) 선택 및 적용된 정량화 방법 및 보고 정책이 해당 준거기준에 부합하고 적절한지 여부<br>3) 표시된 정보가 관련성이 있고, 신뢰할 수 있고, 완전하며, 비교 가능하고, 이해 가능한지 여부<br>4) 의도된 이용자가 지속가능성 정보 작성 시 내려진 유의적인 판단을 이해할 수 있도록, 지속가능성 정보가 해당 준거기준 및 기타 사항에 대한 적절한 공시(불확실성 포함)를 제공하는지 여부<br>5) 지속가능성 정보에 사용된 용어가 적절한지 여부 |

인증인은 미래전망정보를 포함해, 지속가능성 정보 작성 시 도출한 추정치 및 사용한 가정에서 경영진이 한 판단 및 결정이 개별적으로는 합리적일지라도, 경영진 편의 가능성을 나타내는 징후가 있는지 여부를 평가해야 한다. 경영진 편의 가능성을 나타내는 징후를 식별한 경우, 인증인은 이

로 인해 인증업무에 미치는 시사점을 평가해야 한다(문단 179). 인증인이 다른 증거와 일관성이 없는 증거를 입수하는 경우, 1) 결론 형성 불일치를 이해하고 해소하기 위해 절차에 어떤 수정 또는 추가가 필요한지 판단하며, 2) 인증업무의 다른 측면에 영향이 있는 경우, 그 영향을 고려해야 한다(문단 180).

### 나) 결론의 형성 및 범위 제한

인증인은 지속가능성 정보에 부정 또는 오류로 인한 중요왜곡표시가 없는지 여부에 대한 결론을 형성해야 한다. 그러한 결론을 형성할 때, 인증인은 입수된 증거가 충분하고 적합한지에 대해 인증인에 대한 평가와, 미수정왜곡표시가 개별적으로 또는 집합적으로 중요한지 여부에 대해 고려해야 한다(문단 181). 또한, 해당 준거기준에 공정표시 원칙이 포함[24]되어 있는 경우, 1) 지속가능성 정보의 전체적인 표시, 구조, 내용, 2) ISSA 5000 준거기준, 인증인 결론의 문구 또는 다른 업무 상황을 비추어 볼 때 적절한 경우, 지속가능성 정보가 공정표시를 달성할 수 있는 방식으로 지속가능성 사안을 표시하는지 여부도 고려해야 한다(문단 182).

공시 규제 제도에서, 관련 법규에 명시된 대로 공시하는 것이 규제기관에 대한 보고로 적절하지만, 기타 의도된 이용자가 지속가능성 정보 작성 과정에서 내려진 유의적 판단을 이해할 수 있도록, 다음과 같은 지속가능성 정보의 추가 공시가 필요할 수 있다(문단 A527).

1) 해당 준거기준에 따라 여러 방법 중 하나를 선택하는 것이 가능한 경우, 실체의 보고 범위를 결정할 때 사용한 방법과 보고 범위에 포함된 운영사업
2) 다음을 포함하는 선택 및 적용된 유의적 평가 또는 정량화 방법 및 보고 정책
   ① 지속가능성 정보에 포함시킬 지속가능성 사안을 식별하기 위한 실체의 절차
   ② 실체의 상황에서 해당 준거기준을 적용하는 과정에서 한 유의적 해석(데이터 원천, 그리고 여러 방법 중 선택하는 것이 허용된 경우 또는 실체 특유의 방법이 사용되는 경우, 사용된 방법 및 사용 근거에 대한 공시 포함)
   ③ 실체가 이전에 보고한 공시가 재작성 되어야 하는지 여부를 결정하는 방식
3) 실체의 지속가능성 정보 정량화와 관련된 불확실성에 대한 진술(불확실성의 원인, 불확실성을 다룬 방법, 불확실성이 지속가능성 정보에 미치는 영향 포함)
4) 전기 또는 기준연도와의 지속가능성 정보 비교 가능성에 중요한 영향을 미치는 기타 사항들의 변경사항

---

24) '공정표시 주거기준'이라는 용어는 체계의 요구사항에 대한 준수를 요구하는 다음 중 하나에 해당하는 지속가능성 보고 체계를 가리킨다(문단 18).
   1) 지속가능성 정보의 공정표시를 달성하기 위해 해당 체계에서 구체적으로 요구하는 수준 이상의 정보를 경영진이 제공하는 것이 필요할 수 있다는 점을 명시적 또는 암묵적으로 인정함
   2) 지속가능성 정보의 공정표시를 달성하기 위해 경영진이 해당 체계의 요구사항에서 이탈해야 할 필요가 있을 수 있다는 점을 명시적으로 인정함. 이러한 요구사항에서의 이탈은 극히 드문 상황에서만 필요할 것으로 예상됨
   '준수 준거기준'이라는 용어는 해당 체계의 요구사항에 대한 준수를 요구하지만, 상기한 1) 또는 2)의 인정을 포함하지 않는 지속가능성 보고 체계를 가리킨다.

공정표시 체계에 따라 작성된 지속가능성 정보가 공정표시를 달성하지 않는 경우, 인증인은 이 사항을 경영진과 토의해야 하고, 해당 체계의 요구사항과 이 사항의 해결 방식에 따라서 인증보고서 내의 결론을 수정해야 할 필요가 있는지를 결정해야 한다. 준수 준거기준에 따라 지속가능성 정보를 작성한 경우, 인증인은 지속가능성 정보가 공정표시를 달성하는지 여부를 평가할 필요가 없다. 하지만, 이러한 지속가능성 정보가 오도할 수 있다고 인증인이 결론을 내리는 경우, 인증인은 이 사항을 경영진과 토의하고 이 사항의 해결 방식에 따라서 이를 인증인보고서에서 소통할지 여부와 소통하는 방식을 결정해야 한다(문단 183-184).

인증인이 충분하고 적합한 증거를 입수할 수 없는 경우, 범위 제한이 존재하고, 이 경우 인증인은 1) 한정 결론 표명, 2) 결론 표명의 거절, 3) 법규에 따라 가능한 경우 업무 해지 중 하나를 취해야 한다(문단 185). 범위 제한은 다음으로부터 발생할 수 있다. 첫째, 적절한 당사자가 통제할 수 없는 상황으로 예를 들어, 인증인이 검사할 필요가 있다고 판단하는 문서가 실수로 파기되었을 수 있는 경우를 들 수 있다. 둘째, 인증인 업무의 성격 또는 시기와 관련된 상황으로 예를 들어, 인증인이 관찰할 필요가 있다고 판단하는 물리적 절차가 인증인의 인증업무 수행 이전에 발생한 경우 등을 말한다. 셋째, 경영진, 지배기구 또는 업무의뢰자가 인증인에게 부과한 제한으로 인해 인증인이 해당 상황에 필요하다고 판단하는 절차를 수행하지 못할 수 있는 경우를 들 수 있다(문단 A530).

### 다) 품질의 관리 및 달성에 대한 전반적 책임의 이행

인증보고서일 이전에, 업무수행리더는 다음을 수행해야 한다(문단 186).

1) 독립성을 포함한 관련 윤리적 요구사항들이 충족되었는지 여부를 결정할 책임을 가짐
2) 업무팀과의 토의 및 업무문서의 검토를 통해, 도달한 결론과 발행할 인증보고서를 뒷받침할 충분하고 적합한 증거가 입수되었다고 결정함
3) 발행할 보고서가 해당 상황에 적절할 것이라는 결정을 하기 위해, 지속가능성 정보 및 인증보고서를 검토함
4) 다음을 결정함
   ① 업무수행리더가 업무 전반적으로 충분하고 적절하게 관여해, 업무의 성격 및 상황을 감안할 때 이루어진 유의적 판단 및 도달한 결론이 적절하다고 업무수행리더가 결정할 수 있는 근거를 가지고 있음
   ② 본 지속가능성 인증기준의 요구사항을 준수할 때, 업무의 성격 및 상황, 이와 관련된 변화, 그리고 법인의 관련 정책 또는 절차를 고려했음
5) 업무가 업무품질검토 대상인 경우, 업무품질검토가 완료되었다고 결정함

라) 문서화

인증인은 업무문서에 첫째, 충분하고 적합한 증거가 입수되었다고 업무수행리더가 결정한 근거를 포함시켜야 한다. 이때 1) 타 인증인의 업무가 인증인의 목적에 적합하다는 결정, 2) 인증인측 외부전문가의 업무가 인증인의 목적에 적합하다는 평가, 3) 내부감사기능의 업무가 인증인의 목적에 적합하다는 결정, 4) 유의적 사항과 관련된 인증인의 최종 결론과 일관되지 않은 정보를 인증인이 식별했는지 여부, 그리고 이 경우 인증인이 이러한 불일치를 다룬 방식이 포함된다. 둘째, 업무수행리더가 업무 전반적으로 충분하고 적절하게 관여했다고 업무수행리더가 결정할 수 있는 근거를 포함시켜야 한다(문단 187).

## (2) 인증보고서의 작성

인증보고서는 서면으로 작성되어야 하고, 합리적 확신 혹은 제한적 확신에 대해 명확한 의견표명이 되어야 한다. 한편, 인증인의 결론은 강조사항 문단, 기타사항 문단, 업무의 특정 측면과 발견사항, 권고사항, 인증보고서에 포함된 추가 정보를 포함하는 인증인의 결론에 영향을 미칠 의도가 없는 정보 또는 설명과 명확하게 구분되어야 한다. 강조사항 문단, 기타사항 문단, 발견사항, 권고사항 또는 추가 정보는 인증인의 결론에 영향을 미칠 의도가 없음을 명확히 하는 문구를 사용해야 한다(문단 188-189). 지속가능성 정보의 인증보고서 대상이 상장기업인 경우, 업무수행리더의 성명을 기재해야 한다(문단 191). 또한, 인증인이 인증보고서에서 인증인측 전문가의 업무에 대해 언급하는 경우, 법규가 요구하는 경우를 제외하고는 인증보고서에서는 해당 전문가의 신원을 명시하거나 다른 방식으로 이 전문가의 관여로 인해 해당 인증보고서에서 표명한 결론에 대한 인증인의 책임이 경감되었음을 시사하는 문구를 사용해서는 안 된다(문단 192).

가) 결론 표명

인증인이 확신 수준에 따라 적정 결론을 표명할 수 있는 조건은 다음과 같다.

확신 수준에 따른 적정 결론

| 항목 | 제한적 확신 | 합리적 확신 |
|---|---|---|
| 관련 조건<br>(문단 198) | 수행한 절차 및 입수한 증거에 따라 인증인이 1) 준수 준거기준의 경우, 해당 준거기준에 따라 지속가능성 정보가 중요성의 관점에서 작성되지 않았거나, 2) 공정표시 준거기준의 경우, 해당 준거기준에 따라 지속가능성 정보가 중요성의 관점에서 공정하게 작성되지 않았다고 판단하게 할 사항을 발견하지 못했다고 인증인이 결론을 내리는 경우, 인증인은 적정 결론을 표명 | 인증인이 1) 준수 준거기준의 경우, 해당 준거기준에 따라 지속가능성 정보가 중요성의 관점에서 작성되었거나, 2) 공정표시 준거기준의 경우, 해당 준거기준에 따라 지속가능성 정보가 중요성의 관점에서 공정하게 작성되었다고 결론을 내리는 경우, 인증인은 적정 합리적 확신 의견을 표명 |

인증인이 변형 결론을 표명하게 되는 조건은 다음과 같다.

**변형결론 표명 조건**

| 항목 | 내용 |
|---|---|
| 범위 제한이 존재하고, 그 영향이 중요할 수 있는 경우(문단 203) | 한정 결론 표명 또는 결론 표명 거절 |
| 지속가능성 정보가 중요하게 왜곡표시된 경우(문단 203) | 한정 결론 또는 부적정 결론 표명 |
| 인증인측 전문가적 판단에 따라 어떤 사항의 영향 또는 잠재적 영향이 부적정 결론을 표명하거나 결론 표명을 거절할 정도로 중요하고 전반적이지 않은 경우(문단 204) | 한정 결론 표명(결론에 '~을 제외하고는'이라고 언급) |
| 범위 제한과 중요왜곡표시가 모두 존재하는 경우(문단 205) | 업무 범위의 제한과 중요왜곡사항 모두 기술 |
| 적절한 당사자(경영진, 지배기구)가 지속가능성 정보의 중요왜곡표시를 인정 및 기술한 경우(문단 206) | 1) 지속가능성 정보와 해당 준거기준 측면에서, 한정 결론 또는 부적정 결론 표명<br>2) 업무 조건에서 적절한 당사자의 진술 측면에서 결론을 작성하도록 특별히 요구하는 경우, 적정 결론을 표명하되, 인증보고서에 강조사항 문단을 포함시켜서 지속가능성 정보가 중요하게 왜곡표시되었음을 밝히고 적절하게 기술한 적절한 당사자의 진술에 대한 언급 |

### 나) 강조사항 문단 및 기타사항 문단

인증인은 다음 중 하나가 필요하다고 판단하고 법규에 의해 금지되지 않은 경우, 인증보고서 내에 적절한 제목을 붙인 문단에 해당 사항을 기술해야 하며, 해당 문단은 인증인의 결론이 이러한 사항과 관련해 변형되지 않았음을 명확하게 나타내야 한다(문단 199).

1) 인증인의 판단에 따라, 지속가능성 정보에 표시되거나 공시된 사항으로서 의도된 이용자가 인증대상정보를 이해하는 데 근본이 될 정도로 중요한 사항에 대해 의도된 이용자의 주의를 환기시킬 필요가 있음(강조사항 문단)
2) 인증인의 판단에 따라, 지속가능성 정보에 표시되거나 공시되지 않은 사항으로서 의도된 이용자가 인증업무, 인증인의 책임 또는 인증보고서를 이해하는 것과 관련성이 있는 정보를 소통할 필요가 있음(기타사항 문단)

해당 준거기준이 특정 목적을 위하여 수립된 경우, 인증인은 인증보고서의 이용자에게 이러한 사실과 이에 따라 지속가능성 정보가 다른 목적에는 적합하지 아니할 수 있다는 점을 강조사항 문단에 기재하여야 한다(문단 200).

### 다) 비교정보

인증인은 비교정보 표시 여부와 관련하여 다음 내용을 수행해야 한다.

**비교정보 표시**

| 항목 | 내용 |
|---|---|
| 지속가능성 정보에 비교정보 포함 여부 결정(문단 207) | 준거기준(또는 법규)에서 요구하는지 여부 확인 |
| 비교정보가 적절하게 표시되었는지 결정(문단 208) | 1) 비교정보가 전기 공시와 일관성 있는지<br>2) 비교정보의 준거기준이 당기와 일관성 있는지 또는 변경사항이 적절히 반영되었는지 평가 |
| 비교정보가 결론에 언급되지 않고 전기 인증업무의 대상이 아니었던 경우(문단 209) | 기타사항 문단에서 사실을 진술 |
| 비교정보가 결론에 언급되지 않고 전기 인증업무와 차이점이 존재하는 경우(문단 210) | 기타사항 문단에<br>1) 인증 수준/업무 범위 차이내용 명시<br>2) 전기 인증업무를 전임 인증인이 수행한 경우, 해당 사실, 전기 결론의 유형, 결론이 변형되었는지 여부와 변형 이유 등 명시 |
| 비교정보에 중요왜곡표시가 있다고 인지한 경우(문단 211) | 1) 경영진과 논의 및 추가절차 수행<br>2) 인증보고서에 미치는 영향 고려<br>3) 비교정보 재작성되지 않고, 결론에 언급 시: 한정 결론 또는 부적정 결론 표명<br>4) 비교정보 재작성되지 않고, 결론에 미언급 시: 기타사항 문단에 상황 기술 |

### 라) 문서화

예외적인 상황에서 인증인이 인증보고서일 이후에 신규 또는 추가절차를 수행하거나 새로운 결론에 도달하는 경우, 인증인은 1) 발생한 상황, 2) 신규 또는 추가 수행절차, 입수한 증거, 도달한 결론, 그리고 이들이 인증보고서에 미치는 영향, 3) 이로 인한 변경을 인증문서에 반영 및 검토한 시기 및 반영/검토한 당사자에 대한 것을 문서화해야 한다(문단 212).

# 02 국제지속가능성인증윤리기준(IESSA)[25]

## 1) 개요

### (1) IESSA의 제정 배경 목적

2022년 9월, 국제증권감독기구는 독립적인 양질의 인증업무와 일관성 있는 업무수행을 촉진할 수 있도록 모든 지속가능성 인증인(Sustainability Assurance Practitioner, SAP)에 적용될 수 있는 기준의 필요성을 인정하면서, 국제감사인증기준위원회와 국제윤리기준위원회가 양질의 글로벌 인증 및 윤리(독립성 포함)기준을 제정하려는 계획을 지지했다. 금융안정위원회(Financial Stability Board, FSB)도 기후 관련 공시에 대한 제3자 인증을 도입하는 과정에서 국제감사인증기준위원회와 국제윤리기준위원회의 역할이 중요하다고 인정했다. 이러한 추세 속에서, 국제윤리기준위원회는 2022년 12월에 지속가능성 인증에 적용할 수 있는 윤리 및 독립성기준의 개발을 공식 승인했고, 2024년 1월, 그에 대한 공개초안을 발표했다. 이후 광범위한 의견 수렴을 거쳐 2025년 1월, IESSA가 확정되었다.

### (2) 국제윤리기준의 구조

IESSA는 국제윤리기준위원회 국제윤리기준의 제5부로 신설되었다. 제5부는 크게 윤리기준(Section 5100~5390)과 독립성기준(Section 5400~5600)으로 구성된다. IESSA는 재무제표 감사에 적용되는 윤리기준과 일관성을 유지하면서도, 다양한 인증인과 인증체계에 적용될 수 있도록 설계되었다. 특히, 최근 국제감사인증기준위원회가 제정한 ISSA 5000과의 연계를 고려해 주요 개념들의 정의가 상호 간에 일치되도록 했다.

국제윤리기준의 구조

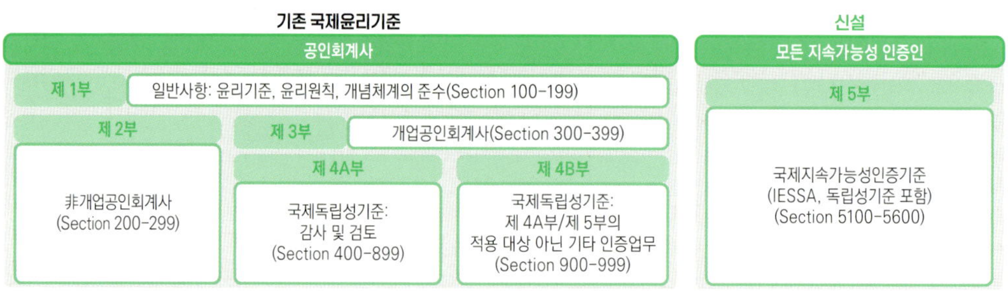


출처: 국제윤리기준위원회, 2025a, Basis for Conclusions: International Ethics Standards for Sustainability AssuranceTM (including International Independence StandardsTM) and Other Revisions to the Code Relating to Sustainability Assurance and Reporting, 저자 재구성

25) 2025년 1월 확정된 IESSA(국제윤리기준위원회, 2025c) 및 외부전문가의 업무 활용에 대한 조항의 개정(국제윤리기준위원회, 2025d)을 바탕으로 전규안 등(2024)의 연구보고서의 내용을 수정, 보완 및 재구성해 작성했다.

### (3) 시행일

국제윤리기준위원회와 국제감사인증기준위원회는 IESSA와 ISSA 5000의 시행일을 일치시키는 것으로 조정했다. IESSA는 2026년 12월 15일 또는 그 이후에 시작되는 기간의 지속가능성 정보를 인증하는 업무에서 적용된다. 단, IESSA의 가치사슬부문에서 수행되는 인증업무에 적용되는 Section 5405와 Section 5406의 일부 조항들은 2028년 7월 1일 또는 그 이후에 시작되는 기간부터 적용된다. 이는 가치사슬부문과 관련된 독립성 요구사항들의 수용성을 높이고자 시간적 여유를 준 것으로 이해된다.

## 2) 주요 특징

### (1) 범용성(Profession-Agnostic)

IESSA는 특정 직역에 한정되지 않고 공인회계사와 비(非)공인회계사를 포함한 모든 유형의 지속가능성 인증인을 적용대상으로 삼고 있다. 이러한 접근법은 국가별 제도가 다르고 지속가능성 인증업무를 수행하는 실무자의 배경이 다양하다는 것을 고려한 것으로, 국제적인 기준으로서의 확장성과 수용성을 높이는 데 기여한다.[26] 직업적 특성이나 자격과 무관하게 모든 실무자는 동일한 윤리 및 독립성기준에 기반해 인증업무를 수행하는 것이 요구된다.

### (2) 체계 중립성(Framework-Neutral)

IESSA는 지속가능성 정보의 보고와 인증이 어떠한 기준에 근거하더라도 적용될 수 있도록 설계되었다. 지속가능성 보고는 GRI(Global Reporting Initiative) 기준, SASB(Sustainability Accounting Standards Board) 기준, SDGs(Sustainable Development Goals) 등 다양한 보고체계를 기반으로 작성된다. 또한 지속가능성 정보의 인증을 위해 국제감사인증기준위원회가 제정한 ISAE 3000 및 ISSA 5000, AccountAbility사가 제정한 AA1000AS 등 다양한 인증기준이 사용되고 있다. 이처럼 전세계적으로 다양한 보고기준 및 인증기준이 통용되고 있는 상황에서, IESSA는 보고기준이나 인증기준과 무관하게 중립적이며 포괄적인 윤리기준으로서 윤리적 판단과 독립성 준수를 요구한다.

---

26) 국제회계사연맹이 2025년에 발간한 보고서(국제회계사연맹 2025)에 따르면, 조사 대상인 1,219개의 기업 중 약 55%가 회계법인(법정감사인 42%와 비(非)법정감사인 13%)에, 약 45%가 기타 기관에 지속가능성 인증업무를 맡긴 것으로 나타났다. EU에 속한 국가에서는 회계법인에 지속가능성 인증업무를 맡기는 경향이 높은 반면, 한국에서는 기타 기관에 맡기는 경향이 높았다.

### (3) 감사기준과의 동등성(Equivalent to Audit Standards)

IESSA는 재무제표 감사에서 요구되는 것과 유사하게 높은 수준의 윤리적 행동 및 독립성을 요구하도록, 즉 감사기준과 동등성을 갖도록 설계되었다. 따라서 IESSA는 현행 국제윤리기준의 재무제표 감사에 대한 윤리 및 독립성기준(제1부~제4A부)과 유사한 특징을 지니고 있다. 대부분의 조항은 감사기준과 동일한 용어를 사용하고 있고 독자적인 해석의 여지를 최소화하고자 조문 간 의미 차이가 없도록 설계되었다. 따라서 동일한 인증인이 감사업무와 지속가능성 인증업무를 동시에 수행하는 경우 일관되게 기준을 적용할 수 있다는 실무적인 장점이 있다. 또한 재무제표 정보나 지속가능성 정보를 관리·감독하는 상황에서, 재무제표 감사인과 지속가능성 인증인에 대한 윤리적 요구사항이 서로 다르게 해석되어 발생할 수 있는 문제들을 미연에 방지할 수 있다는 이점도 있다.

### (4) 독자성(Standalone)

IESSA는 윤리기준의 범용성을 제고하고 공익에 부합하는 독자적인 기준으로 활용 기능하도록, 즉 '독자성(standalone)'을 가지도록 설계되었다. 따라서 현행 국제윤리기준(제1부~제4B부)에 지속가능성 인증 관련 윤리기준의 조항을 추가하기보다는, 현행 윤리기준의 제5부에 별도로 신설하는 형식을 택했다. 이러한 구조적 특징으로 인해, IESSA는 재무제표 감사에 대한 윤리기준과 동등성을 가지면서도 다양한 실무자들이 제5부만을 독립적으로 참조해도 업무 수행에 필요한 윤리 및 독립성기준을 충실히 이해하고 적용할 수 있도록 돕는다. 또한 재무제표 감사에 대한 기존 윤리기준에 익숙하지 않은 인증 실무자들도 쉽게 이해하고 적용하는 것이 가능하다.

IESSA의 주요 특징

**범용성**
(Profession-Agnostic)

공인회계사와 비공인회계사를
포함한 모든 유형의 지속가능성
인증인이 이해하고 적용할 수 있음

**체계중립성**
(Framework-Neutral)

지속가능성 정보의 보고 및
인증의 근거가 되는 보고기준 및
인증기준과 무관하게 사용될 수 있음

**독자성**
(Standalone)

윤리기준의 범용성을 제고하고
공공의 이익에 부합하기 위해
독자적인 기준으로 제정됨

**감사기준과의 동등성**
(Equivalent to Audit Standards)

재무제표 감사 시 요구되는
높은 수준의 윤리기준이
동일하게 적용됨

## 3) 제5부의 윤리기준

### (1) 개요

제5부의 윤리기준(Section 5100~5390)에서는 지속가능성 인증의뢰인에 대해 수행되는 지속가능성 인증업무 및 기타 전문서비스에 대한 윤리기준을 제시하고 있다. 지속가능성 인증인이 따라야 할 기본적인 윤리강령(the fundamental principles of ethics)과 이를 실무에 적용할 수 있도록 고안된 개념적 체계를 포함한다. 즉, 기존 윤리기준의 제1부~제3부와 마찬가지로, 실무자가 윤리적 위협을 식별하고,[27] 그 위협의 수준을 평가하며, 필요한 경우 적절한 대응 조치를 취할 수 있도록 '개념체계 접근법'을 중심으로 설계되었다.

제5부의 윤리기준은 재무제표 감사에서 윤리강령을 위반하게 할 수 있다고 간주되는 사실과 상황이 지속가능성 인증업무에서도 유사한 위협을 발생시킬 수 있음을 전제로 한다. 윤리강령 및 개념체계(Section 5110, 5120), 윤리강령의 위반 압력(Section 5270), 이해상충(Section 5310), 업무수임(Section 5320), 업무품질 검토담당자 및 기타 적절한 검토담당자의 공정성(Section 5325), 보수 및 기타 유형의 보상(Section 5330), 청탁(선물 및 접대 포함)(Section 5340), 의뢰인 자산의 보관(Section 5350), 법규 위반에 대한 대응(Section 5360), 세무계획 수립 업무(Section 5380)에 대한 조항들은 기존 윤리기준의 제1부~제3부에 포함된 내용과 유사하다. 또한 '외부전문가가 수행한 업무의 활용'에 관한 조항들이 제5부의 Section 5390에 새롭게 추가되면서, 제2부(Section 290)와 제3부(Section 390)에도 함께 반영되었다.

이하에서는 재무제표 감사 및 검토에 대한 현행 윤리기준과 비교해 차별점이 있거나 지속가능성 인증과 관련해 독자적으로 제정된 내용을 위주로 소개하되, '외부전문가가 수행한 업무의 활용(Using the Work of an External Expert)'에 관한 규정은 별도의 목차 5)에서 상술한다.

### (2) 윤리기준의 적용 범위

제5부의 윤리기준은 ① 지속가능성 인증인이 수행하는 모든 지속가능성 인증업무와 ② 지속가능성 인증인이 동일 지속가능성 인증의뢰인에게 제공하는 기타 전문서비스에 적용된다. 지속가능성 인증인은 제5부의 적용대상이 아닌 업무를 수행할 수도 있는데(예: 지속가능성 인증의뢰인이 아닌 다른 의뢰인을 대상으로 경영자문 업무를 수행하는 경우), 인증인이 공인회계사인 경우에는 현행 윤리기준의 제1부~제4B부를 적용할 것을 요구하고 있으며, 비(非)공인회계사인 경우에는 현행 윤리기준의 제1부~제4B부를 적용할 것을 권고하고 있다. 지속가능성 인증인이 수행하는 전문업무가 제5부의 적용대상이 아니더라도, 그 업무를 수행하는 방식이 지속가능성 인증업무의 신뢰성에 영향을 미칠 수 있기 때문이다.

27) 윤리적 위협은 크게 이기적위협, 자기검토위협, 변호위협, 유착위협, 압력위협으로 구분된다.

### (3) 윤리강령의 구조와 정의

제5부의 윤리기준은 다음과 같이 다섯 가지 기본적인 윤리강령을 제시한다.[28)]

윤리강령 5가지

| 윤리강령 | 내용 |
|---|---|
| 성실(Integrity) | 직무나 사업관계에 있어 솔직하고 정직해야 함 |
| 공정(Objectivity) | 편견, 이해상충, 부당한 영향 없이 판단할 것 |
| 전문가적 적격성 및 정당한 주의 (Professional Competence and Due Care) | 전문적 지식과 기술을 습득·유지하며, 정당한 주의를 기울이고 전문가적 기준을 준수함 |
| 비밀유지(Confidentiality) | 직무수행 과정이나 사업관계에서 알게 된 정보의 비밀을 유지해야 함 |
| 전문가적 품위(Professional Behavior) | 관련 법규를 준수하며 공익에 부합하게 행동함 |

### (4) 개념체계 접근법

제5부의 Section 5120에서는 지속가능성 인증인이 인증업무를 수행할 때 윤리강령을 준수하고 공익에 부합하게 업무를 수행하는 데 도움이 될 수 있는 요구사항 및 적용지침을 규정한다. 개념체계 접근법에 따르면, 지속가능성 인증인은 3단계 구조를 따라 윤리적 위협에 대응한다.

개념체계 접근법

| 단계 | 내용 |
|---|---|
| 위협의 식별 | 직무 수행에서 발생 가능한 윤리 위협을 식별함 |
| 위협의 평가 | 식별된 위협이 수용 가능한 수준인지 평가함 |
| 위협에 대한 대응 | 필요시 위협을 제거하거나 적절한 안전장치를 적용해 수용 가능한 수준으로 낮춤 |

28) 윤리강령의 한글 번역은 현행 공인회계사 윤리기준에 근거했다.

## (5) 법규 위반(Non-Compliance with Laws and Regulations, 이하 NOCLAR)에 대한 대응

법규 위반과 관련한 조항들(Section 5360)은 지속가능성 인증인이 지속가능성 인증의뢰인에게 서비스를 제공하는 과정에서 인지하게 된 법규 위반을 다룬다. 여기서 법규 위반은 실제적인 위반뿐만 아니라 의심되는(suspected) 위반까지 포함하는 개념으로, 지속가능성 인증의뢰인, 해당 인증의뢰인의 지배기구 및 경영진, 또는 해당 인증의뢰인에 고용된 개인이 현행 법률 또는 규정에 반해 특정 행위를 누락하거나 실행하는 행위로 구성된다.

지속가능성 인증인은 법규 위반 또는 법규 위반으로 의심되는 행위를 지속가능성 인증의뢰인의 외부감사인과 논의할지 여부를 고려해야 한다(문단 R5360.18a~18b[29]).[30] 또한 지속가능성 인증인에게 적용되는 법규 위반 관련 조항들은 재무제표를 감사하는 외부감사인에게도 동등하게 적용될 수 있도록 제3부의 NOCLAR 관련 조항을 개정했다(문단 R360.18a~18b). 즉 공인회계사는 피감기업(감사의뢰인)의 법규 위반 또는 법규 위반 의심 행위가 있는 경우 이를 해당 피감기업의 지속가능성 인증인과 논의할지 여부를 고려하도록 한 것이다. 이러한 조항들은 재무제표에 대한 감사업무와 지속가능성 인증업무에서 NOCLAR에 대한 균형 잡힌 요구사항을 제시하는 것으로 이해된다.

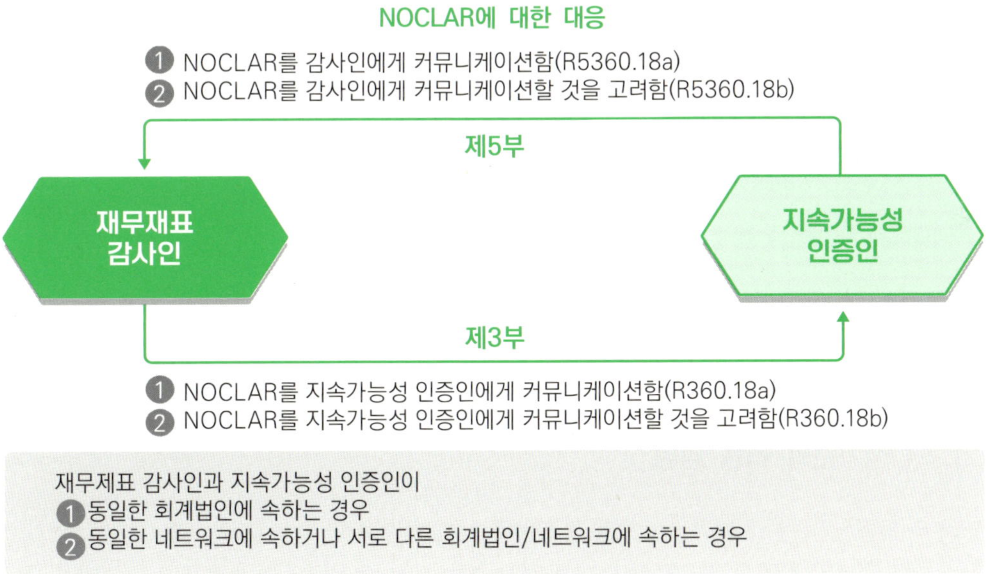


출처: 국제윤리기준위원회,2025f, Key Topics in the IESSA, 저자 재구성

29) 본 장에서 IESSA 기준서 중 참조하고 있는 Section 혹은 문단을 표기했다.

30) 구체적으로, 지속가능성 인증인과 인증의뢰인의 외부감사인이 동일한 회계법인에 속한다면 법규 위반 행위를 소통해야 하고(문단 R5360.18a), 동일 네트워크 법인에 포함된 다른 회계법인에 속하거나 서로 다른 회계법인/네트워크 법인에 속한다면 법규 위반 행위를 소통할 것인지 여부를 고려해야 한다(문단 R5360.18b).

## 4) 제5부의 독립성기준

### (1) 개요

제5부의 독립성기준(Section: 5400~5600)은 지속가능성 인증업무를 수행하는 모든 지속가능성 인증인이 준수해야 하는 독립성의 개념, 판단 기준, 적용 절차를 포괄적으로 제시한다. 독립성기준을 준수해야 하는 주체인 지속가능성 인증인은 지속가능성 인증업무를 수행하는 개인과 이들이 속한 회계법인을 포함하는 개념이며,[31)] 독립성기준은 합리적 확신업무와 제한적 확신업무 모두에 적용된다. 한편, 독립성기준이 적용되는 지속가능성 인증업무의 범위를 명시하고 있는데(문단 5400.3b), 지속가능성 인증업무가 독립성기준의 적용대상이 된다는 것은 개념적으로 그 인증업무가 공익적 관점에서 재무제표 감사에 상응하고 동등하다는 것으로 해석할 수 있다.

제5부의 독립성기준은 일반적인 독립성 규정과 함께 지속가능성 인증과 관련된 특유한 환경에서 고려해야 할 다양한 상황을 다룬다. 기본적으로 재무제표 감사에서 독립성에 대한 위협을 초래할 수 있는 사실과 상황이 지속가능성 인증업무에서도 유사한 위협을 발생시킬 수 있다고 전제하면서도, 지속가능성 인증과 관련된 여러 사안들을 추가적으로 다룬다. 제5부의 독립성기준의 구조는 개념체계의 적용(Section 5400), 그룹 지속가능성 인증업무에 적용되는 독립성기준(Section 5405), 타 인증인의 인증업무 활용(Section 5406), 보수(Section 5410), 보상 및 평가 정책(Section 5411), 선물 및 접대(Section 5420), 소송과 소송 위협(Section 5430), 재무적 이해관계(Section 5510), 대출과 보증(Section 5511), 사업관계(Section 5520), 가족관계와 개인적 관계(Section 5521), 인증의뢰인과의 고용관계가 있는 경우 고려할 사항(Section 5522~5525), 장기적 유착관계(Section 5540), 인증의뢰인에 대한 비인증업무 제공(Section 5600)에 대한 내용으로 구성되어 있다. 이러한 구조는 제4A부와의 일관성을 유지하면서도 지속가능성 인증업무의 맥락에서 독립성을 확보하는 것을 가능케 한다.

이하에서는 재무제표 감사 및 검토에 적용되는 제4A부의 독립성기준과 비교해 차별점이 있거나 지속가능성 인증과 관련해 독자적으로 제정된 내용을 중심으로 상술한다.

### (2) 독립성기준의 적용 범위

제5부의 독립성기준은 지속가능성 정보가 일반목적보고체계에 따라 보고되는 경우로서 ① 법규에 따라 해당 정보의 제공이 요구되거나 ② 투자자 또는 기타 이용자의 의사결정을 돕기 위해 공시되는 경우에 적용된다(문단 5400.3b). 반면에 지속가능성 정보가 ① 특정 이용자의 정보 수요를

31) 제5부 국제독립성기준에서는 독립성기준의 적용대상인 지속가능성 인증인을 회계법인으로 지칭하고 있다. 독립성기준 조항들의 다수는 독립성 관련 조치들에 대해 회계법인 내 개인들에게 구체적인 책임을 규정하지 않고 참조의 편의를 위해 '회계법인'이라고 칭한다(문단 5400.4). 따라서 본 장에서는 지속가능성 인증업무를 수행하는 주체를 지칭할 때 인증인, 인증기관, 회계법인이라는 용어를 상호 교환적으로 사용하고 있다.

충족하도록 설계된 체계나 회사가 개발한 준거기준에 따라 보고되는 경우, 또는 ② 인증보고서의 사용 및 배포가 제한된 경우에는 제5부의 독립성기준 적용대상이 아니며 제4B부의 독립성기준이 적용된다(문단 5400.3e).

**제5부의 독립성기준 적용 범위**

| 독립성기준 적용 범위에 해당하는 업무 | 독립성기준 적용 범위에 해당하지 않는 업무 |
| --- | --- |
| 인증대상이 되는 지속가능성 정보가 일반목적보고 체계에 따라 보고되는 경우로서<br>• 법규에 따라 제공이 요구되는 경우<br>• 투자자 또는 기타 이용자의 의사결정을 돕기 위해 공시되는 경우 | • 인증대상이 되는 지속가능성 정보가 특정 이용자의 정보 수요를 충족하도록 설계된 체계나 회사가 개발한 준거기준에 따라 보고되는 경우<br>• 지속가능성 인증보고서의 사용 및 배포가 제한되는 경우 |

이러한 구분은 국제윤리기준위원회가 지속가능성 인증업무에 대해 독립성 요건을 적용할 때 인증업무의 공익성을 중요하게 고려하고 있음을 보여준다. 즉, 정보가 일반 이해관계자(특히 투자자)의 의사결정에 영향을 미칠 수 있다면, 독립성기준도 감사와 동일한 수준으로 엄격히 적용되는 것이다.

## (3) 품질관리

본 독립성기준은 양질의 지속가능성 인증업무를 위해 인증기관의 품질관리(quality control)가 필수적임을 명시하고 있다(문단 5400.3f). 재무제표 감사에 대한 독립성기준이 제시된 제4A부와 최근 제정된 국제감사인증기준위원회의 ISSA 5000에서도 인증인이 품질관리기준에 따라 품질관리시스템을 설계, 구축 및 운영하도록 요구하는데, 이러한 내용이 IESSA의 독립성기준에서도 유사하게 반영된 것이다. 다만, 현행 국제윤리기준 제4A부 및 ISSA 5000에서는 준수해야 할 품질관리기준을 특정하고 있는 반면에(예: ISQM 1), 제5부에서는 구체적으로 어떤 품질관리기준을 준수해야 하는지를 규정하지 않는다. 이는 IESSA가 체계중립적인 특징을 가진다는 것을 보여준다. 품질관리시스템의 설계, 구축 및 운영에 대한 회계법인의 책임을 다루는 법적 또는 전문가적 요구사항에 따라서 회계법인과 회계법인에 속한 개인들에게 독립성 관련 요구사항들의 준수를 요구할 수 있다(문단 5400.4).

## (4) 공익실체

재무제표 감사에 적용되는 독립성기준(제4A부)에서는 피감사법인이 공익실체(public interest entity, 이하 PIE)인 경우 높은 수준의 독립성 위협이 발생할 수 있다고 간주해 더욱 엄격한 독립성기준을 적용할 것을 요구한다. 이러한 논리는 본 독립성기준에서 공익실체의 지속가능성 인증인에 대해 동일하게 적용된다. 이는 공익실체가 사회 전체에 미치는 영향이 크고 이해관계자들이 공익실체의 인증인의 독립성에 대해 높은 기대치를 가지고 있음을 전제로 한다.

현행 윤리기준의 제4A부에서 공익실체를 (a) 공개거래법인, (b) 일반 대중으로부터 예금을 수취하는 회사, (c) 대중에게 보험을 제공하는 회사, (d) 법률, 규정 또는 전문가 기준에 의해 이와 같이 지정된 회사로 정의하고 있으며(문단 R400.22), 제5부에서도 동일한 정의를 채택하고 있다(문단 5400.13). 즉, 지속가능성 정보의 맥락에서 공익실체를 별도로 정의하기보다는 제4A부의 관련 조항을 그대로 참조함으로써, 제4A부와 제5부에서 공익실체에 대한 일관된 정의를 적용해 혼선을 방지할 수 있다.

제5부에 제시된 일부 요구사항들은 공익실체의 지속가능성 인증업무에만 적용된다. 예를 들어, 공익실체의 지속가능성 인증인은 인증업무에 대한 보수 관련 정보를 공개해야 한다(문단 R5410.31). 공익실체인 인증의뢰인으로부터 연속하는 2년 동안 받은 총보수액이 지속가능성 인증인의 총수입액 15%를 초과하는 경우 독립성에 대한 위협이 발생할 수 있으므로, 인증의견을 표명하지 않는 다른 인증인이 수행한 검토('보고서 발행 전 검토')가 독립성 위협을 충분히 낮출 수 있는지 판단하고 이러한 절차를 적용해야 한다(문단 R5410.18). 또한 공익실체의 지속가능성 인증인은 누적해 7년을 초과하여 업무수행리더 역할을 수행할 수 없으며,[32] 이 기간이 경과하면 업무제한기간(cooling-off period)을 가져야 한다(문단 R5540.7). 비감사서비스 제공과 관련해서도 더 엄격한 기준을 적용받는다. 예를 들어, 공익실체인 인증의뢰인에게 제공하는 비인증업무가 인증의견을 표명하는 대상인 지속가능성 정보에 영향을 미치거나 자기검토위협을 발생시키는 경우 해당 비인증업무를 제공하는 것이 금지된다. 또한 공익실체인 인증의뢰인을 대상으로 비인증업무를 제공하고자 한다면, 독립성에 대한 판단과 평가, 업무의 성격과 보수 등에 대한 정보를 사전에 그 공익실체의 지배기구에 제공하고 승인을 받아야 한다(문단 R5600.22~23).

상기 요구사항들은 일반적인 의뢰인에게 적용되는 기준보다 훨씬 엄격하며, IESSA가 공익실체에 대한 인증업무를 감사에 준하는 공공책임을 수반하는 업무로 간주하고 있음을 보여준다. 지속가능성 인증인은 자신의 고객이 공익실체에 해당하는지 여부를 수임 전에 판단하고, 공익실체에 해당되는 경우에는 관련 조항들을 선제적으로 고려해 업무를 설계해야 한다.

### (5) 네트워크 법인

지속가능성 인증업무를 수행하는 회계법인은 다른 회계법인들과 함께 네트워크 구조를 형성하고 전문서비스를 제공하는 능력을 강화할 수 있다. 제5부의 독립성기준에서는 네트워크 법인은 네트워크 내 다른 법인들의 지속가능성 인증의뢰인에 대해서도 독립적일 것을 요구한다(문단 R5400.51). 또한 다른 법인 및 실체들과 함께 더 상위 구조에 포함되어 네트워크를 형성하고 있는지 판단하기 위해 고려할 사항들도 함께 제시되어 있다(문단 R5400.52~53). 이러한 규정은

32) 업무수행리더 역할뿐만 아니라 업무품질관리검토 책임자(engagement quality review), 기타 주요 지속가능성 인증업무수행리더(other key sustainability assurance leader), 주요 감사수행이사(key audit partner) 역할도 적용된다.

제4A부의 조항과도 일관되는데, 재무제표 감사와 지속가능성 인증에 동등한 접근법을 적용하고 있음을 알 수 있다.

### (6) 그룹 지속가능성 인증업무

제5부의 독립성기준은 그룹 지속가능성 인증업무에서 고려할 사항들을 제시한다(Section 5405). 지속가능성 보고체계에 따라서 지속가능성 인증인은 그룹 지속가능성 정보에 대한 의견을 표명할 수 있다. 그룹 지속가능성 정보는 둘 이상의 실체나 사업단위의 지속가능성 정보로 정의되는데, 구체적으로 ① 그룹재무제표 범위에 포함되는 부문(그룹부문)들에 대한 정보뿐만 아니라, ② 가치사슬부문들과 같이 다른 실체들에 대한 정보까지 포함할 수 있다(문단 5405.2 A1).[33] 아래에서는 그룹부문에 적용되는 조항들을 중점적으로 설명하고, 가치사슬부문에 적용되는 조항들의 내용은 별도의 목차에서 상술한다.

두 가지 유형의 부문: 그룹부문과 가치사슬부문

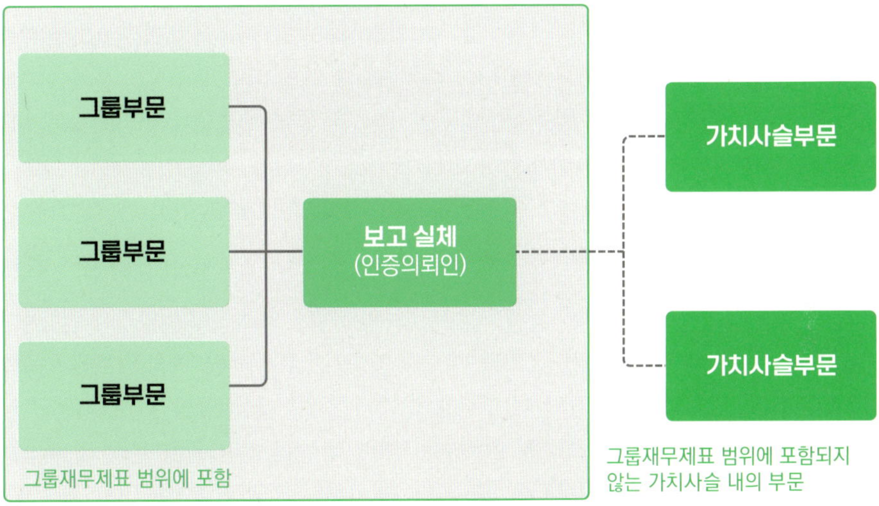


33) 부문은 그룹 지속가능성 인증인이 인증업무를 수행할 목적으로 결정하는 보고 경계(reporting boundary) 내에 있는 실체, 사업 단위, 기능, 사업 활동 등을 의미하는데, 크게 그룹부문(group component) 또는 가치사슬부문(value chain component)으로 구성된다. 그룹부문은 보고 실체의 그룹재무제표의 범위에 포함되는 부문이며, 가치사슬부문은 보고 실체의 가치사슬로서 그룹재무제표에 포함되지 않는 부문을 가리킨다.

### 가) 그룹부문에 대해 부문인증인이 업무를 수행하는 경우

그룹 지속가능성 인증업무에 대한 독립성기준은 그룹감사업무에 적용되는 독립성기준과 유사하게 설계되어 있다. 즉, 제5부의 독립성기준은 그룹 지속가능성 인증인과 네트워크 법인, 부문인증인, 그룹 지속가능성 인증업무팀원에게 적용되는 독립성 요구사항을 제시하고 있다. 우선, 지속가능성 인증인의 네트워크 법인은 인증의뢰인(그룹부문 포함)으로부터 독립적이어야 한다(문단 R5405.9~10). 이는 부문인증인이 네트워크 내부 또는 외부에 존재하는 것과 무관하게 적용된다. 다만 부문인증인이 네트워크 외부에 존재한다면, 그 부문인증인은 추가적으로 그 그룹부문과 인증의견이 표명되는 인증의뢰인으로부터 독립적이어야 한다(문단 R5405.11~13). 이러한 요구사항은 결국 지속가능성 인증업무에서 인증업무팀의 독립성에만 국한하지 않고 부문을 포함한 그룹 전체 차원에서 독립성을 확보해야 한다는 것을 시사한다.

## (7) 타 인증인의 지속가능성 인증업무 참여

제5부의 Section 5406에서는 지속가능성 인증인이 타 인증인이 수행한 업무를 활용할 때 적용해야 할 독립성 고려 사항을 제시하고 있다. 타 인증인이란, 지속가능성 인증인(회계법인)이 직접 지시, 감독, 검토할 수 없는 상태에서 독립적인 인증업무를 수행하는 개인 또는 조직을 의미한다. 타 인증인은 지속가능성 인증팀에 포함되지 않는다. 이들은 다른 네트워크 법인에 속하거나 별도의 인증기관일 수도 있기 때문에 회계법인이 직접 통제하기 어려운 현실이 반영되어 있다. ISSA 5000도 이와 같은 타 인증인의 개념을 도입하고 있어, 국제윤리기준위원회는 양쪽 기준 간의 일관성을 유지하고자 한 것으로 이해된다.

지속가능성 인증인이 인증하는 지속가능성 정보는 타 인증인에 의해 인증받았거나 인증될 정보가 포함될 수 있다. 예를 들어, 지속가능성 의뢰인이 타 인증인으로 하여금 특정 정보를 인증하게 하거나, 타 인증인이 인증의뢰인의 가치사슬부문에 대해 인증업무를 수행할 수 있다(문단 5406.3 A1). 이처럼 타 인증인이 수행한 업무를 활용하는 경우, 타 인증인이 관련 윤리 및 독립성 조항을 인지하고 이를 준수했는지 확인하도록 요구해야 한다(문단 R5406.4~6). 이는 지속가능성 인증인이 타 인증인을 직접 통제하기 어렵더라도, 최소한 해당 타 인증인이 독립성 요구사항을 준수했다는 사실을 요청하고 확인해야 인증보고서의 신뢰도가 적절히 유지될 수 있다는 관점을 반영한다. 특히 인증의뢰인이 공익실체인 경우에는 보다 엄격한 독립성 조항이 적용되며, 타 인증인이 독립성을 유지해야 하는 인증의뢰인의 특수관계자들의 범위도 넓어질 수 있다.[34)]

34) 지속가능성 인증의뢰인은 용어정의에 정의된 바와 같이 특정한 특수관계자들도 포함되므로, 타 인증인이 독립성을 유지해야 할 대상에는 지속가능성 정보의 주체인 회사뿐만 아니라 그 회사의 특수관계자들도 포함될 수 있다. 제5부에 제시된 특수관계자의 정의에 따르면(문단 R5400.27), 지속가능성 인증의뢰인이 공개거래법인인 경우에는 모든 특수관계자가 인증의뢰인에 포함되고, 공개거래법인이 아닌 경우에는 인증의뢰인이 직접 또는 간접적으로 지배하는 특수관계자가 인증의뢰인에 포함된다.

다만, 지속가능성 인증인이 타 인증인의 독립성 준수 여부를 확인할 수 없거나 해당 타 인증인이 제5부의 독립성 요구사항을 준수하지 않았음이 드러난다면, 지속가능성 인증인은 타 인증인의 업무의 활용 여부를 신중하게 판단해야 한다. 즉, 타 인증인의 업무 결과는 궁극적으로 지속가능성 인증보고서의 신뢰도와 연결되므로, 타 인증인의 독립성 확보가 불투명한 경우 활용을 제한하거나 대체 절차를 수행해야 할 수 있다는 것으로 풀이된다.

### (8) 가치사슬부문의 인증업무

가치사슬은 지속가능성 정보의 생성과 인증에서 매우 중요하게 고려되는 요소다. 예를 들어, 탄소 배출, 공급망 관리 등과 관련된 지속가능성 이슈는 기업 외부의 가치사슬부문들(공급업체, 하청업체 등)로부터 발생한다. 인증대상이 되는 지속가능성 정보에 가치사슬부문의 정보가 포함되는 이상, 가치사슬부문의 정보의 신뢰성은 지속가능성 인증보고서 전반의 신뢰성에도 직결될 수 있다.

IESSA는 인증의뢰인의 가치사슬부문에 대한 인증업무가 수행되는 방식을 크게 두 가지로 상정했다. 첫째는 그룹 지속가능성 인증인 또는 부문인증인이 가치사슬부문에 대해 직접 인증업무를 수행하는 경우다. 이 경우에는 그룹 지속가능성 인증업무에 대한 독립성 규정(Section 5405의 B 섹션, R5405.30A-R5405.37)을 적용한다. 둘째는 가치사슬부문에 대해 직접 인증업무를 수행하는 대신 가치사슬부문에 대해 타 인증인이 별도로 수행한 인증업무를 활용하는 것이다. 이때는 타 인증인 업무의 활용에 대한 독립성 규정(Section 5406, R5406.6-5406.6 A3)을 적용한다. 이하에서는 상황별로 고려해야 할 독립성 규정을 상술한다.

**가치사슬부문에 대한 인증업무 형태**

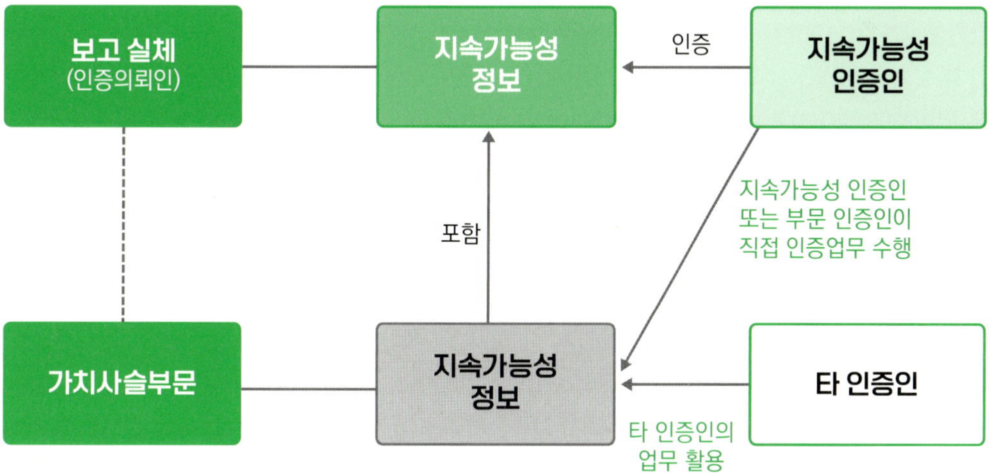


출처: 전규안 등, 2024, 지속가능성 업무 관련 윤리기준 등 제/개정 방안, 저자 재구성

### 가) 그룹 지속가능성 인증인 또는 부문인증인이 가치사슬부문에 대해 인증업무를 수행하는 경우

우선 인증의뢰인이 가치사슬부문에 대해 인증업무를 직접 수행하는 경우 고려해야 할 독립성 조항들은 문단 R5405.30A부터 R5405.37에 제시되어 있다. 해당 조항들은 가치사슬부문에 대해 인증업무가 수행될 때, 그룹 지속가능성 인증인과 네트워크 법인, 부문인증인, 그룹 지속가능성 인증업무팀에 소속된 개인들에게 적용되는 독립성 요구사항들을 다루고 있다.

구체적으로, 첫째, 그룹 지속가능성 인증인 또는 부문인증인이 가치사슬부문에 대한 인증업무를 수행하는 경우, 공익실체가 아닌 인증의뢰인에게 적용되는 제5부의 독립성 조항들이 동일하게 적용된다(문단 R5405.30A-R5405.34 A1). 둘째, 그룹 지속가능성 인증인이 가치사슬부문에 대한 인증업무를 수행한다면, 그 인증인(인증업무팀의 구성원도 포함)은 가치사슬부문으로부터 독립적이어야 한다(문단 5405.30A A2, 5405.32 A2). 셋째, 그룹 지속가능성 인증인의 네트워크 법인 내부 또는 외부의 부문인증인이 가치사슬부문에 대해 인증업무를 수행한다면, 그 부문인증인(내부 인증업무팀의 구성원도 포함)은 가치사슬부문으로부터 독립적이어야 한다(문단 5405.30B A2, 5405.33 A2, 5405.31 A2, 5405.34 A2).[35] 이 경우 그룹 지속가능성 인증인, 동일 네트워크에 속한 법인 및 그 법인들에 속한 인증업무팀의 구성원들은 가치사슬부문으로부터 독립적일 필요는 없다.

### 나) 가치사슬부문에 대해 타 인증인이 수행한 인증업무를 활용하는 경우

그룹 지속가능성 인증인이 가치사슬부문에 대해 직접 인증업무를 수행하지 않고, 해당 가치사슬부문에 대해 타 인증인이 별도로 수행한 인증업무를 활용할 수 있다. 이때는 그룹 지속가능성 인증인은 가치사슬부문과 관련해 적용되는 독립성 요구사항들을 타 인증인이 준수했는지 여부를 확인해야 한다(문단 R5406.6). 타 인증인이 가치사슬부문에 대해 수행한 인증업무와 관련한 독립성 확인서(a statement of independence)를 검토하거나, 타 인증인에게 독립성 요구사항을 준수했다는 것을 확인하도록 요청할 수 있다. 만약 이러한 절차가 충족되지 않는다면, 그룹 지속가능성 인증인은 타 인증인이 가치사슬부문과 관련해 독립적이라는 결론에 도달할 수 없고, 대체적인 절차를 수행해야 할 것이다. 한편, 가치사슬부문에 대한 타 인증인의 인증업무를 활용하는 상황이라면, 그룹 지속가능성 인증인이 가치사슬부문에 대해 독립성 요구사항을 직접 준수할 필요는 없다(문단 R5406.6 A3).

35) 예를 들어, 그룹 지속가능성 인증인이 회계법인 A이고, 회계법인 B, C, D가 동일 네트워크에 속하고, 회계법인 E는 네트워크 외부에 있다고 가정해 보겠다. 회계법인 B가 부문인증인으로서 가치사슬부문을 인증한다면, 회계법인 B와 그에 속한 인증업무팀의 구성원들은 해당 가치사슬부문으로부터 독립적이어야 하지만, 동일 네트워크에 속한 A, C, D와 이들에 속한 인증업무팀의 구성원들은 독립성 요구사항의 적용대상이 아니다. 또한 만약 회계법인 E가 부문인증인으로서 가치사슬부문을 인증한다면, 회계법인 A, B, C, D와 이들에 속한 인증업무팀의 구성원들은 독립성 요구사항의 적용대상이 아니다.

### 그룹 지속가능성 인증업무 관련 독립성 조항(Section 5405)의 적용

**Q1** 지속가능성 인증인이 인증업무에 충분하고 적절히 관여하는가?

↓ YES: Section 5405 (그룹지속가능성 인증업무) 적용

**Q2** 인증업무가 인증의뢰인(그룹 부문 포함) 또는 가치사슬 부문에 대해 수행되는가?

| 인증업무 수행 주체 | 인증업무가 수행되는 대상: 인증의뢰인(그룹부문 포함) | 인증업무가 수행되는 대상: 가치사슬부문 |
|---|---|---|
| 인증인 | • 인증인과 네트워크 법인은 인증의뢰인(그룹부문 포함)으로부터 독립적 문단 R5405.9-10 | • 인증인은 가치사슬부문으로부터 독립적(**) 문단 R5405.32 |
| 네트워크 내부의 부문 인증인 | | • 부문 인증인은 가치사슬부문으로부터 독립적(**) 문단 R5405.33 |
| 네트워크 외부의 부문 인증인 | • 네트워크는 인증의뢰인(그룹부문 포함)으로부터 독립적 문단 R5405.9-10<br>• 부문 인증인은 그룹부문과 인증의뢰인으로부터 독립적(*) 문단 R5405.11-13 | • 부문 인증인은 가치사슬부문으로부터 독립적(**) 문단 R5405.34 |

(*) 재무적 이해관계 및 대출과 보증에 관하여 독립성이 적용되며, 기타 관계나 상황과 관련해서는 "know or have reason to believe" 원칙이 적용됨
(**) 여전히 네트워크는 인증의뢰인(그룹부문 포함)에 대해 독립성을 준수해야 함

출처: 국제윤리기준위원회, 2025a, Basis for Conclusions: International Ethics Standards for Sustainability AssuranceTM (including International Independence StandardsTM) and Other Revisions to the Code Relating to Sustainability Assurance and Reporting, 저자 재구성

### 타 인증인의 업무 활용에 대한 독립성 조항(Section 5406)의 적용

**Q1** 지속가능성 인증인이 인증업무에 충분하고 적절히 관여하는가?

↓ NO: Section 5406 (타 인증인의 업무 활용) 적용

**Q2** 인증업무가 인증의뢰인(그룹 부문 포함) 또는 가치사슬 부문에 대해 수행되는가?

| 인증업무 수행 주체 | 인증업무가 수행되는 대상: 인증의뢰인(그룹부문 포함) | 인증업무가 수행되는 대상: 가치사슬부문 |
|---|---|---|
| 타 인증인 | • 타 인증인(소속 구성원들 포함)이 업무 대상 회사에 대해 독립적인지 확인 요청(**) 문단 R5406.5 | • 타 인증인이 가치사슬부문으로부터 독립적인 것을 확인해야 함 (예: 타 인증인이 발행한 보고서의 독립성확인서를 확인하거나 직접 타 인증인에게 확인을 요청함) 문단 R5406.6<br>• 네트워크는 가치사슬부문에 대해 독립적일 필요 없음(**) |

(**) 여전히 네트워크는 인증의뢰인(그룹부문 포함)에 대해 독립성을 준수해야 함

출처: 국제윤리기준위원회, 2025a, Basis for Conclusions: International Ethics Standards for Sustainability AssuranceTM (including International Independence StandardsTM) and Other Revisions to the Code Relating to Sustainability Assurance and Reporting, 저자 재구성

## (9) 지속가능성 인증의뢰인에 대한 비인증업무 제공

지속가능성 인증인이 인증의뢰인에게 비인증업무를 제공하면 윤리강령 준수 및 독립성에 위협을 초래할 수 있다. 제5부의 독립성기준에서는 지속가능성 인증인이 인증의뢰인에게 비인증업무(non-assurance services)를 제공하는 경우 준수해야 할 독립성 관련 요구사항 및 적용지침을 제시한다. 감사인의 비감사서비스를 다루는 제4A부에서는, 감사인이 피감기업에 비감사서비스를 제공하는 경우 그것이 감사 대상인 재무제표에 미치는 영향을 중점적으로 고려한다. 마찬가지로, 지속가능성 인증업무 맥락에서, 인증인이 인증의뢰인에게 비인증업무를 제공하면, 인증대상이 되는 지속가능성 정보에 영향을 미칠 수 있다. 이러한 관점에서, 제4A부의 Section 600에서 제시된 대부분의 조항들(경영자 책임 부담 금지, 자기검토위협 금지, 지배기구와의 소통 등)이 제5부에도 그대로 적용되고 있다. 즉, 재무제표 감사인이 비감사서비스를 제공할 때 적용되는 독립성 원칙이 지속가능성 인증인에게도 동등하게 적용되는 것이다.

회계법인 또는 네트워크 법인이 지속가능성 인증의뢰인에게 비인증업무를 제공할 때 경영자 책임을 부담할 위험이 있다. 여기서 경영자 책임은 지속가능성 인증인이 어떤 실체(entity)를 통제하고 이끌어 가는 방향을 제시하는 것을 의미하는데, 지속가능성 인증인이 경영자 책임을 부담하는 경우 자기검토위협, 이기적위협, 유착위협, 변호위협이 발생할 수 있음을 명시하고 있다. 경영자 책임으로 간주될 수 있는 업무의 예는 문단 5400.20 A3에 열거되어 있다. 지속가능성 인증인이 이러한 경영자 책임을 부담하는 것은 금지된다(문단 R5400.20).

회계법인은 비인증업무를 수임하기 전에 발생할 수 있는 독립성에 대한 위협을 식별, 평가하고 해당 위협에 대처해야 한다. 독립성에 대한 위협을 평가할 때 비인증업무의 제공이 지속가능성 정보에 중요하게 영향을 미치는지 여부를 고려하고,[36] 특히 자기검토위협(self-review threat)이 발생할 수 있는지 여부를 판단해야 한다. 만약 자기검토위협이 발생한다면 이를 제거하거나 수용 가능한 수준으로 낮추기 위한 적절한 안전장치를 마련해야 한다. 만약 비인증업무의 제공이 자기검토위협을 발생시킬 수 있다면, 지속가능성 인증의뢰인이 공익실체인지 여부가 중요한 고려 사항이 된다. 우선 인증의뢰인이 공익실체인 경우, 자기검토위협을 제거할 수 없고 그 위협을 수용 가능한 수준으로 감소시키기 위한 안전장치도 적용할 수 없으므로 해당 비인증업무의 제공이 금지된다(문단 R5600.17). 반면에 인증의뢰인이 공익실체가 아닌 경우에는 적절한 안전장치를 활용해 독립성 위협을 수용 가능한 수준으로 낮추어야 한다.

또한 지속가능성 인증인은 비인증업무의 제공이 독립성과 관련될 수 있다고 판단하면 인증의뢰인의 지배기구와 소통하는 것이 바람직하다. 특히 인증의뢰인이 공익실체인 경우, 해당 비인증업무를 수임하기 전에 인증의뢰인의 지배기구에 해당 업무의 성격과 보수, 독립성 위협 평가 등을 충분히 알리고 승인을 받아야 하며, 지배기구가 이를 받아들이지 않는다면 수임이 불가능하다. 즉, 인증의뢰인이 공익실체인 경우 독립성에 대한 기대가 높은 만큼 자기검토위협이 있는 비인증업무 수행을 금지하고 자기검토위협이 없는 비인증업무는 사전 승인 절차를 요구하고 있다. 반대로 인

36) 중요성에 대한 구체적인 판단은 관련 보고 및 인증 체계에서 다룬다.

증의뢰인이 공익실체가 아닌 경우에는 독립성 위협을 식별·평가한 후에 안전장치를 적용해 수행하는 것을 허용하는 것이다.

지속가능성 인증인이 제공할 수 있는 비인증업무의 종류는 Section 5600의 하위규정(Subsection 5601~5610)에 열거되어 있는데, 일부를 제외하고는 제4A부의 감사업무 독립성 관련 조항에서 다룬 것과 동일하다. 구체적으로 (a) 지속가능성 데이터 및 정보 서비스(Subsection 5601); (b) 사무보조 업무(Subsection 5602); (c) 가치평가; 예측 및 그와 유사한 업무(Subsection 5603); (d) 세무업무(Subsection 5604); (e) 내부감사업무(Subsection 5605); (f) IT(information technology) 시스템업무(Subsection 5606); (g) 소송지원서비스(Subsection 5607); (h) 법률서비스(Subsection 5608); (i) 채용서비스(Subsection 5609); (j) 기업금융서비스(Subsection 5610)를 열거하고 있다.[37] 이 중 재무제표 감사를 위한 독립성 기준과 비교해 추가 및 수정된 내용이 있는 비인증업무 유형에 대해 다음과 같이 정리했다.

### 가) 지속가능성 데이터 및 정보 서비스

첫 번째로 언급되는 비인증업무 유형은 '지속가능성 데이터 및 정보 서비스(sustainability data and information services, Subsection 5601)'이다. 해당 유형에는 지속가능성 인증인이 인증의뢰인에게 지속가능성 데이터 기록 또는 지속가능성 정보의 작성, 정보에 포함된 데이터 또는 이벤트의 기록, 지속가능성 정보에 영향을 미칠 수 있는 회계처리 및 기장대리 업무를 제공하는 경우 등이 포함된다. 특히 지속가능성 인증인이 지속가능성 정보의 생성에 관여하는 경우 자기검토위협이 발생할 수 있으므로 이를 경감시키기 위한 안전장치가 필요하다. 제4A부의 재무제표 감사 및 검토를 위한 독립성기준에는 이러한 비인증업무가 예시로 언급되어 있지 않지만 제5부의 독립성기준에서는 가장 먼저 제시되어 있다. 또한 제4A부에서는 회계처리 및 기장대리 업무가 주요한 비인증업무로 제시된 반면에 제5부에서는 해당 업무가 지속가능성 데이터 및 정보 서비스에 포함될 수 있는 업무 중 하나로 제시되어 있다는 차이점이 있다.

### 나) 가치평가, 예측 및 그와 유사한 업무

제4A부 재무제표 감사 및 검토를 위한 독립성기준에는 '가치평가 업무'가 비인증업무 중의 하나로 고려된 반면, 제5부 독립성기준에서는 가치평가 업무뿐만 아니라 예측 업무가 명시적으로 고려되어 '가치평가, 예측 및 그와 유사한 업무(valuation, forecasting and similar services, Subsection 5603)'가 대표적인 비인증업무로 열거되어 있다. 지속가능성 인증인은 외부감사인

37) IESSA 공개초안에 대한 의견 수렴 과정에서, 재무제표 감사와 지속가능성 인증에서 자기검토위협을 발생시킬 수 있는 비인증업무의 유형이 반드시 동일하지 않을 수 있다는 의견도 제시되었다. 그러나 국제윤리기준위원회는 제4A부와 제5부에서 서로 다른 유형의 비인증업무를 열거하는 경우, 열거되지 않은 유형의 비인증업무는 독립성에 대한 고려 없이 제한 없이 제공하는 것이 허용된다고 잘못 해석될 여지가 있다고 판단했다. 결과적으로, 제4A부와 제5부는 동일한 유형의 비인증업무를 열거하고 있으며, 제5부에서 지속가능성 인증의 맥락에서 일부 비인증업무 유형을 추가했다.

과 달리 특정 항목의 미래 가치 등을 예측하는 비인증업무를 수행하는 경우가 빈번하게 존재하므로, 이를 포괄할 수 있도록 업무의 범위를 넓힌 것으로 볼 수 있다.

### (10) 지속가능성 인증업무와 감사업무를 동시에 제공하는 경우의 고려 사항

지속가능성 인증인이 동일 의뢰인에 대해 감사업무를 수행하는 경우에는, 보수 및 장기간의 유대관계와 관련해 주목할 점들이 있다. 우선 보수와 관련해서는 제4A부의 관련 내용(문단 410.11 A1~A3)이 적용된다(문단 5410.11 A0). 기존 제4A부의 조항들에 따르면, 외부감사인이 피감사법인으로부터 감사 외의 업무로 큰 보수를 받을 경우 독립성 위협이 발생할 수 있으므로, 감사보수와 감사 외 업무 보수의 비율과 이러한 상황이 지속된 기간 등을 독립성 평가에 고려해야 한다. 그런데 IESSA가 제정되면서 문단 410.11 A2a가 새롭게 추가되었고, 제5부의 독립성기준이 적용되는 지속가능성 인증업무에 대한 보수(즉, 비감사보수의 한 종류)는 이기적위협이나 압력위협을 발생시키지 않으므로 독립성 위협도 초래되지 않는 것으로 명시했다. 즉, 독립성 위협과 관련해 감사보수 대비 비감사업무 보수의 비율을 고려할 때 지속가능성 인증업무의 보수는 제외된다.

또한 감사인이 동일 의뢰인에 대해 지속가능성 인증업무를 수행하는 경우, 또는 지속가능성 인증인이 동일 의뢰인에 대해 감사업무도 수행하는 경우, 의뢰인과의 장기간의 유대관계가 유지되면서 유착위협 및 이기적위협이 발생할 수 있다(Section 5540). 따라서 제4A부 및 제5부의 독립성기준은 이러한 위협들을 다루기 위한 요구사항 및 적용지침을 제시하고 있다. 지속가능성 인증인이 지속가능성 인증업무를 수행한 기간뿐만 아니라 감사업무를 수행한 기간 또한 유대관계 유지 기간에 포함된다. 예를 들어, 특정 개인이 주요 지속가능성 인증업무수행리더와 주요 감사수행이사의 역할을 결합하여 수행하고, 해당 업무수행리더 또는 업무수행이사의 역할을 누적으로 4년 이상 수행한 경우, 연속된 5년간의 업무제한기간(cooling-off period)의 적용을 받는다(문단 R5540.17).

## 5) 제5부의 외부전문가 활용에 대한 윤리기준

### (1) 배경 및 개요

국제윤리기준위원회가 업무팀-그룹감사(Engagement Team-Group Audits) 프로젝트에서 업무팀의 정의를 개정하는 과정에서, 외부전문가가 감사 및 기타 인증업무와 관련된 영역에서 업무를 수행할 때 현행 윤리기준에서 제시하는 독립성 요구사항을 적용받아야 하는지에 대한 문제 제기가 이루어졌다. 최근 들어 공인회계사 및 지속가능성 인증인의 업무와 관련해 전문가가 추정치, 기술, 지속가능성의 영역에 관여하는 경우가 증가하면서, 공인회계사 및 지속가능성 인증인이 감사 및 인증에 대한 의견을 형성하는 과정에 전문가가 기여하는 정도가 증가하고 있다. 이에 국제윤리기준위원회는 전문가들도 독립성 요구사항을 적용받는 것이 바람직한지 검토하고 관련된 조항들을 국제윤리기준에 반영하게 되었다.

국제윤리기준위원회는 외부전문가 업무의 활용과 관련된 조항들을 새롭게 제안하면서,[38] ① 감사/인증에서 자문을 제공하는 전문가의 독립성, ② 모든 전문서비스에 활용되는 외부전문가의 적격성, 역량, 객관성, ③ 감사/인증(지속가능성 인증업무 포함)에서 활용되는 업무를 수행하는 외부전문가에 대한 보다 엄격한 기준 적용, ④ 비개업공인회계사가 활용하는 외부전문가에 대한 조항들을 다루고자 했다. 외부전문가 업무의 활용과 관련된 조항들은 인증인 및 인증업무의 성격에 따라 국제윤리기준의 다른 부분 - 제2부(비개업공인회계사)의 Section 290, 제3부(개업공인회계사)의 Section 390 및 제5부(IESSA)의 Section 5390 - 에 반영되었는데, 아래에서는 공통으로 적용하는 사항들을 우선 검토하고,[39] 지속가능성 인증의 맥락에서 추가로 고려되는 부분을 살펴보고자 한다.

### (2) 제안된 조항들의 체계

국제윤리기준위원회가 외부전문가 업무의 활용과 관련해 제안하는 조항들은 다음의 체계에 따라 이해할 수 있다. 첫째, 전문가, 전문성, 외부전문가에 대한 정의를 명확히 하고 외부전문가를 식별한다. 둘째, 외부전문가의 적격성(competence), 역량(capability), 객관성(objectivity)을 평가한다. 셋째, 외부전문가가 감사 또는 기타 인증업무에서 활용되는 경우에는 객관성에 대한 이해관계자들의 기대치가 더욱 높으므로 추가적인 공정성 평가절차를 수행한다. 넷째, 외부전문가의 업무를 활용하는 경우 발생할 수 있는 잠재적 위협을 식별, 평가, 해결하는 데 참고가 되는 지침을 제공한다.

### (3) 용어의 정의: 외부전문가란?

현행 윤리기준에서, 외부전문가는 공인회계사, 공인회계사의 소속 조직이나 회계법인 또는 지속가능성 인증인과 계약을 체결한 전문가로서 인증 이외의 분야에서 전문성을 갖추고 있으면서, 회계법인, 네트워크 법인의 업무수행리더, 파트너, 전문 스태프 또는 임시 스태프가 아닌 주체로 정의된다. 따라서 외부전문가는 공인회계사 및 지속가능성 인증인이 업무에서 충분하고 적합한 증거를 입수하는 데 도움을 줄 수 있다.

38) 기존의 윤리기준은 감사 및 인증업무에 자문을 제공하는 업무팀원에 소속된 전문가의 독립성은 다루고 있지만, 감사 및 인증업무, 비인증업무 및 비개업공인회계사의 업무에서 활용되는 외부전문가의 독립성은 다루지 않았다.

39) 이하에서는 제3부의 문단 번호를 기준으로 서술했으며, 지속가능성 인증의 맥락에서 Section 390의 문단들에 대응되는 문단들은 제5부에 제시되어 있다. 예를 들어, 외부전문가의 적격성 평가와 관련해 개업공인회계사에게 적용되는 조항은 문단 R390.6에 제시되어 있고, 지속가능성 인증의 맥락에서 문단 R390.6에 대응되는 조항은 문단 R5390.6에 제시되어 있다.

외부전문가는 업무의 결과에 직접적으로 영향을 미칠 수 없기 때문에 업무팀의 구성원에서 제외된다. 참고로 감사업무팀(audit team)은 ① 업무(감사업무)를 수행하는 업무팀(engagement team)의 모든 구성원과 ② 감사업무의 결과에 직접적인 영향력을 행사할 수 있는 기타 사람들로 정의된다. 여기서 업무팀은 업무를 수행하는 모든 파트너와 스태프, 업무에 관한 절차를 수행하는 기타 개인을 포함하되, 업무에 대한 직접적인 도움을 제공하는 외부전문가나 내부감사인은 제외한다. 감사업무팀의 모든 구성원(업무팀의 구성원 포함)은 제4A부의 독립성 요구사항을 준수해야 한다(문단 400.8). 한편, 외부전문가는 업무의 결과에 직접적인 영향력을 행사할 수 없으므로 현행 윤리기준의 독립성 조항을 적용받지 않는다.

**감사업무팀, 외부전문가, 내부감사인의 구분**

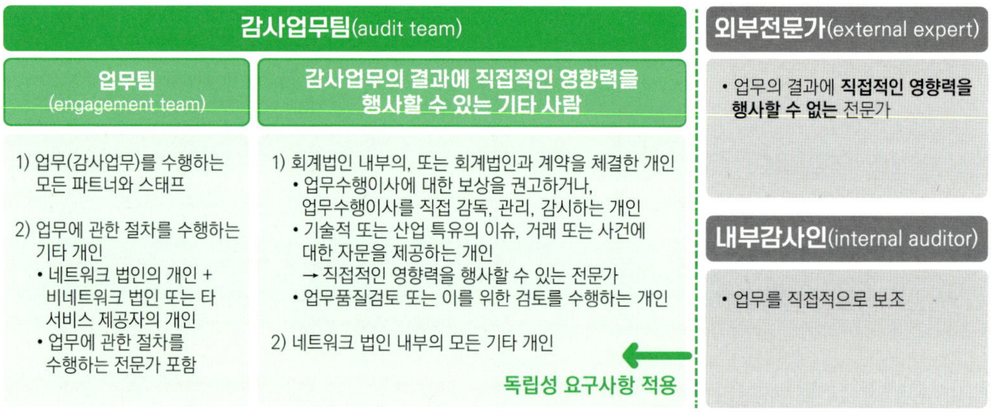


출처: Endsley et al., 2024, Using the Work of an External Expert, 저자 재구성

따라서 외부전문가는 ① 감사절차를 직접 수행하지 않고, ② 국제감사기준 220(International Standards on Auditing, 이하 ISA 220)(개정)(국제감사인증기준위원회 2020) 등에 따라 자문을 제공하지 않으며, ③ 인증 이외의 분야에서 전문성을 가지고 업무를 수행하는 주체로 이해될 수 있다. 또한 회계법인과의 관계 측면에서, 외부전문가는 회계법인 내부에 고용된 것이 아니라 회계법인과 계약을 체결한 외부인이라는 것도 중요한 특징이다. 외부전문가는 현행 윤리기준의 독립성 요구사항을 적용 받지 않지만, 외부전문가 업무의 활용과 관련해 새롭게 제안된 조항들(예: Section 290, 390, 5390)에서는 외부전문가를 공정성의 관점에서 독립성 관련 요소를 고려해 평가할 것을 요구하고 있다. 아래 그림에서는 감사업무팀원, 업무팀원, 외부전문가, 내부전문가를 구분해 식별하고 제4A부의 독립성 요구사항의 적용 여부를 검토하였다.

외부전문가에 대한 독립성 요구사항의 적용 검토

(*) ISA 220(Revised): Quality Management for an Audit of Financial Statements

출처: Endsley et al., 2024, Using the Work of an External Expert, 저자 재구성

### (4) 외부전문가와의 계약조건 합의

공인회계사 또는 지속가능성 인증인이 전문서비스에 활용할 외부전문가를 식별하면, 법률, 규정, 기타 전문가 기준에서 달리 다루지 않는 범위 내에서 ① 외부전문가가 수행할 업무의 성격, 범위 및 목적, ② 외부전문가의 객관성에 대한 평가를 위해 외부전문가가 제공할 필요가 있는 정보의 제공, ③ 업무가 수행되는 동안 제공된 정보에 변화가 생긴 경우 논의할 것이라는 약속을 포함하는 계약조건에 외부전문가와 합의해야 한다. 이와 같은 지침은 전문가의 적격성, 역량, 객관성을 평가하는 것을 용이하게 할 뿐만 아니라, 감사 또는 기타 인증업무의 맥락에서 외부전문가의 객관성에 대해 평가하는 데 필요한 정보를 제공할 것을 합의하도록 한다는 점에서 중요하다.

### (5) 외부전문가의 적격성, 역량, 객관성 평가

공인회계사 및 지속가능성 인증인은 외부전문가가 이들의 목적에 필요한 적격성, 역량 및 객관성을 갖추고 있는지를 평가해야 한다(문단 R390.6~8, R5390.6~8). 적격성은 외부전문가의 전문성(expertise)의 성격 및 수준과 관련되어 있으며, 역량은 외부전문가가 전문서비스를 제공하는 상황에서 적격성을 발휘할 수 있는 능력이 있는지를 의미하며, 객관성은 외부전문가의 편의, 이해상충, 타인의 부적절한 영향, 타인에 대한 부적절한 의존이 외부전문가의 전문가적 판단에 영향을 미칠 수 있는지를 의미한다.

한편, 감사·검토 또는 기타 인증업무의 맥락에서, 이해당사자들은 외부전문가의 객관성에 대해 높은 기대를 가지고 있다. 따라서 외부전문가의 업무를 감사 또는 기타 인증업무에서 활용하는 경우에는 외부전문가의 객관성을 평가하기 위한 추가적인 조치를 수행해야 한다(문단 390.11 A1, 5390.11 A1). 예를 들어, 외부전문가가 업무를 수행하는 회사에 대해, 감사·검토·기타인증의 대상기간 시작부터 업무 완료 시점까지, ① 직접적인 재무적 이해관계나 중요한 간접적인 이해관계, ② 실질적인 또는 잠재적인 이해의 상충, 그리고 ③ 과거나 현재의 수행된 업무에 대한 정보를 서면으로 제공할 것을 요청해야 한다(문단 R390.12, R5390.12). 또한 그 이외에도 추가적인 이해, 기타 관계, 또는 상황에 대한 정보를 서면으로 제공할 것을 요청할 것인지를 고려해야 한다(문단 R390.13, R5390.13). 만약 고객회사가 공익실체인 경우에는 요청해야 하는 정보의 범위가 보다 광범위하고 구체적으로 규정되어 있다(문단 R390.14, R5390.14). 이러한 정보는 사실상 현행 윤리기준의 제4A부 및 제4B부의 독립성 조항에서 고려되는 요소들과 유사하다. 만약 외부전문가가 기존에 제공된 정보에 변화가 생겨서 이를 공인회계사 또는 지속가능성 인증인에게 알리는 경우 외부전문가의 객관성을 재평가해야 한다(문단 R390.20, R5390.20).

만약 공인회계사 및 지속가능성 인증인이 외부전문가의 적격성, 역량, 객관성을 평가한 결과, ① 필요한 적격성, 역량, 또는 객관성을 갖추고 있다고 결론지을 수 없거나,[40] ② 필요한 적격성 또는 역량을 갖추고 있지 않다고 결론을 짓거나, ③ 외부전문가의 객관성에 대한 위협을 제거할 수 없거나 수용 가능한 수준으로 낮출 수 없다고 결론을 짓는다면, 외부전문가의 업무를 활용하는 것이 금지된다(문단 R390.21, R5390.21).

### (6) 외부전문가 업무의 활용으로 인해 발생할 수 있는 위협

외부전문가가 인증인의 목적에 필요한 적격성, 역량, 객관성을 모두 갖추고 있다고 결론을 내리더라도, 공인회계사 및 지속가능성 인증인이 외부전문가가 수행한 업무를 활용함에 따라 윤리강령 준수에 대한 위협이 여전히 발생할 수 있다(문단 390.22 A1, 5390.22 A1). 윤리기준은 이러한 위협이 발생할 수 있는 사실 및 상황을 예시로써 나열하고(문단 390.23 A1, 5390.23 A1), 위협의 수준을 평가하는 데 참고가 될 수 있는 요인들(문단 390.24 A1, 5390.24 A1)과 해당 위협에 대처하기 위한 조치(문단 390.25 A1~A2, 5390.25 A1~A2)를 제시하고 있다. 윤리강령 준수에 대한 위협이 발생하는 경우는 다음과 같다. 공인회계사 및 지속가능성 인증인은 이러한 위협에 대처하기 위해, 다른 외부전문가를 식별하여 유착위협을 줄이거나(문단 390.25 A1, 5390.25 A1), 위협을 해결하기 위한 적절한 안전장치를 마련해야 한다(문단 390.25 A2, 5390.25 A2).

40) 예를 들어, 외부전문가가 법이나 규제에 따른 비밀유지 의무로 인해 독립성기준에서 요구하는 정보를 제공할 수 없거나, 외부전문가의 가족구성원이나 고용회사가 관련된 정보의 공개에 동의하지 않는 경우에, 공인회계사는 해당 외부전문가의 적격성, 역량, 객관성에 대해 결론 내릴 수 없게 된다.

**외부전문가 업무의 활용으로 인해 발생할 수 있는 위협**

<table>
<tr><th>위협의 종류</th><th>상황</th><th>위협에 대한 대처</th></tr>
<tr><td>이기적위협</td><td>공인회계사 또는 지속가능성 인증인이 ① 외부전문가의 업무를 이해하기 위한 전문성이 부족하거나, ② 전문서비스를 수행할 때 외부전문가에게 부당한 영향을 받거나 부당한 의존을 하거나, ③ 외부전문가가 수행한 업무를 평가할 시간이나 자원이 불충분한 경우</td><td rowspan="5">- 외부전문가가 수행한 업무를 평가하는 데 필요한 전문성을 갖춘, 자격 있는 임직원에게 자문을 받거나, 추가 투입자료를 확보하거나, 외부전문가가 수행한 업무가 의도된 목적에 적절한지에 대한 이의를 제기함<br>- 외부전문가가 수행한 업무를 다른 외부전문가를 활용해 재수행함<br>- 업무 완료를 위한 추가 시간 또는 자원을 제공하는 것에 대해 지속가능성 인증의뢰인과 합의함<br>- (유착위협) 다른 외부전문가를 식별함</td></tr>
<tr><td>자기검토위협</td><td>외부전문가가 공인회계사의 과거 판단에 의존해 수행한 업무를 공인회계사가 활용하는 경우</td></tr>
<tr><td>변호위협</td><td>공인회계사 또는 지속가능성 인증인에게 유리하거나 불리할 수 있는 결론에 대해 편견을 가진 외부전문가를 활용하는 경우</td></tr>
<tr><td>유착위협</td><td>공인회계사 또는 지속가능성 인증인이 외부전문가와 긴밀한 친분 관계에 있는 경우</td></tr>
<tr><td>압력위협</td><td>외부전문가의 권위에 대한 인식으로 인해 외부전문가의 의견을 따르도록 압력을 받는 경우</td></tr>
</table>

## (7) 기타 고려 사항

현행 윤리기준에서는 외부전문가 활용과 관련된 다양한 상황에서 참고할 수 있는 지침을 제시한다(문단 390.26 A1~390.29 A1, 5390.26 A1~5390.29 A1). 첫째, 외부전문가의 전문 분야나 영역이 변화할 수 있으므로, 신규 분야나 영역에서 외부전문가의 이용 가능성이 제한되거나 외부전문가의 적격성을 평가하기 위한 일부 정보가 제한될 수 있다. 이런 경우 신규 분야와 유사한 분야 또는 기존 분야에서의 외부전문가의 경험을 고려할 수 있다. 둘째, 복수의 외부전문가가 수행한 업무를 활용하는 상황에 직면할 수 있다. 이 경우에는 각 외부전문가를 개별적으로 활용할 때 발생할 수 있는 위협 이외에도 복수의 외부전문가의 업무를 활용함에 따른 결합 효과가 초래하는 영향을 고려해야 한다. 셋째, 공인회계사나 지속가능성 인증인은 이들이 수행하는 전문업무에 내재된 한계점을 이용자들에게 적절하게 소통할 책임이 있다. 외부전문가가 수행한 업무를 활용할 때 외부전문가의 적격성, 역량, 객관성을 평가할 정보가 부족하고 해당 외부전문가를 대체할 수 있는 대안이 없는 경우에는, 이러한 소통이 특히 중요할 수 있다. 넷째, 공인회계사 또는 지속가능성 인증인은 외부전문가를 활용하는 목적과 이들이 수행한 업무의 범위, 외부전문가의 역할과 책임, 외부전문가가 수행한 업무의 활용으로 인해 발생할 수 있는 윤리강령 준수에 대한 위협과 그 대처 방법에 관해 경영진 또는 지배기구와 적절하게 논의하는 것이 바람직하다. 마지막으로, 공인회계사 또는 지속가능성 인증인은 외부전문가와의 모든 논의 결과, 외부전문가의 적격성, 역량 및 객관성을 평가한 절차와 결론, 외부전문가가 수행한 업무를 활용하는 과정에서 식별된 중요한 위협과 위협에 대처하기 위한 조치를 문서화하는 것이 바람직하다.

### (8) 지속가능성 인증에 대한 추가적인 고려 사항

#### 가) 외부전문가와 타 인증인의 구분

외부전문가와 타 인증인은 지속가능성 인증인의 지시, 감독 및 검토의 대상이 아니라는 점에서 유사하다. 그러나 국제윤리기준위원회는 이 둘의 기능과 전문성이 근본적으로 다르다는 것을 분명히 했다. 외부전문가는 인증업무를 수행하지 않으므로 독립성기준의 적용대상이 아니지만, 타 인증인은 인증업무를 수행하므로 독립성기준의 준수가 요구된다. 현행 윤리기준에서도 타 인증인과 외부전문가를 엄연히 구분하고 이 둘을 활용할 때 고려해야 할 윤리적 기준도 다르게 제시하고 있다.

**외부전문가와 타 인증인의 비교**

| 구분 | 외부전문가 | 타 인증인 |
|---|---|---|
| 관련 규정 | 윤리기준 Section 5390 | 윤리기준 Section 5406 |
| 기능 및 전문성 | 인증 이외의 분야에서 지속가능성 인증인이 충분하고 적합한 증거를 입수하도록 도움을 줌 | 감사 및 인증업무 수행 |
| 자격 요건 | 적격성, 역량, 객관성 평가 | 제5부 윤리조항(독립성 포함) 적용됨 |
| 관련 규정 | 감사 및 기타 인증업무에서 활용되는 경우 객관성 평가를 위한 추가적인 절차가 요구됨 | 지속가능성 인증인은 타 인증인과 소통을 통해 제5부의 윤리조항(독립성 포함)을 인지하도록 하고 그 준수를 확인함 |

#### 나) 지속가능성 가치사슬 전반에 걸친 전문가의 활용

지속가능성 인증인은 인증업무 수행 과정에서 인증의뢰인 회사뿐만 아니라 그 회사의 가치사슬 전반에 걸쳐 외부전문가의 업무를 활용할 가능성이 있다. 이런 경우 외부전문가의 객관성은 지속가능성 가치사슬 전반이 아닌 지속가능성 인증의뢰인 회사에 한정해 평가한다. 예를 들어, 지속가능성 인증업무의 대상이 되는 인증의뢰인은 가치사슬 내에 여러 공급업체를 포함할 수 있고, 특정 공급업체는 동시에 다른 여러 회사의 가치사슬에 포함될 수도 있다. 만약 외부전문가의 객관성 평가 대상을 가치사슬 전반으로 확대시킨다면, 이들 공급업체는 수많은 고객회사들이 활용하는 외부전문가들의 객관성 평가 대상이 되고 객관성 평가와 관련된 많은 정보를 제공하라는 요청을 받게 될 수 있다. 이때 이들 공급업체가 이러한 정보 제공 요청에 성실히 대응할 것인지는, 외부전문가를 활용하는 지속가능성 인증인이나 인증의뢰인이 통제할 수 없으므로, 외부전문가의 객관성 평가 대상을 가치사슬 전반으로 확대하는 것은 비현실적일 수 있다. 아래 그림에서 가치사슬 전반에 걸친 외부전문가의 활용을 도식화했다.

가치사슬 전반에 대한 외부전문가의 활용과 객관성 평가

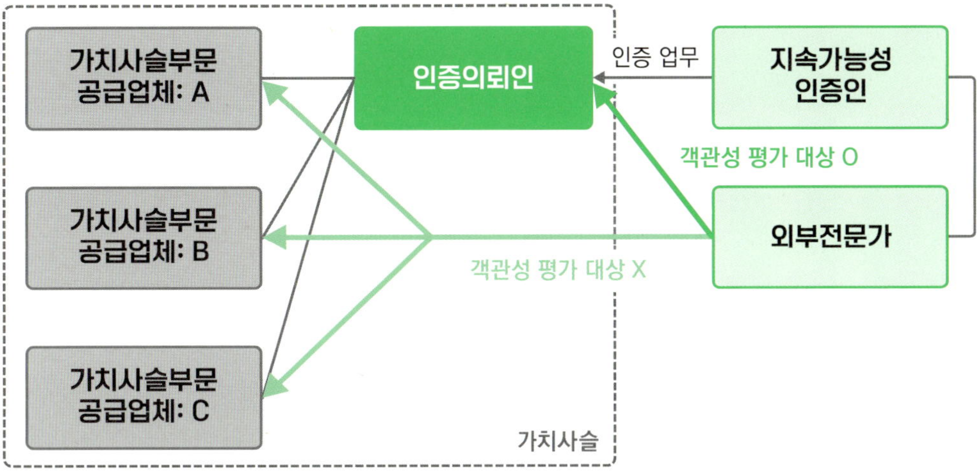


출처: 전규안 등, 2024, 지속가능성 업무 관련 윤리기준 등 제/개정 방안, 저자 재구성

### 다) 지속가능성 인증인이 외부전문가로서 비인증업무를 제공하는 경우

특정 분야나 영역에서 전문가의 수가 제한적인 경우 지속가능성 인증인이 동일한 회사에서 인증업무 이외 영역의 전문가로서 활동할 수도 있다. 즉, 인증인이 전문가로서 동일한 회사에 비인증업무를 제공하는 것이다. 이때는 지속가능성 인증의뢰인에 대한 비인증업무 제공(제5부의 Section 5600)이 초래할 수 있는 자기검토위협과 관련된 조항들(문단 5600.14 A1, R5600.15)이 적용된다.

## 6) 소결

지금까지 국제윤리기준위원회가 2025년 1월에 최종 확정한 IESSA의 주요 구조와 내용을 체계적으로 살펴보았다. IESSA는 지속가능성 인증업무의 신뢰성과 윤리성을 강화하기 위한 윤리기준과 독립성기준을 제시하고, 외부전문가 활용에 대한 세부 지침을 새롭게 마련했다. 이를 통해 다양한 유형의 지속가능성 인증인이 범용적이고 체계중립적인 기준을 준수해 인증업무를 수행할 수 있는 기반이 조성되었다. 향후 지속가능성 인증의 중요성이 더욱 커질 것으로 예상되는 가운데, IESSA의 적용은 인증업무 전반의 품질 제고와 공적 신뢰 확보에 핵심적인 역할을 할 것이다.

# III

# 지속가능성 인증 실무

SUSTAINABILITY
ASSURANCE

01. 지속가능성 인증 방법론

02. 지속가능성 인증에서 예상되는 사항

03. 제한적 확신 수준의 인증을 위한 가이드라인

04. 지속가능성 인증 시 고려 사항

05. 지속가능성 인증을 위한 준비

# III 지속가능성 인증 실무

## 01 지속가능성 인증 방법론

### 1) 인증업무 계획수립

#### (1) 고객평가 및 업무 수임평가

인증인은 인증업무와 관련된 국제윤리기준위원회의 국제윤리기준 또는 그와 동등하거나 더 엄격한 기타 전문 윤리규정이나 법령상 요구사항을 준수해야 한다. 또한, 인증업무의 수임과 지속에 관해 내부 정책 및 절차를 준수하였는지를 확인하고, 그에 따른 결론이 타당한지 판단해야 한다.

아울러, 인증인은 인증업무의 전제조건이 충족 여부 확인을 위해 다음을 판단하여야 한다.

1) 관련 당사자의 역할과 책임이 해당 상황에 적절하게 배분되어 있는지
2) 해당 업무가 다음 모든 특성을 갖추고 있는지:
   ① 기초인증대상(Underlying Subject Matter, USM)이 업무에 적절한지
   ② 인증인이 예상하는 준거기준(Criteria)이 다음 특성을 포함해 업무 상황에 적합한지
      a. 목적적합성(Relevance)
      b. 완전성(Completeness)
      c. 신뢰성(Reliability)
      d. 중립성(Neutrality)
      e. 이해가능성(Understandability)
   ③ 준거기준은 예정된 정보이용자들이 확인할 수 있는 형태로 제공 가능한지
   ④ 인증인의 결론을 뒷받침하기 위한 충분한 증거는 확보 가능한지
   ⑤ 인증인의 결론은 합리적/제한적 인증 중 해당 수준에 적합한 형식의 서면보고서로 제공될 수 있는지
   ⑥ 해당 업무는 타당한 목적을 가져야 하며, 제한적 인증업무의 경우 의미 있는 수준의 인증을 확보할 수 있는지

인증업무를 위한 위와 같은 전제조건 중 충족되지 않은 항목이 있고 해당사안이 해결될 여지가 없다면, 인증업무를 수임하거나 계속할 수 없다는 점을 기억해야 한다.

참고로, 상기 언급된 준거기준의 적합성을 평가하기 위해서 아래와 같은 흐름도를 고려할 수 있다.

준거기준의 적합성 평가 흐름

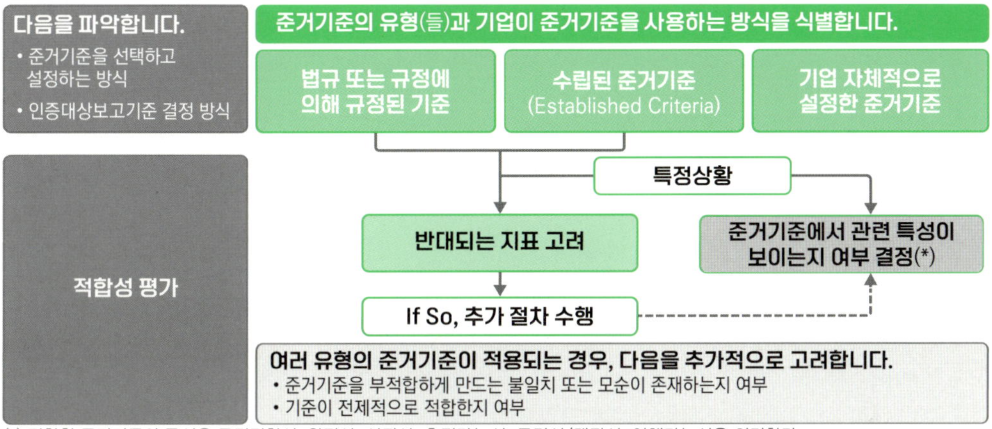


(*) 적합한 준거기준의 특성은 목적적합성, 완전성, 신뢰성, 측정가능성, 중립성/객관성, 이해가능성을 의미한다.

## (2) 인증절차 수행일정

인증절차는 일반적으로 중간인증절차와 기말인증절차로 나누어 수행한다. 중간인증절차 시에는 중요성 평가에 대한 검토, 중요 주제 및 지표에 대한 프로세스 이해, 지표의 적정성에 대한 검토를 수행하게 되며, 기말인증단계에서는 지속가능성 정보에 대한 정확성 및 데이터에 대한 인증을 주로 수행하게 된다. 다만, 기업의 조직구성이나 복잡도에 따라 여러 번 나눠 인증이 진행될 수도 있다.

제한적 인증절차 일정 예시

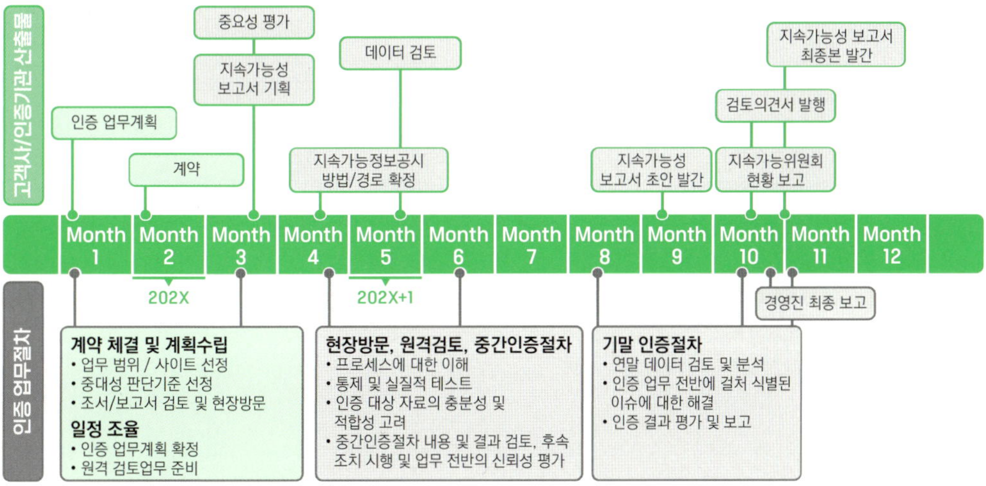

## 2) 인증업무 절차 수행

### (1) 회사의 중요성 평가에 대한 인증

회사가 이중 중요성(Double materiality)을 적용해 중요한 지속가능성 주제를 선정하고 있는 경우, 인증인은 업무계획 수립 및 수행 시 그리고 식별된 왜곡표시의 중요성 판단 시 재무적 중요성과 임팩트 중요성을 모두 반영해 고려하고 판단해야 한다.

ISSA 5000에 따르면 일반적으로 재무적 중요성과 임팩트 중요성을 모두 적용할 때, 정량적 공시의 경우 일반적으로 더 낮은 수준의 중요성 기준이 적용되며 정성적 공시의 경우에는 더 높은 수준의 상세한 정보를 요구하게 된다고 설명하고 있다. 즉, 인증인은 정성적 공시에 있어서 다음 세 가지 사항을 고려해 인증업무를 수행해야 한다.

- 공시 내용이 정확하고 완전한지,
- 정보이용자판단에 영향을 줄 수 있는 정보를 누락하지 않았는지
- 공시의 명확성을 흐리게 만드는 정보는 포함되지 않았는지

따라서 인증인은 두 가지 중요성을 인증계획에 모두 반영하기 위해 다음과 같은 사항을 확인할 수 있도록 인증절차를 설계해야 한다.

- 지속가능성 정보의 정보이용자는 누구이며, 그들의 주된 관심사는 무엇인가?
- 이중 중요성 절차의 일환으로 이해관계자는 어떻게 선정되었는가?
- 기업이 자사의 전략, 비즈니스 모델, 성과 등에 중대한 영향을 미치는 지표(즉, 재무적 중요성)에 관심을 가진 이해관계자만을 선정했는가, 아니면 기업의 활동, 제품, 서비스 환경, 사회, 경제에 미치는 영향(즉, 임팩트 중요성)에 관심 있는 이해관계자도 포함하여 균형 있게 구성하였는가?
- 이해관계자가 환경, 사회, 경제에 대한 긍정적 영향을 고려하고 있는가, 아니면 긍정적·부정적 영향을 모두 균형 있게 고려하고 있는가?
- 기업의 이중 중요성 평가(Double Materiality Assessment)는 완전성(Completeness)을 갖추고 있는가?
- 그 과정에서 검토되었지만 공시하지 않기로 결정된 항목은 무엇이 있는가?
  (또한 해당 항목들을 제외하기로 한 근거와 중요성 판단 기준은 무엇이었는지를 함께 고려해야 한다.)

## (2) 중요성 설정 및 평가

인증인은 재무제표 감사와 유사하게 인증업무의 계획단계에서 절차 수행의 성격, 범위, 시기를 결정하거나, 지속가능성 정보에 대한 왜곡표시 여부를 판단할 때 중요성을 고려한다.

다만, 재무제표 감사에 적용하는 중요성의 개념과는 다음과 같은 측면에서 차이가 있다고 할 수 있다.

**지속가능성 인증과 재무제표 감사의 주요 차이점**

| 항목 | 재무제표 감사 | 지속가능성 인증 |
|---|---|---|
| 의도된 정보이용자 | 비교적 좁은 범위, 하나의 집단으로 간주 | 더 넓은 범위, 다양한 정보이용자 집단 고려 필요 |
| 기준 | 중요성에 대한 기대가 명확히 정립됨 | 기준에 따라 중요 항목 식별에 상당한 판단 필요<br>일부 기준은 이중 중요성 개념 포함(재무적 영향 + 환경·사회적 영향) |
| 중요성 수준 | 단일 기준에 기반한 단일중요성<br>(재무적 중요성) 수준 설정 | 핵심성과지표 등 다양한 단위의 정보에 따라 복수의 중요성 수준 필요 가능성 |
| 정성적 정보 | 기준에 따라 제한적으로 요구됨 | 지속가능성 정보에는 서술형 정보, 그래프, 도표 등 정보이용자의 해석을 요구하는 정보가 많이 포함될 수 있음 |

### 가) 중요성(Materiality)의 수립

다음은 인증업무를 계획하고 수행하는 과정에서 중요성과 관련된 주요 단계를 도식화한 것이다.

**중요성 수립 단계**

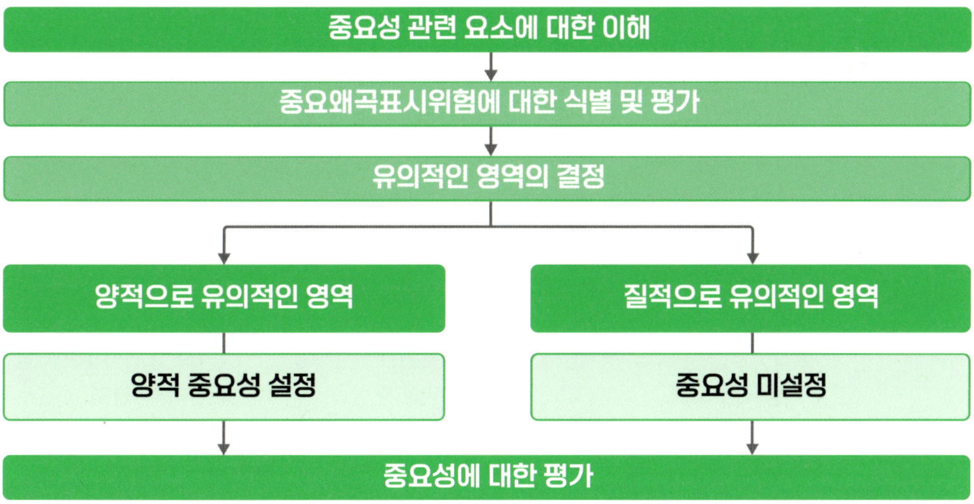


유의적인 영역(Significant Area)의 의미는 하나 이상의 관련된 주장(Assertion)을 포함하고 있으며, 따라서 하나 이상의 중요왜곡표시위험이 존재하는 영역을 의미한다. 이 개념은 재무제표 감

사에서 적용되는 유의적 계정(Significant Account) 개념과 유사하다고 할 수 있다.

중요성 수립을 위한 첫 번째 단계는 중요성 요소를 이해하는 것이다. 중요성 요소란 해당 인증업무에 특화된 사실과 상황으로, 주로 정성적 성격을 가지며, 예를 들어 지속가능성 정보의 예상 이용자의 정보 요구를 이해하는 것 등이 포함된다. 이러한 중요성 요소는 중요왜곡표시위험 및 중요한 영역의 식별에 영향을 미치며, 정량적 중요성 수준을 설정하는 데에도 관련되며 주로 다음과 같은 방법을 통해 이해하게 된다.

- 준거기준에 포함된 중요성 관련 요소의 이해
  - 준거기준이 중요성 수준 또는 벤치마크를 명시하는가?
  - 업계 관례상 중요한 요소는 무엇인가?
- 지속가능성 정보의 예상 주된 이용자 이해
  - 주된 이용자는 누구이며 이들에게 중요한 정보는 무엇인가?
  - 시간 경과에 따른 추세를 포함한 성과와 목표 간 관계는 무엇인가?
- 기업이 중요성을 판단하는 방법에 대한 이해
  - 기업의 중요성 판단이 인증인의 판단에 어떤 영향을 미치는가?
  - 추정이 관여하는 수준은 어느 정도인가?

중요성 설정 관련해 다음과 같은 예를 통해 설명해보기로 한다.

**(사례)**

A사는 상장기업이며, 업계에서 인지도가 높다. 환경 관련 성과가 주주와 투자자들의 우선순위가 됨에 따라 모든 환경 핵심성과지표는 더 면밀한 조사를 받게 되었다. 기타 주요 이용자들에게는 A사의 가치사슬 내 공급업체 등이 포함된다.

A는 현재 한 국가에서만 사업을 영위하고 있지만, 새로운 국가로 사업을 확장하는 것을 고려하고 있다. 이러한 다른 관할지역의 노동법을 미루어 볼 때 성별 임금격차를 포함한 다양성 및 기회균등과 관련된 지표는 노동조합과 규제당국에 중요한 관심사로 여겨짐을 알 수 있다.

기업은 중요성 평가를 수행한 결과, 기후와 다양성 및 포용성을 사회와 환경 그리고 기업에 가장 큰 영향을 미치는 두 가지 중요한 주제로 결정하였다.

기업은 2030년까지 Scope 1 및 Scope 2 배출량을 2000년 기준 배출량 대비 50% 감축하는 것을 목표로 설정하였다. 또한 2025년까지 Scope 1 및 Scope 2 배출량을 25% 가량 줄이겠다는 중간목표를 수립하였다.

| 보고지표 | 준거기준과 관련된 중요성 요소 | 지속가능성 정보 주요 정보이용자 | 기업이 중요성을 판단하는 방법 |
|---|---|---|---|
| 온실가스 Scope2 배출량<br>\|<br>**중요성 감소** | • Scope 2 배출량을 측정하고 보고하는 데 사용되는 온실가스 프로토콜은 전세계적으로 인정한 기준임 | • 배출량감축 목표 때문에 온실가스 배출량과 관련된 지표에 더 집중할 가능성이 높음<br>• 시장기반 Scope2 배출량은 전년 대비 유의적으로 감소함 | • 기후를 중요한 주제로 간주함<br>• 중요성이 증가하거나 감소하는 상황으로 이어질 수 있는 Scope 2 배출량과 관련된 다른 요소는 식별되지 않음 |

| 보고지표 | 준거기준과 관련된 중요성 요소 | 지속가능성 정보 주요 정보이용자 | 기업이 중요성을 판단하는 방법 |
|---|---|---|---|
| 성별 임금 격차<br>\|<br>**중요성 감소** | • 특별히 고려할 사항 없음 | • 기업은 성별 임금격차 보고가 의무화된 다른 관할권으로 사업을 확장하는 것을 고려하고 있기 때문에 주요 이용자들이 주목하는 영역일 가능성이 높음<br>• 성별 임금 격차와 관련된 핵심성과지표를 포함해 양성평등과 기회균등과 같은 지표는 노동조합과 규제기관, 그리고 가치사슬상 고객 및 공급업체에 중요한 주목지점이 될 수 있음 | • 다양성과 포용성을 중요한 주제로 간주함 |

* 인증업무에서 중요성 금액이 낮아지는 것은 더욱 엄격한 감사절차를 적용하는 것을 의미함

양적으로 유의적인 각 영역에 대한 중요성 수준을 결정할 때, 인증인은 다음의 요소를 고려해야 한다.

- 기업이 영업하는 산업군에서 유의적인 영역의 상대적 중요성
- 추정치의 불확실성 정도
- 법규와 규정의 준수
- 특수관계자의 관여
- 성과에 대한 기대(예: 목표 달성 및 시간 경과에 따른 추세)

### 나) 수행중요성(Performance Materiality) 수립

수행중요성은 양적으로 유의적인 각 영역에 대해 설정된 금액으로, 해당 영역에 대해 수정되거나 발견되지 않은 오류의 총합계가 중요성 수준을 초과할 가능성을 허용 가능한 수준으로 낮추기 위해 설정된 금액을 의미한다. 즉, 인증절차 설계 및 수행 시 개별 왜곡표시가 누적될 리스크(Aggregation Risk)에 대비하여 더 낮은 수준의 판단을 적용하여 인증절차를 수행하기 위한 금액이라고 할 수 있다.

실무적으로 수행중요성을 결정하기 위해서 다음과 같은 단계를 거친다.

(1단계) 결합요인(Aggregation factor)을 고려한다.
(2단계) 지속가능성 정보 전반, 그리고 양적으로 유의적인 각 영역과 관련된 결합위험의 수준을 평가한다.
(3단계) 각 양적으로 유의적인 영역에 대한 수행중요성을 설정한다.

인증인은 결합요인의 수준을 평가하기 위해 아래와 같은 사항을 고려한다.

**결합요인 평가 시 고려 사항**

| 기본 고려요소 | 추가 고려요소 |
|---|---|
| • 내부통제의 미비점<br>• 통제 활동의 결함 수<br>• 과거 왜곡사항의 이력<br>• 적절한 관계자의 수정 의지<br>• 지속가능성 정보 내 식별된 영역 수<br>• 중요 영역으로 식별되지 않은 지속가능성 정보 비율 | • 지속가능성 정보 보고에 관여한 핵심 인력의 이직<br>• 높은 추정 불확실성을 가진 항목 수<br>• 기업의 운영 지역 수<br>• 지속가능성 정보 수집 및 보고의 분산화 정도 |

### 다) 보고중요성(De minimis) 수립

보고중요성은 정량화 가능한 왜곡표시가 '명백히 사소한' 것인지의 여부를 판단하는 데 사용되는 금액으로 왜곡표시가 '명백히 사소한' 것이라면 이들은 개별적으로 또는 다른 왜곡표시와 결합되었을 때 지속가능성 정보에 유의적인 영향을 미치지 않으므로 누적하지 않는다. 일반적으로는 중요성 수준의 5%를 초과하지 않는 금액으로 보고중요성 금액을 설정한다.

## (3) 위험평가

위험평가단계에서 인증인은 위험평가절차를 설계하고 수행해 중요왜곡표시위험을 식별하고 평가하기 위한 정보를 수집하고, 평가된 중요왜곡표시위험에 대응하는 절차를 설계하고 수행하게 된다. 이러한 중요왜곡표시위험에 대한 대응절차는 지속가능성 정보에 대한 적절한 수준의 확신을 확보하기 위한 기반이 된다.

### 가) 전사수준의 위험평가

전사수준의 위험평가는 다음과 같은 단계로 이루어진다.

**(1단계)** 기업과 그 환경을 이해하고 파악한다.
- 위험평가절차의 설계 및 수행
- 기업과 그 환경의 이해
- 지속가능성 정보의 식별
- 정보의 관련성 및 신뢰성 평가
- 추정치의 식별
- 부문의 식별

**(2단계)** 기초인증대상(Underlying Subject Matter), 지속가능성 정보 및 기타 업무 관련 상황 및 내부프로세스 및 내부통제를 파악한다.
- 기초인증대상, 지속가능성 정보, 기타 기업 환경에 대한 이해
- 내부프로세스 및 내부통제에 대한 이해

**(3단계)** 기타 위험평가절차를 수행한다.

- 질문 및 분석적 검토
- 인증계획 미팅의 수행
- 보고 범위의 평가
- 수량화 방법 및 보고정책의 평가

## 나) 기업 및 환경에 대한 이해 확보

인증인은 기초인증대상에 관련된 기업 및 그 환경에 대한 이해를 확보해야 한다. 이는 기업의 활동, 사건 또는 환경(내부 및 외부 규제 포함)은 기업의 사업 및 전반적인 성과에 영향을 미칠 수 있기 때문이다. 인증업무 초기 단계에서 이러한 정보를 식별함으로써, 위험을 평가하고 업무를 계획할 수 있다. 따라서 위험평가절차는 기업 및 환경에 대한 이해 확보로부터 시작된다.

기업 및 환경에 대한 이해를 위해서 살펴보는 항목은 일반적으로 다음과 같다.

1) 관련 산업, 규제 및 외부 요인(적용 기준 포함)
2) 기업의 성격:
   - 조직 경계 내 운영의 성격(예: 배출원, 흡수원, 배출량 공제의 출처 및 완전성)
   - 각 항목이 전체 배출량 등에 미치는 기여도
   - 보고된 온실가스(GHG) 등 수치의 불확실성
   - 전기 대비 운영의 변화(예: 인수합병, 배출원 매각, 외주화 등)
   - 운영 중단의 빈도 및 성격
3) 기업의 정량화 방법 및 보고 정책 선택 및 적용 방식, 변경 사유 및 이중 계산 가능성
4) 적용 기준의 요구사항 및 관련 공시
5) 기업의 목표 및 전략, 관련 경제적·규제적·물리적·평판적 위험
6) 기업 내 정보에 대한 감독 및 책임
7) 기업의 내부감사기능 존재 여부 및 해당 기능의 활동 및 주요 결과

## 다) 지속가능성 정보 내 영역식별

인증인은 기업에 대한 이해를 수행한 뒤 지속가능성 정보 내 영역을 식별한다. 이는 영역의 식별을 통해 중요왜곡표시위험이 발생할 가능성이 있는 지속가능성 정보 영역에 대한 위험평가에 집중하기 위함이다.

지속가능성 정보 내 영역이란 기업의 주제별 성과 및 관리와 관련된 다양한 영역을 포함하는 개념으로 정량적 영역(예: 물 소비량)과 정성적 영역(예: 행동강령)으로 구분할 수 있다.

즉, 지속가능성 정보는 재무제표에서 계정과목과 유사한 개념으로 대표적으로는 Scope 1 배출량 데이터, 최고경영진 중 여성임원의 비율, 산업재해 발생 빈도율 등이 그에 해당한다고 할 수 있다.

이러한 영역을 식별하기 위해서 고려해야 할 사항은 다음과 같다.

- 인증업무의 대상이 되는 핵심성과지표 또는 지표
- 고유위험 수준의 유사성 여부
- 정량 정보의 단위 차이
- 공통 특성을 가진 콘텐츠 여부
- 전사 수준의 통제 활동 관련 사항
- 일반적 표현 영역(예: '우리는 업계 선도자')
- 주요 위험/이슈 관리 관련 사항
- 성과, 추세, 목표(핵심성과지표) 관련 사항
- 미래 성과, 전략, 개선 목표 관련 사항
- 재무정보 기반 사항
- 유사한 프로세스 및 통제 적용 사항

### 라) 추정치의 식별

인증인은 중요왜곡표시위험이 존재할 가능성이 있는 추정치를 식별하고, 해당 추정치를 지속가능성 정보 내 관련 영역과 연결시키게 된다. 추정치는 지속가능성 정보에서 특정 영역, 활동 또는 사건에 대해 측정하거나 인식하는 과정에서 추정 불확실성(estimation uncertainty)이 수반되는 경우를 의미한다.

추정치는 하나 이상의 구성요소로 이루어질 수 있으며, 각 구성요소는 서로 다른 위험을 내포할 수 있다. 따라서 추정치를 너무 포괄적으로 정의하면 이러한 위험을 식별하지 못할 수 있으므로, 구성요소별로 분리함으로써 각 위험에 적절히 대응할 수 있다. 여기서 추정치의 구성요소란 추정치를 세분화하거나 내부적으로 나누어 보는 방식을 일컫는데, 예를 들면 Scope 3 배출량을 범주 1~15로 나누어 보는 것을 의미한다.

인증인은 추정치를 구성요소별로 구분함으로써 서로 다른 위험을 식별해 그에 적합한 인증절차를 설계해 수행할 수 있게 된다.

### 마) 지속가능성 정보 보고 프로세스의 이해

인증인은 지속가능성 정보 보고 프로세스에 대해 이해하기 위해 각각의 지속가능성 정보에 대한 하위 프로세스에 대한 이해가 필요하다. 이때 인증인은 일반적으로 질문, 문서검사 및 관찰, 그리고 추적조사(walk-through)를 통해 절차를 수행하게 된다. 특히, 인증인은 추적조사를 통해 지속가능성 정보 작성에 대한 기업의 프로세스 및 절차 그리고 지속가능성 정보에 대한 기타 조정사항의 시작, 승인, 처리 및 기록절차에 대해 이해하게 된다.

**지속가능성 정보 보고 프로세스의 하위 프로세스 및 활동**

| 하위 프로세스 | 프로세스 활동 |
|---|---|
| 지속가능성 정보 관련 기초 데이터 입력 | • 활동 데이터를 보고 시스템(예: 집계 시스템)에 입력<br>• 사이트, 시설, 자회사 등 보고 경계 내의 정보 집계 및 통합 |
| 보고기준의 선택 및 적용 | • 보고기준 선택 및 적용<br>• 기준 변경 사항 평가 |
| 지속가능성 정보 작성 | • 당기 지속가능성 정보 작성<br>• 비교 기간 지속가능성 정보 작성(해당 시)<br>• 필수 공시사항 식별<br>• 후속사건의 영향 식별 및 평가 |

인증인은 지속가능성 정보에 대한 프로세스를 이해하는 과정에서 지속가능성 정보에 대한 중요한 왜곡표시를 초래할 수 있는 프로세스 리스크(Process Risk Point, PRP)를 식별하고, 이를 프로세스 흐름도(Flowchart)와 프로세스 업무기술서(Narrative)의 형태로 문서화한다.

### 바) 내부통제

인증인은 지속가능성 정보 작성 및 보고에 영향을 미칠 수 있는 모든 통제에 대해 위험을 평가하고 중요왜곡표시위험에 대응하는 절차를 수행한다. 내부통제의 5가지 구성요소는 통제환경, 위험평가, 정보시스템 및 소통, 통제활동, 모니터링이며, 실무적으로는 재무제표 감사 시에 수행하는 COSO(Committee of Sponsoring Organizations of the Treadway Commission) 규정에 근거한 지속가능성 보고 내부통제(Internal Control Over Sustainability Reporting, ICSR)를 적용해 통제테스트를 수행하게 된다.

인증인은 이러한 지속가능성 정보의 작성과 관련된 기업의 통제환경을 이해하고 평가함으로써, 중요왜곡표시위험을 식별하고 평가하는 데 필요한 근거를 마련하게 된다.

다만, 제한적 인증을 수행하는 경우와 합리적 인증을 수행하는 경우에는 다음과 같은 절차 수행의 차이가 존재한다.

**프로세스에 대한 이해**

| 구분 | 제한적 인증 | 합리적 인증 |
|---|---|---|
| 절차 범위 | 질문 및 분석적 검토 위주 | 내부통제평가 및 세부거래 테스트 수행 |
| 인증 수준 | 낮은 수준의 확신 제공 | 높은 수준의 확신 제공 |
| 온실가스 이외 인증 | 지속가능성 정보 작성 과정 검토만으로 충분 | 비즈니스 프로세스 전반 이해 필수 |
| 통제활동 의존 여부 | 통제 미의존 시 지속가능성 정보 작성 과정 검토 가능 | 통제 의존 여부와 관계없이 비즈니스 프로세스 이해 필수 |

**내부통제에 대한 이해**

| 구분 | 제한적 인증 | 합리적 인증 |
|---|---|---|
| 접근 방식 | • 제한적 인증업무에서 내부통제에 대한 이해를 얻기 위해 다음을 수행함<br>- 인증업무와 관련성을 고려해 통제 구성요소 이해<br>- 지속가능성 정보를 준비하기 위한 프로세스 고려<br>- 통제활동에 대한 이해<br><br>• 온실가스 제한적 인증을 제공하는 경우, 통제환경/위험평가/정보 및 소통 구성요소에 대한 프로세스 이해 필요(관련성 여부에 대한 평가 없음)<br><br>• 또한 모니터링 통제활동이 인증업무와 관련이 있는 경우 이에 대한 이해도 수행돼야 함 | • 합리적 인증을 제공하는 경우 통제환경을 포함한 통제활동 전반에 대한 이해를 얻어야 함<br><br>• 온실가스 합리적 인증을 제공하는 경우, 통제환경에 대한 D&I(Design & Implementation)를 평가해야 함<br><br>• 또한 이러한 프로세스의 이해 과정에서 식별된 시스템에 대한 일반전산통제에 대해서도 평가를 수행해야 함 |

통제환경의 구성요소는 다음을 고려해 평가해야 한다.

- 내부통제 구성요소 내 통제, 프로세스 및 구조가 관련 개념과 핵심 사항을 적절히 반영하고 있는가?
- 기업이 정직성과 윤리적 행동의 문화를 조성하고 유지하고 있는가?
- 식별된 미비사항이 내부통제시스템의 다른 구성요소를 약화시키는가?
- 기업이 기초인증대상 관련 부정 및 법규 위반을 예방하고 식별하기 위한 적절한 통제를 마련했는가?
- 통제환경이 다른 내부통제 구성요소의 기반을 적절히 제공하는가?
- 식별된 결함이 부정 위험 요인을 나타내는가?

### 사) 제한적 인증에서 지속가능성 정보 작성 프로세스

인증인은 인증업무의 기초인증대상에 따라 지속가능성 정보에 대한 작성 프로세스를 고려해야 한다. 즉, 특정 지속가능성 정보에 대한 작성 프로세스는 업무의 복잡도에 따라 절차의 성격과 범위가 달라질 수 있다. 예를 들면, 단순한 업무의 경우 질의만으로도 중요왜곡표시위험을 식별할 수 있는 충분한 이해를 얻을 수 있으나, 복잡한 업무일수록 더 광범위한 절차가 필요하다.

지속가능성 정보 작성 프로세스는 기업에서 산출되는 정보 산출 프로세스의 일부에 해당하기 때문에 이와 관련해 고려해야 하는 정책, 프로세스 및 자원 측면에서 다음과 같은 사항이 파악돼야 한다.

- 보고 주제에 대한 데이터 및 정보를 포착, 기록, 처리, 수정하는 프로세스
- 내부 인증절차 포함: 정보의 정확성/완전성을 검토하고, 검토가 이루어졌음을 증명하기 위해 서명
- 외부 정보 출처로부터 데이터를 선택, 확보, 검토, 모니터링하는 프로세스
- 보고 주제와 관련된 지속가능성 정보 작성 지원을 위한 기록 및 출처 문서
- 이상적으로는 저장돼 있고 접근 가능해야 하며, 감사 증거로 활용 가능
- 위 프로세스를 지원하기 위한 IT 활용 방식
- 관련된 서비스 조직 식별

지속가능성 정보 작성 프로세스를 파악하기 위한 질문의 예시는 다음과 같다.

- 기업이 수자원 소비량을 측정하고 기록하는 방식은 어떠한가?
- 기업이 기준에 따라 정보를 수집, 검토 및 보고하는 방식은 어떠한가?
- 통제환경은 어떠한가?(예: 최고경영진의 태도, 시스템이 구축되었는지 또는 개발 중인지, 자동화 또는 수작업, 분산 또는 중앙 집중형 운영 여부)
- 사용되는 정보 시스템 및 인터페이스는 무엇인가?(예: 다양한 출처의 수자원 소비량을 어떻게 통합하는가?)
- 보고 역할 및 책임의 소통은 어떻게 이루어지는가?

### 아) 추정 불확실성에 대한 기업의 이해를 평가할 때 고려 사항

인증인은 추정 불확실성에 대한 기업의 이해를 평가할 때 다음 사항을 고려한다.

- 가능한 결과 범위를 어떻게 고려했는지
- 준거기준에 비추어 적절한 대체 방법, 가정, 데이터 출처(이하, 추정치의 구성요소)
- 대체 결과 가능성(예: 민감도 분석을 통해 데이터 또는 가정 변경이 추정치에 미치는 영향 평가)

지속가능성 정보에 있어서 추정 정보는 매우 중요하기 때문에 인증인은 추정치에 대해 다음과 같은 추정치의 구성요소를 고려해 절차를 계획하고 수행해야 한다.

**추정치 구성요소별 고려 사항**

| 추정치 구성요소 | 고려 사항 |
|---|---|
| 방법 | • 해당 추정 방법에 사용된 가정 및 데이터<br>• 추정치가 산출되는 빈도(예: 연간, 분기별, 1개월 지연된 분기별, 1주 지연 등)<br>• 위험평가에 영향을 미칠 수 있는 기타 사항:<br>– 모델 출력에 대한 조정 여부<br>– 추정치 산출과 기준에 따른 보고일 간의 시차 존재 여부<br>– 기초인증대상에 온실가스가 포함된 경우, '정량화 방법 및 보고 정책 평가' 활동을 통해 초기 이해 확보 여부 |

| 추정치 구성요소 | 고려 사항 |
|---|---|
| 가정 | • 가정을 도출하는 데 사용된 데이터<br>• 위험평가에 영향을 미칠 수 있는 기타 사항:<br>- 가정이 변화에 얼마나 민감한지<br>- 관측 불가능한 데이터 또는 관측 가능한 데이터에 대한 조정 포함 여부<br>- 기업의 특정 행동을 수행할 의도 또는 능력에 의존하는지 여부<br>- 해당 가정이 다른 추정치 또는 기업의 다른 활동에서 사용된 가정과 내부적으로 일관성이 있는지 여부 |
| 데이터 | • 데이터 및 데이터 요소의 사용 방식, 출처, 완전성 및 정확성에 대한 위험 대응 방식<br>• 위험평가에 영향을 미칠 수 있는 기타 사항:<br>- 인증업무에 적합한 정밀도 및 상세 수준인지 여부<br>- 다른 추정치에 사용된 데이터와의 내부 일관성 여부 |

## 3) 기타 주요 인증절차

지속가능성 정보의 인증인은 재무제표 감사와 유사하게 해외 자회사 및 가치사슬에 속한 기업에 대한 정보인증을 위해 타 인증인을 활용함으로써 충분하고 적합한 인증증거를 획득할 수 있다. 또한 환경, 사회, 경제 등 다양한 분야에 대한 정보를 인증하기 위해 분야별 전문가를 활용할 수 있다. 예를 들어, 많은 기업이 업무에 다양한 시스템을 활용하는데, 시스템 분야 IT 전문가를 활용할 수 있다.

### (1) 부문인증인(Component practitioner)을 활용한 절차 수행

IFRS 지속가능성 공시기준(IFRS S1, S2) 등 공시기준의 요구사항에 따라 연결기준 지속가능성 정보를 공시하는 경우 부문인증인에게 인증 지침서(Assurance Instruction)를 발송하며 관련 업무는 다음과 같다.

## 부문인증인을 활용한 인증절차

**인증지침서 발송대상의 선정**

Group

- 지배기업
- 중요한 연결종속기업 (재무제표 감사목적)
- 가치사슬 (Value chain Component)

+

중요한 피투자기업+α

**인증지침서 발송**

Contents

1. 서론
   - 1.1 전기 대비 변경사항
   - 1.2 주요 일정
   - 1.3 **부문인증인**의 작업 활용
   - 1.4 **부문인증인** 지침 준수 가능성
   - 1.5 커뮤니케이션
   - 1.6 커뮤니케이션에 사용되는 언어
   - 1.7 연락처 정보
2. 기업에 대한 정보
   - 2.1 기본 정보
   - 2.2 당기 중 주요 변경사항
   - 2.3 기업의 법적 조직도
   - 2.4 관계 기업
3. 참여 인증인에 대한 이해
   - 3.1 윤리 및 독립성
   - 3.2 고객 및 업무 수락과 지속 여부
   - 3.3 이해 상충
   - 3.4 기밀 유지
   - 3.5 역량 및 능력
   - 3.6 감사 소프트웨어 목록
4. 참여 인증인의 업무 관여
   - 4.1 **부문인증인**의 업무에 대한 당사의 관여 가능성
   - 4.2 **부문인증인**의 업무에 대한 당사의 관여 방식
   - 4.3 감사 계획 주요사항 메모
   - 4.4 조기 경고 메모
5. 해당 지역에서 수행된 업무 관련 정보
   - 5.1 적용 기준
   - 5.2 기업의 적용 기준에 대한 업데이트
   - 5.3 지역별 기업 SMI 보고 지침
   - 5.4 기타 인증 관련 사항
   - 5.5 적용되는 인증 기준
   - 5.6 기업 SMI의 중요 허위표시 위험
   - 5.7 파악된 내부통제 미비사항
   - 5.8 법률 또는 규정 위반(NOCLAR) 또는 사기 관련 식별된 사항 또는 의심 사항
   - 5.9 사용된 수행 중요성 또는 하위 모집단 수행 중요성
   - 5.10 경영진의 편향
   - 5.11 전문가의 활용
   - 5.12 내부감사 기능
   - 5.13 서비스 조직
   - 5.14 후속 사건
6. 참여 인증인 커뮤니케이션
   - 6.1 보고 일정
   - 6.2 지역별 SMI 식별
   - 6.3 수행된 추가 절차의 결과
   - 6.4 허위표시
   - 6.5 SMI에 대한 내부통제의 결함
   - 6.6 참여 인증인 승인 메모
   - 6.7 지역 경영진과의 커뮤니케이션
7. 문서화 관련 사항
   - 7.1 최종 업무파일 정리
   - 7.2 문서 보관 요건

ABC Corporation

Participating Practitioner Instructions

For the Period ending December 31, 20XX

Issued on 20X5-0X-XX

**부문인증인 커뮤니케이션**

| 커뮤니케이션 대상 문서 | 제출일 | 문서참조 |
|---|---|---|
| 인증지침서 수령확인서 | | 부록 P.1 |
| 윤리 및 독립성 확인 (업무착수시점, 종결시점) | | 부록 P.2,6 |
| 부문인증인 승인 메모 (업무계획, 업무종결) | | 부록 P.3,5 |
| 왜곡표시 발견에 대한 요약 | | 부록 P.7 |
| 내부통제 미비점 요약 | | 부록 P.8 |
| 후속사건 메모 | | 부록 P.9 |
| 부문인증인의 품질관리시스템 및 부문인증인의 업무 자원관련 확인 | | 부록 P.10 |
| 업무조서 확인서 | | 부록 P.11 |
| 기업보고 패키지 또는 지역의 인증대상정보 | | |
| (기타 해당되는 경우, 관련 자료) | | |

**인증 보고서 작성**

**독립된 인증인의 제한적 인증보고서**

[XXX] 귀중

*[해당 업무에 대한 간략한 설명을 기재 – SMI 그리고 보고서에 대해 필요한 기타 다른 설명 기술 e.g. 지속가능경영보고서]*에 대한 인증보고서

**인증결론**

우리는 주식회사 비젼(이하 "회사")의 *[대상기간 e.g. 20X4년 12월 31일로 종료하는 사업연도]*에 대한 *[보고서 이름 e.g. 지속가능경영보고서]*(이하 "보고서")에 있는 *[인증대상정보 e.g. 지속가능성정보]*(이하 "지속가능성정보")가 *[준거 기준]* (이하 "준거기준")에 따라 작성되었는지에 대해 제한적 확신업무를 수행하였습니다.

*a) SMI와 준거기준*: 우리가 수행한 절차와 입수한 증거에 근거할 때 주식회사 비젼의 20X4년 12월 31일로 종료하는 사업연도에 대한 *[인증대상정보]*가 중요성의 관점에서 *[준거기준]*에 따라 작성되지 않았다고 믿을 만한 사항이 발견되지 아니하였습니다.

*b) 법규정 또는 계약 준수*: 우리가 수행한 절차와 입수한 증거에 근거할 때 20X4년 12월 31일로 종료하는 사업연도에 주식회사 비젼이 중요성의 관점에서 [준거기준]을 준수하지 않았다고 믿을 만한 사항이 발견되지 아니하였습니다.

우리의 [보고서 e.g. 20X4년 지속가능경영보고서]에 대한 결론은 [인증대상정보]와 우리의 인증보고서와 함께 제공되거나 이를 포함하는 기타 정보에 적용되지 않습니다.

**인증결론근거**

우리는 [국제감사인증기준위원회(International Auditing and Assurance Standards Board (IAASB))에서 제정한 International Standard on Assurance Engagements (ISAE) 3000 (Revised) 'Assurance Engagements Other Than Audits or Reviews of Historical Financial Information', 및/또는 International Standard on Assurance Engagements (ISAE) 3410 'Assurance Engagements on Greenhouse Gas Statements' ]에 따라 제한적 확신 업무를 수행하였습니다. 이 기준에 따른 우리의 책임은 이 인증보고서의 인증인의 책임 단락에 기술되어 있습니다.

우리는 국제윤리기준위원회(International Ethics Standards Board for Accountants (IESBA))의 공인회계사윤리기준(International Code of Ethics for Professional Accountants (including International Independence Standards))의 독립성 요구사항과 기타 윤리적 요규사항을 준수합니다.

우리는 IAASB에서 제정한 품질관리기준서 1(International Standard on Quality Management (ISQM) 1 'Quality Management for Firms that Perform Audits or Reviews of Financial Statements, or Other Assurance or Related Services Engagements')을 적용합니다. 이 기준서는 윤리적 요구사항, 전문가 기준, 관련 법규의 준수에 관한 정책과 절차를 포함한 품질관리시스템을 설계, 이행 그리고 운영하도록 요구합니다.

우리는 입수한 증거가 인증결론을 위한 근거로서 충분하고 적합하다고 우리는 믿습니다.

**강조사항**

본 사안은 우리의 인증결론에 영향을 미치지 않습니다.]

**기타사항**

본 사안은 우리의 인증결론에 영향을 미치지 않습니다.]

**특정 목적/이용 또는 배포 제한**

본 사안은 우리의 인증결론에 영향을 미치지 않습니다.]

**[*인증대상정보*]에 대한 책임**

회사 *[경영진 등 적절한 당사자 기재]*의 책임은 다음과 같습니다.

- 부정이나 오류로 인한 중요한 왜곡표시 없이 *[인증대상정보]*를 작성하기 위한 내부통제를 설계, 이행 및 유지함;
- *[인증대상정보]* 작성하기 위한 적합한 준거기준을 선택 또는 확립하고 사용한 준거기준을 적절하게 설명함; 그리고
- *[인증대상정보]*를 *[준거 기준]*에 따라 작성함

**[인증대상정보 작성의 고유 한계]**

**인증인의 책임**

우리는 다음과 같은 책임이 있습니다.

- 인증대상정보에 부정이나 오류로 인한 중요한 왜곡표시가 없는지에 대해 제한적 확신을 얻을 수 있도록 업무를 계획하고 수행함;
- 우리가 수행한 절차와 입수한 증거를 바탕으로 독립적인 결론을 형성함; 그리고
- 우리의 결론을 회사의 *[적절한 당사자]*에 보고함.

*인증결론의 근거로서 수행한 절차의 요약*

우리는 인증의 전 과정에 걸쳐 전문가적 판단을 수행하고 전문가적 의구심을 유지하였습니다. 우리는 인증결론의 근거를 위해 *[인증대상정보]*에 대해 충분하고 적합한 감사증거를 입수할 수 있도록 절차를 설계하고 수행하였습니다. 우리는 *[인증대상정보]*에 대한 우리의 이해와 기타 업무의 상황 그리고 중요한 왜곡표시가 발생할 수 있는 영역을 고려하여 다음 절차를 수행하였습니다.

- [수행한 절차 기재]

제한적 확신 업무에서 수행된 절차는 절차의 성격과 시기가 다양하며 합리적 확신 업무에 비해 그 범위가 좁습니다. 따라서 제한적 확신 업무에서 얻은 확신의 수준은 합리적 확신 업무가 수행되었다면 얻었을 확신보다 상당히 낮습니다.

| 이 인증보고서는 인증보고서일(20X5년 X월 XX일) 현재로 유효한 것입니다. 따라서 인증보고서일 이후 이 보고서를 열람하는 시점 사이에 회사의 보고서가에 중요한 영향을 미칠 수 있는 사건이나 상황이 발생할 수도 있으며, 이로 인하여 이 인증보고서가 수정될 수도 있습니다. |
|---|

인증 지침서 주요 내용

| 구분 | 인증 지침서 내용 (예시) | 비고 |
|---|---|---|
| **(1) 부문인증인 지침 확인서** | | |
| 인증인 지침 준수 가능성 | 우리는 인증인 지침을 준수할 수 있으며, 귀하의 인증업무를 위해 요청하신 업무를 수행할 수 있습니다. 여기에는 모든 관련 소통 기한을 준수하고, 관련 기준을 이행하는 것이 포함됩니다. | |
| 적격성 | 인증업무에 적용되는 기준을 충분히 이해해 당사의 책임을 이행할 수 있습니다. | |
| | 해당 지역의 지속가능성 정보에 대한 업무를 수행하기 위해 필요한 지식, 기술(예: 주제 관련 경험 및 교육), 능력을 보유하고 있습니다.<br>- 부문인증인의 관련 인증경험 및 교육내용 기술 | |
| | 기업 인증업무에서의 당사 책임을 이행하기에 충분한 시간을 확보하고 있습니다. | |
| | 인증 직무 영역은 독립적인 감독 기구에 의해 적극적으로 감독되고 있으며, 해당 기구는 인증업무 품질을 지속적으로 모니터링하고 있습니다.<br>- 인증인측 전문가, 부문인증인 혹은 경영진측 전문가를 활용하는 경우에는 고용된 인원에 대한 상세한 내역과 인증인이 어떻게 활용하는지에 대한 설명 기술 | |
| 그룹인증인의 업무 관여 가능성 | 인증업무와 관련해 귀하와 협력할 것이며, 귀하의 문서 보관 기간에 따라 관련 인증 문서에 대한 접근을 제공할 것입니다. | |
| | 해당 지역의 지속가능성 정보에 대해 우리에게 수행하도록 요청한 업무에 귀하께서 직접 관여하는 것이 필요하다고 판단할 수 있음을 인지하고 있습니다. | |
| 중요성 측정 | 우리는 업무 범위에 따라, 그룹인증인이 결정한 주요 영역별 수행중요성을 사용해 각 지역에 대한 절차를 수행할 것입니다. | |
| 소통 절차의 적절성 | 그룹인증인이 설계하고 전달한 절차가 다음 사항을 충족하는지를 고려하였습니다:<br>1) 당사 보유 해당 지역에 대한 지식을 바탕으로, 업무 상황에 비추어 적절한지 여부<br>2) 당사가 해당 절차를 수행하고 문서화할 수 있을 만큼 충분한 정보가 포함돼 있는지 여부 | |
| 전체적인 확인 | 변경사항이 발생한 경우 즉시 그룹인증인 통보 등의 사항 | |
| **(2) 초기 윤리 및 독립성 확인서** | | |
| 확인서 본문 | ABC 회사(이하 '회사')의 지속가능성 정보에 대한 당사의 인증업무(이하 '인증업무')와 관련해, 202X년 12월 31일 현재 및 해당 기간 동안, 귀하가 인증인(부문인증인)으로서 책임 있는 당사자(들)에 대한 독립성 확인서를 서면으로 제출해 주시기 바랍니다.<br>본 인증업무 목적상, 기초인증대상에 대한 책임 당사자는 [기초인증대상에 대한 책임 당사자의 이름 삽입]입니다. 또한, 지속가능성 정보에 대한 책임 당사자는 [지속가능성 정보에 대한 책임 당사자의 이름 삽입]입니다.<br>본 인증업무 목적상, 인증인은 회사 및 책임당사자(들)와 관련해, 국제윤리기준위원회의 국제윤리기준(독립성기준 포함)에서 정한 윤리 및 독립성 요건을 적용받습니다.<br>(중략)<br>별첨: 1. 인증 책임자의 팀 구성원에 대한 독립성 전파<br>2. 초기 윤리 및 독립성 확인에 관한 사항<br>3. 독립성 위반사건 발생 시 조치사항 | |

| 구분 | 인증 지침서 내용 (예시) | 비고 |
|---|---|---|
| **(3) 인증계획단계의 결과보고문서** | | |
| 주요 지속가능성 정보에 대한 중요왜곡표시 위험에 대응하기 위한 절차 | 부문인증인이 기업의 지속가능성 정보에 대한 중요왜곡표시위험(RMM)에 대응하기 위한 절차 설계에 있어 관련성이 있다고 판단한 사항에 대한 설명 - [위험성격 및 원인/통제환경/데이터품질/기준의 복잡성/과거 경험] | |
| 그룹인증인이 요청한 추가 정보 | 그룹인증인에게 보고하는 부문인증인은, 해당되는 경우 관련 Software Assurance Tool(SAT) 정보를 전달하기 위해 사용하는 Tool에 대한 내역을 작성 | |
| **(4) 품질관리체계** | | |
| 확인서 본문 | 수신: {그룹인증인 명칭 삽입}<br>ABC 주식회사의 지속가능성 정보에 대해 수행할 예정인 {인증업무/절차}와 관련해, 다음 사항을 확인드립니다:<br>1. **{부문인증인 명 삽입}**은 ISQM 1의 목적을 충족하도록 설계된 품질관리시스템을 구축하였습니다.<br>참고: 본 확인은 그룹인증인이 부문인증인이 품질관리시스템을 구축했는지를 이해할 수 있도록 하기 위한 것입니다. 본 확인서는 해당 시스템의 설계 또는 운영 효과성에 대한 확인을 요구하지 않습니다. 이는 부문인증인의 자체적인 책임이며, 업무팀 구성원이 판단할 영역이 아니기 때문입니다.<br>2. 우리는 {해당 일자} 기준 당 인증인의 품질관리시스템의 운영 효과성에 대한 결론과 관련된 공개 정보를 귀하에게 {사본/링크} 형태로 제공하였습니다.<br>3. 우리는 귀하의 지침에 따라 요청된 업무를 수행하기에 충분하고 적합한 업무 자원(인적, 기술적, 지적 자원을 포함하며, 적절한 역량과 능력을 갖춘 인적 자원 및 충분한 시간을 포함)을 확보하고 있습니다. | |
| **(5) 인증종결메모** | | |
| 중요 미해결 사항 | 1. 중요 미해결사항의 설명<br>2. 후속 조치 담당자<br>3. 인증인이 후속 조치를 수행할 경우: 해결을 위한 계획된 절차 및 예상 해결일<br>4. 그룹인증인이 후속 조치를 수행할 경우: 그룹인증인이 수행할 조치 | |
| 중요 이슈사항 | 1. 기준의 선택, 적용 및 일관성에 관련된 사항(관련 공시 포함)<br>2. 계획된 절차의 중대한 수정을 필요로 하는 결과가 나타난 경우<br>3. 인증인 간 또는 본 업무에 자문한 타인과의 중대한 사항에 대한 최종 결론에 대해 이견이나 의견 차이가 있는 경우<br>4. 업무 절차의 적용에 중대한 어려움을 초래하는 상황<br>5. 전에 식별되지 않았던 리스크를 포함한 인증인의 리스크 평가에 중대한 변경이 있는 경우 및 이에 대한 절차 수정 또는 추가절차 수행<br>6. 그룹인증인의 보고서에 수정이 발생할 수 있는 모든 사항 | |
| 왜곡표시사항의 식별 | 왜곡표시사항에 대해 기술해 그룹인증인에게 보고한다.<br>(중요성 평가, 정량, 정성지표) | |

<table>
<tr><th>구분</th><th>인증 지침서 내용 (예시)</th><th>비고</th></tr>
<tr><td>내부통제<br>미비점 식별</td><td><table>
<tr><th>구분<br>(*)</th><th>통제활동<br>번호</th><th>미비점 발생<br>Root Cause</th><th>효과적</th><th>비효과적</th><th>해당사항<br>없음</th><th>미비점<br>치유 결론</th><th>비고</th></tr>
<tr><td>ELC</td><td></td><td></td><td></td><td></td><td></td><td></td><td></td></tr>
<tr><td>PLC</td><td></td><td></td><td></td><td></td><td></td><td></td><td></td></tr>
<tr><td>ITGC</td><td></td><td></td><td></td><td></td><td></td><td></td><td></td></tr>
</table>
(*) 전사적 수준 통제(ELC), 업무 수준 통제(PLC), 정보기술 일반 통제(ITGC)</td><td></td></tr>
<tr><td>계획된 수행절차의<br>변경내용</td><td>계획된 절차가 수행되지 못한 사유 및 대체적으로 수행된 절차에 대한 설명</td><td></td></tr>
<tr><td>발견사항과<br>수행절차의 최종 결론</td><td>1. 발견사항 및 수행절차의 결론<br>2. 최초 인증 지침서에 따라 요청받은 절차와의 차이에 대한 설명</td><td></td></tr>
<tr><td>NOCLAR<br>여부 확인</td><td>1. 식별되었거나 의심되는 NOCLAR<br>2. 지속가능성 정보에 미치는 영향<br>3. 업무의 다른 측면에 대한 영향(보고서 의견)<br>4. NOCLAR 대응하기 위해 설계 및 수행절차<br>5. 수행절차의 결론</td><td></td></tr>
<tr><td>경영진 편의 확인</td><td>왜곡표시, 관련 수정사항 등 관련 경영진 편의에 대한 인증인의 평가</td><td></td></tr>
<tr><td>지배기구 소통</td><td>경영자 확인서 수령 및 지배기구(지속가능성위원회 혹은 이사회) 보고자료 등</td><td></td></tr>
</table>

**(6) 후속사건 메모**

<table>
<tr><td>확인서 본문</td><td>귀하의 지침에 따라, 당사는 해당 지역의 지속가능성 정보 기준일 이후에 발생한 후속사건을 식별하기 위한 절차를 수행하였습니다. 이 절차는 〈수행된 절차의 종료일 삽입〉까지 수행되었으며, 식별된 후속사건 중 기업의 지속가능성 정보(Entity 지속가능성 정보)에 대한 수정 또는 공시가 필요한 경우를 파악하기 위함입니다.<br><br>**[날짜 삽입]**에 귀하에게 제출된 부문인증인 승인 메모(Component ractitioner Clearance Memorandum) 이전에 식별된, 기업지속가능성 정보에 대한 수정 또는 공시가 필요한 후속사건(있는 경우)은 해당 메모에 포함돼 있습니다.<br><br>당사가 수행한 절차에 근거할 때, 우리는 기업지속가능성 정보에 대한 수정 또는 공시가 필요할 수 있는 추가적인 후속사건을 [식별하였습니다/못하였습니다].</td><td></td></tr>
</table>

## (2) 인증인측 전문가(Practitioner's expert)를 활용한 절차 수행

인증 지침서 주요 내용

| 구분 | 인증 지침서 내용 (예시) | 비고 |
|---|---|---|
| **(1) 전문가의 적격성 요건** | | |
| 전문 기관<br>회원 자격, 자격증,<br>면허/전문 자격 | 1. 인증업무와 관련된 다음 항목을 보유하고 계신가요?<br>- 전문 기관 회원 자격, 자격증, 면허, 전문 자격, 또는 산업(업계) 협회 회원 자격<br>2. 해당 전문 자격 기관, 면허 발급 기관 또는 산업(업계) 협회의 회원 자격 요건이나 인증기준이 존재하나요?<br>- 특정 교육 이수 요건, 윤리강령 준수 의무, 정기 갱신요건<br>3. 귀하의 업무 및 (해당되는 경우) 발행 예정인 보고서에 적용되는 기술적 수행 기준이나 기타 전문적·업계 요건(예: 윤리 규정 등)이 있습니까?<br>- 국제 인증기준(국제인증업무기준(ISAE), 국제지속가능성인증기준(ISSA) 등/국제윤리기준위원회 국제윤리기준 등<br>4. 인증인은 인증업무를 지원하는 전문가들을 위한 공식적인 자격 인증 정책을 보유하고 있습니까? | |
| 전문가적<br>경험 보유 여부 | 1. 관련 분야 인증인측 전문가 총 업무 경험기간<br>- 인증업무에 대한 인증인측 전문가 업무<br>2. 이번 인증업무와 관련해 귀하의 전문 경험을 평가하는 데 참고가 될 수 있는 특정 경험이나 전문 기술·지식(예: 산업별 경험 등)을 보유하고 계신가요?<br>3. 인증인측 전문가가 속한 회사의 평판 등 | |
| 교육 이수 여부 | 1. 귀하는 관련 교육 요건(예: 지속가능성 인증, 회계 및 감사 관련 지속적 전문 교육, CPE 요건 등)을 이행해야 하는 대상입니까?<br>- If yes, 귀하는 인증인의 소속 법인이 정한 지속적 전문 교육 요건을 충족하고 있습니까?<br>2. 귀하의 소속 법인은 인증인측 전문가로서 본 인증업무에서의 역할과 관련된 특정 교육 과정을 이수하도록 요구하고 있습니까?<br>- 외부 기관의 회원 자격, 자격증, 면허 또는 인증과 관련해, 지속적 전문 교육(CPE), 교육 또는 역량 개발 요건이 있습니까?<br>3. CPA, CIA, CFA, CISA 등 외부 전문 자격과 관련된 CPE 이수 의무 혹은 갱신조건<br><br>(기타 추가 확인사항) 지난 2년 동안, 귀하가 참여한 인증업무에 대해 '불만족(less than satisfactory)' 또는 이에 준하는 평가를 받은 적이 있습니까?<br>- 내부 품질검토(QCR) 또는 외부 감리(PCAOB, 금융감독원 등)에서 낮은 등급을 받은 경우 | |
| **(2) 인증인측 전문가 투입 여부 검토조서** | | |
| 인증인측 전문가<br>투입의 성격,<br>목적 및 관련 기준 | • 국제인증업무기준 3000<br>• 국제인증업무기준 3410<br>• 기타(각 지역의 인증기준 등) | |

III 지속가능성 인증 실무

| 구분 | 인증 지침서 내용 (예시) | 비고 |
|---|---|---|
| 인증인측 전문가 수행업무 범위 | (아래 내용) | |

• 유의적인 영역의 선정

| 유의적인 영역 | 추정개입 여부 | 중요성 |
|---|---|---|
| IT | | |
| 온실가스측정 | | |
| 공급망 관리(노동) | | |

• 계획 및 위험평가 논의

| 계획 및 위험평가 논의 | 답변 |
|---|---|
| 인증인의 계획 논의 참여<br>✓ 인증인측 전문가 통제활동 테스트 참여<br>✓ 입증시사 시 인증인측 전문가 참여내용<br>✓ 추정관련 절차 인증인측 전문가 참여내용 | |
| 기타 계획 수립 단계에서의 참여 내역이 있다면 아래에 기술<br>✓ 기업의 사업 모델 및 가치사슬에 대한 설명자료 검토<br>✓ 전기 인증보고서 및 내부감사보고서 검토<br>✓ 해당 지속가능성 정보에 적용되는 기준 사전 분석<br>✓ 특정 지표 산출 방식의 기술적 문서 리뷰 | |
| 인증인측 전문가 관련된 주요 영역에 대한 접근방식<br>✓ 해당 중요 영역이 추정을 포함하지 않는 경우:<br>✓ 중요왜곡표시위험의 평가<br>✓ 중요왜곡표시위험에 대응하기 위한 대응계획<br>✓ 해당 중요 영역이 추정을 포함하는 경우:<br>✓ 업무팀이 식별한 방법론, 가정, 데이터 평가<br>✓ 방법론, 가정, 데이터에 대한 계획된 접근 방식 | |

• 경영진측 전문가에 대한 평가

| 경영진측 전문가에 대한 평가 | 답변 |
|---|---|
| 인증인측 전문가의 경영진측 전문가에 대한 평가수행 여부 | Y/N |
| 인증인측 전문가의 수행역할<br>경영진측 전문가의 지식, 기술 및 역량을 평가<br>경영진측 전문가의 객관성을 평가<br>경영진측 전문가의 작업 내용에 대한 이해를 확보<br>경영진측 전문가의 작업이 증거로서 적합한지 평가 | |

• 인증인측 전문가 활용 관련 문서화 내용

| 확인 내용 | 작성 여부 |
|---|---|
| 1) 인증인측 전문가가 사용하거나 평가한 관련 가정 및 방법론<br>- 그것들이 타당하고 적절한지 여부,<br>- 그에 대한 결론의 근거<br>2) 인증인측 전문가가 사용하거나 평가한 데이터(있는 경우)<br>- 그 데이터가 관련성과 신뢰성을 갖추었는지 여부,<br>- 그에 대한 결론의 근거<br>3) 인증인측 전문가가 수행한 업무에 근거해 도출한 결과 및 발견사항 또는 최종 결론 모순되는 증거(있는 경우)<br>4) 인증인측 전문가의 서명 | |

<table>
<tr><th>구분</th><th>인증 지침서 내용 (예시)</th><th>비고</th></tr>
<tr><td colspan="3">(3) 인증인측 전문가 산출물</td></tr>
<tr><td>인증인측 전문가 수행절차 및 발견사항/결론</td><td>
• 위험평가 결론
<table>
<tr><th>인증인측 전문가 계획 수립 및 위험평가 단계 참여</th><th>내용</th></tr>
<tr><td>계획 수립과 관련해 수행한 절차, 검토한 문서, 결과 및 발견사항 또는 결론</td><td></td></tr>
<tr><td>위험평가와 관련해 수행한 절차, 검토한 문서, 결과 및 발견사항 또는 결론</td><td></td></tr>
</table>
• 내부통제 수행절차 및 발견사항과 결론
<table>
<tr><th>#</th><th>통제 번호</th><th>통제활동 설명</th><th>인증인측 전문가 수행절차 및 발견사항</th><th>수행 결론</th><th>효과적</th><th>비효과적</th><th>해당사항 없음</th></tr>
<tr><td></td><td></td><td></td><td></td><td>설계평가:<br>운영평가:</td><td></td><td></td><td></td></tr>
</table>
• 입증시사(Substantive) 발견사항과 결론
<table>
<tr><th></th><th>인증인측 전문가 수행절차 및 발견사항</th><th>결론</th></tr>
<tr><td>분석적 절차/증빙확인</td><td></td><td></td></tr>
</table>
• 추정치(Estimates) 발견사항과 결론
<table>
<tr><th>추정관련 수행절차</th><th>인증인측 전문가 수행절차 및 발견사항</th><th>결론</th></tr>
<tr><td>기준의 적절한 적용</td><td></td><td></td></tr>
<tr><td>사용된 방법 평가</td><td></td><td></td></tr>
<tr><td>적용된 가정의 타당성</td><td></td><td></td></tr>
<tr><td>기업의 프로세스 평가</td><td></td><td></td></tr>
<tr><td>독립적 기댓값 도출</td><td></td><td></td></tr>
<tr><td>측정일 이후 발생사건</td><td></td><td></td></tr>
</table>
</td><td></td></tr>
</table>

## 02 지속가능성 인증에서 예상되는 사항

지속가능성 보고서는 자발적 보고서의 의미를 넘어 기업의 전략과 리스크 관리에 직접적인 영향을 미치는 핵심 도구로 자리매김하고 있다. 그러나 여전히 기업보고서의 신뢰성과 투명성에 대한 의문이 제기되고 있으며, 이해관계자들은 객관적 인증을 요구하고 있다.

이에 따라 제3자가 수행하는 외부 인증은 기업이 공시한 데이터와 절차의 신뢰성을 인증하는 핵심 수단으로 부상하고 있다. 인증 과정은 단순한 확인을 넘어 기업 내부의 시스템과 관리 수준을 점검하고, 개선 기회를 제공하는 역할을 한다. 결국 지속가능성 보고서에 대한 인증은 기업 신뢰 수준의 제고, 이해관계자와의 관계 강화, 그리고 장기적 기업가치 향상으로 이어질 수 있다.

이에 인증에서 예상되는 사항을 제도적 측면과 기업 내부의 프로세스 측면에서 살펴볼 수 있다. 먼저 기업의 외부환경에서 바라보는 제도적 변화들은 다음과 같다.

첫째, 향후 많은 국내외 지속가능성 관련 공시의 의무화와 함께 외부 인증 도입 시기도 규제 요구의 단계적 도입 일정에 따라 영향을 받게 될 것이다. 실제로 EU의 CSRD는 2022년에 채택되어 2024년부터 단계적으로 적용되며, 초기에는 제한적 확신 수준의 인증을 요구하고 이후 2028년까지 합리적 확신 수준의 인증 도입 가능성을 명시하고 있었다. 그러나 2025년에 발표된 EU 옴니버스 법안은 제한적 확신 수준의 인증만을 유지하고 합리적 확신 수준의 인증으로의 전환 계획을 삭제함으로써, 향후 제한적 확신 수준의 인증에 고정될 가능성을 시사하고 있다. 반면 미국 캘리포니아의 경우 SB-253 법에 따라 2026년부터 Scope 1, 2 배출 정보에 대한 제한적 확신 수준의 인증을 요구하고, 2030년까지 합리적 확신 수준의 인증으로 전환하도록 명시하여 발전적인 접근을 예정하고 있다. 또한 호주는 2024년 9월 기후 공시 및 인증 의무화를 담은 법률 개정안을 승인하고 2025년 1월 인증기준을 마련했다. 이에 따라 각 그룹의 기업들은 1년 차에는 Scope 1, 2 배출량, 거버넌스, 전략에 대해 제한적 확신 수준의 인증을, 2~3년 차에는 공시 의무화 대상인 모든 기후 관련 정보에 대해 제한적 확신 수준의 인증을, 4년 차 이후에는 모든 공시정보에 대해 합리적 확신 수준의 인증을 받게 되어 단계적 접근을 취하고 있다.

둘째, 지속가능성 인증의 확신 수준은 전통적인 재무제표 감사와 동일하지 않으며, 상황에 따라 상이한 수준이 적용될 수 있다. 재무제표 감사는 일반적으로 합리적 확신 수준을 전제로, 감사인이 제공하는 인증 강도가 높고 오류 가능성을 재무정보 이용자가 수용 가능한 수준 아래로 낮추는 것을 목표로 한다. 반면, 대부분의 지속가능성 보고서는 제한적 확신 수준의 인증을 기반으로 하며, 이는 인증절차의 범위와 깊이가 합리적 확신 수준에 비하여 상대적으로 낮다는 점에서 차이가 있다. 실제로 국제회계사연맹(2024)은 지속가능성 정보의 성격과 측정의 불확실성, 데이터의 다양성을 고려해 초기 단계에서는 제한적 확신 수준을 적용하는 사례가 많을 것으로 예상하고 있다. 이러한 접근은 기업의 부담을 완화하는 동시에, 제도적 안정성이 확보되면 재무정보 수준에 근접한 합리적 확신 수준으로 발전할 수 있는 기반을 마련한다는 점에서 의의가 있다.

셋째, 지속가능성 보고 및 인증제도의 초기 단계에서는 변형된 인증 결론이 표명될 수 있다. 이는 데이터 신뢰성이나 내부통제가 충분히 성숙하지 않은 상황에서 인증인이 한정 결론이나 부적정 결론을 표명하거나 또는 결론 표명을 거절하는 경우를 의미한다.

**변형된 인증결론의 유형**

| 인증결론의 유형 | 설명 예시 |
|---|---|
| 한정 결론 | 중요왜곡표시 또는 범위 제한으로 인한 영향 또는 가능한 영향은 중요하지만 전반적이지는 않습니다. |
| 부적정 결론 | 지속가능성 정보가 왜곡표시되어 있으며, 그 왜곡표시가 중요하고 전반적입니다. |
| 결론 표명 거절 | 인증인이 결론을 내릴 수 있는 충분하고 적합한 증거를 확보하지 못하게 하는 중요하고 전반적인 범위 제한이 존재합니다. |

국제회계사연맹(2024)과 더불어 국제감사인증기준위원회의 ISSA 5000 역시 상황에 따라 변형된 결론의 활용 가능성을 제시하고 있다. 국내 사례를 살펴보면 지금까지 공개된 보고서에서 부적정 결론이나 결론 표명 거절은 없으며, 대신 인증인들은 범위를 축소하거나 강조문단을 통해 방법론 변경, 데이터 재작성, 지표의 불확실성 등을 언급하는 방식으로 대응해왔다. 예컨대 어떤 기업은 온실가스 배출량 산정 방법을 조정한 사실을, 또 다른 기업은 이전 보고 기간의 데이터 오류를 재작성(restatement)한 사실을 강조문단에서 설명함으로써, 결론 자체를 변형하지 않으면서도 독자에게 보고 내용의 신뢰성 한계를 인식시키는 사례를 보여주었다.

그러나 향후 공시와 인증이 법적으로 의무화되면 상황은 달라질 수 있다. 일본금융청(Financial Service Agency, FSA)은 2027년부터 일본의 지속가능성 공시기준에 따른 의무 공시를 적용하고 2028년부터 지속가능성 인증을 의무화하는 방안을 논의 중이다. 초기에는 제한적 확신 수준을 요구하되, 지속가능성 정보 인증의 범위, 수준 등 세부 사항은 추후 논의를 통해 확정할 예정이다. 한편, 호주는 2025년부터 기후 공시 및 인증을 의무화하며 초기에는 제한적 확신 수준의 인증을 요구하지만, 2030년부터는 모든 기후 관련 공시 정보에 대해 합리적 확신 수준의 인증을 받도록 규정하였다. 이처럼 인증 수준을 단계적으로 상향하는 방식은 기업 개선을 촉진하는 과도기적 장치로 기능할 수 있다.

다음으로 제도적 요인이 기업 내부프로세스 변화에 미치는 영향이다.

첫째, 회사 내 최고경영진, 이사회 및 임원들의 관심 및 참여를 이끌어 낼 수 있다. 국내외적으로 지속가능 관련 공시에 대한 관심이 높아지고 조직 전략, 성과, 명성 제고에 직간접적으로 영향을 끼친다는 점이 명확해지자, 지속가능성 관련 이슈는 이사회와 최고경영진이 같이 고려해야 할 문제로 자리 잡아 가고 있다. 국내에서는 자발적이긴 하지만 이러한 지속가능성 보고는 이제 기업경영상에 매우 밀접한 요소로서 다양한 외부 이해관계자가 보고서를 요구하고 있다. 예를 들어 납품하는 고객처에서 요구할 수도 있으며, 해외 사업을 추진하려는 기업의 대출조건에도 포함될 수 있다. 나아가 회사 지분을 인수한 글로벌 연기금에서부터, NGO에 이르기까지 다양한 이해관계자가 요구하고 있다. 신뢰도 높은 공시와 데이터는 내부적으로 효과적인 의사결정에 사용될 수 있다.

둘째, 지속가능성 공시 관리 프로세스 및 시스템 등에 대한 점검 기회를 제공한다. 많은 기업의 지속가능경영 관련 데이터 관리 수준은 상대적으로 재무데이터 관리 수준에 비해 떨어진다. 따라서 데이터를 취합하고 공개하는 프로세스의 필요성이 증대되고 있다. 인증업무를 통하여 프로세스의 미비점이나 취약점을 발견하고 이를 개선하는 활동을 통해 리스크를 감소시킬 수 있을 것이다.

셋째, 다양한 이해관계자 소통 향상을 유도할 수 있다. 인증 과정은 보고자의 이해관계자 참여(stakeholder engagement process)에 대한 검토를 포함한다. 이제 많은 기업들은 지속가능성 공시 절차와 이에 따라 만들어진 지속가능성 보고서를 분리해서 생각하지 않고 동시에 고려하며, 다양한 이해관계자들과의 지속적인 소통을 위한 기반으로 생각한다. 인증 과정을 통해 해당 기업은 이해관계자들을 명확히 규정하고 있으며, 이들로부터 제기되는 이슈를 파악하고 해결하기 위한 적법한 절차와 프로세스를 검토해야 한다는 것이다. 이러한 일련의 과정도 체계적으로 수립해 외부에 공시해야 하며 주요 인증대상에 포함된다.

이해관계자들이 지속가능성 인증에 더 많은 관심을 가짐에 따라 지속가능성 인증은 발전할 것이다. 예를 들어, 국내에서 「저탄소 녹생성장 기본법」에 따른 Scope 1, 2 온실가스 배출량 인증은 회계감사의 합리적 확신 수준과 대응하는 수준인 합리적 보증 수준으로 진행되고 있다. 이미 10여 년 전부터 탄소 리스크와 온실가스 배출권 거래제 등이 이슈가 되었고 현재 기업들의 재정에 직접적 영향을 미치기 때문에 관련 인증도 발전한 사례라고 볼 수 있다. 지속가능성 관련 주제에는 기후변화 외에도 물 부족, 폐기물, 젠더 이슈에 이르기까지 매우 다양한 이슈들이 존재한다. 온실가스 배출량이 그러했듯이 다양한 이슈들도 산정하는 방법과 공시하는 절차가 점점 합의된 수준으로 발전하게 될 것으로 기대한다.

## 03 제한적 확신 수준의 인증을 위한 가이드라인

### 1) 개요

최근 전세계적으로 지속가능성 공시 및 인증 의무화가 확산되면서 제한적 확신 수준의 인증에 대한 관심도 커지고 있다. 앞서 언급한 바와 같이 EU가 도입한 CSRD로 인해, 많은 기업이 지속가능성 정보를 공시하고 이에 대한 제한적 확신 인증을 받아야 하는 상황에 놓여있다. 이러한 변화는 기업에 새로운 도전 과제를 제시하는 동시에, 지속가능한 경영을 통해 사회적 신뢰를 높일 수 있는 기회도 제공한다.

제한적 확신 수준의 인증은 합리적 확신에 비해 절차가 간소하고, 비용도 상대적으로 낮으면서 중간 수준의 신뢰성을 제공한다. 기후변화 등 글로벌 이슈에 대응하는 기업 활동이 신뢰할 수 있는 데이터에 기반하면 이해관계자들은 이를 토대로 더 정확하고 근거 있는 판단을 내릴 수 있다. 특히, 지속가능성 공시 의무화 초기에는 제한적 확신 인증이 점진적인 인증 체계 구축과 개선의 실질적 토대를 제공한다.

이에 따라 제한적 확신 수준의 인증을 위한 명확한 가이드라인 마련의 중요성이 부각되고 있다. 이러한 가이드라인은 인증 수행 기관 및 전문가에게 일관된 업무 지침을 제공해 인증 품질과 신뢰성을 확보하는 데 필수적이다. 또한, 기업 역시 해당 가이드라인을 통해 인증 과정 전반에 필요한 준비사항을 보다 효과적으로 파악할 수 있다.

본 섹션에서는 프랑스의 회계감독기구인 H3C(Haut Conseil du commissariat aux comptes, High Council for Statutory Auditors, H2A의 전신)와 유럽감사감독기구위원회가 최근 발표한 「제한적 확신 수준의 지속가능성 정보 인증을 위한 가이드라인」을 바탕으로, 제한적 확신 인증의 계획, 수행, 보고 단계에서 고려해야 할 핵심 요소 및 주요 사항을 분석하고자 한다. H3C와 유럽감사감독기구위원회는 폭넓은 이해관계자 의견을 반영해 관련 가이드라인을 제정했으며, 본 논의에서는 그 주요 내용을 소개하고, 시사점 및 향후 과제를 제시함으로써 기업, 감사인, 규제기관 등 관련 이해관계자들에게 실질적인 인사이트를 제공한다.



### 2) 목적 및 배경

CSRD는 2023년 1월 5일 발효되었으며, 기존 감사 규정(Audit Regulation (EU) No 537/2014), 투명성 지침(Transparency Directive, 2004/109/EC), 감사 지침(Audit Directive, 2006/43/EC), 회계 지침(Accounting Directive, 2013/34/EU)을 개정해 지속가능성 보고의

법적 기반을 강화했다. 이는 EU의 그린딜(Green Deal) 정책과 지속가능한 성장을 위한 자금 조달 계획의 핵심 요소로, 기업이 ESG 관련 사항을 '이중 중요성(Double Materiality) 관점'에서 보고하도록 요구한다. 즉, 기업 활동이 환경과 사회에 미치는 영향뿐만 아니라 외부 요인이 기업의 재무성과에 미치는 영향을 모두 고려하는 접근법이다.

이와 관련하여 H3C와 유럽감사감독기구위원회의 가이드라인은 CSRD에 따라 기업이 지속가능성 보고서에 포함된 정보의 신뢰성을 인증하기 위해 인증인이 수행하는 제한적 확신업무의 절차와 기준을 명확히 제시하는 가이드라인을 마련하였다. 이러한 인증의 목적은 법정감사인 또는 독립적인 인증서비스 제공자(Independent Assurance Services Provider, IASP)가 지속가능성 정보의 정확성과 완전성을 평가해 그린워싱을 방지하고, 다양한 이해관계자의 의사결정을 지원하는 데 있다.

CSRD에 따라 2024년 1월 1일 이후 시작되는 회계연도부터 지속가능성 정보를 공시해야 하며, 제한적 확신 수준의 인증을 받아야 한다. 합리적 확신이 아닌 제한적 확신 수준의 인증부터 시작하는 것은 기업이 새로운 보고 의무에 적응하고 인증인은 인증 프로세스를 준비할 수 있도록 하기 위함이다. H3C는 초기 단계에서 인증인이 공통된 접근법을 채택하도록 권장하고 있으며, 이러한 접근은 기업과 인증인 모두에게 현실적인 준비 시간을 제공하고, 지속가능성 인증 체계의 안정적 도입을 지원한다.

결과적으로 유럽감사감독기구위원회 가이드라인은 EU 차원의 공식 인증기준이 마련되기 전까지 회원국 간 실무의 일관성을 확보하고 국가별 조각화를 방지하는 것을 목표로 한다. 이는 인증인이 CSRD 적용 초기 단계에서 통일된 접근법을 적용할 수 있도록 돕는다. 본 가이드라인은 각국의 표준과 함께 활용되어, 단순한 법적 요구사항 준수를 넘어 지속가능성 정보의 투명성과 신뢰성을 제고함으로써 지속가능한 경제로의 전환을 촉진하고 이해관계자의 신뢰 확보에 기여한다.

## 3) 주요 개념

### (1) 제한적 확신(Limited Assurance)

제한적 확신은 합리적 확신에 비해 낮은 수준의 확신을 제공하는 인증 방식으로, 인증인이 마련한 절차를 바탕으로 지속가능성 정보에서 중대한 오류나 누락, 불일치가 발견되지 않았음을 부정적 진술 형식으로 결론짓는다.

- **예시:** "인증절차 수행결과, 인증대상정보가 중요성의 관점에서 회사가 사용한 준거기준에 따라 작성되지 않은 사항이 발견되지 않았습니다."

유럽감사감독기구위원회는 제한적 확신이 합리적 확신보다 인증업무의 범위와 강도가 덜하다고 명시한다. 합리적 확신은 내부통제의 평가와 폭넓은 실질 테스트를 수반하지만, 제한적 확신은 위험 기반 접근법에 더 의존한다. 예를 들어 탄소 배출량 데이터를 다룰 때, 제한적 확신은 주요 사업장을 중심으로 일부 샘플 데이터를 선별해 점검하는 데 집중하지만, 합리적 확신은 모든 사업장의 데이터를 체계적으로 인증한다. 따라서 제한적 확신 수준의 인증업무는 초기 단계에 있는 기업과 인증인에게 현실적이고 실행 가능한 접근법을 제시하며, 정보 이용자에게 신뢰할 수 있는 최소한의 확신을 제공한다.

## (2) 이중 중요성

이중 중요성은 지속가능성 정보의 중요성을 평가하는 두 가지 관점을 의미한다. 먼저, 재무적 중요성은 지속가능성 이슈가 기업의 재무성과나 경영 활동에 어떤 영향을 미치는지 분석한다. 예를 들어, 기후변화로 인한 자연재해가 공급망에 미치는 비용 증가와 같은 사례가 여기에 해당한다. 다음으로, 임팩트 중요성은 기업의 활동이 환경, 사회, 이해관계자에게 미치는 다양한 영향을 포괄적으로 살핀다. 예를 들어, 한 기업의 공장에서 발생하는 탄소 배출이 사람의 건강에 미치는 부정적 영향이 대표적인 사례다. 이러한 이중 중요성 접근법은 기업이 재무적 성과뿐만 아니라 사회적·환경적 책임까지 균형 있게 고려하도록 요구한다. 인증인은 기업의 지속가능성 정보가 두 관점을 모두 충실히 반영하는지 꼼꼼히 인증해야 하며, 이를 통해 정보의 신뢰성과 투명성을 강화할 수 있다.

## (3) 인증대상정보

인증대상정보는 CSRD와 ESRS에 따라 지속가능성 보고서에 포함되는 정보다. 이는 환경(탄소 배출, 생물 다양성), 사회(노동 조건, 지역사회), 거버넌스(반부패 정책)와 관련된 다양한 데이터를 모두 아우른다. 또한, EU Taxonomy(Regulation (EU) 2020/852) Article 8에 명시된 지속가능 투자 정보, 즉 환경적으로 지속가능한 활동에 해당하는 매출 비율, 자본 지출 비율, 운영 비용 비율 등도 포함된다. 인증인은 이러한 정보가 법적 요구사항과 보고기준을 충실히 준수하는지 세밀히 평가하며, 특히 정량적 데이터의 신뢰성을 확보하는 데 집중하고 이를 통해 기업의 지속가능성 정보가 신뢰받을 수 있도록 해야 한다.

## 4) 인증인의 역할 및 책임

### (1) 수행 주체

앞서 말했듯이 제한적 확신업무는 법정감사인 또는 독립적인 인증서비스 제공자가 수행할 수 있다. 각 회원국이 CSRD를 자국법에 어떻게 반영하는지에 따라 수행 주체가 달라지며, 이 과정에서 다양한 전문성을 가진 인증인이 참여할 수 있다. 유럽감사감독기구위원회는 이들을 일괄적으로 '인증인'이라 정의하며, 기업이 인증인을 자유롭게 선정할 수 있도록 해 유연한 인증 환경을 조성한다. 예를 들어, 환경 전문성이 뛰어난 독립적인 인증서비스 제공자는 EU Taxonomy 인증에 특히 적합할 수 있다. 이러한 주체의 다양성과 전문성은 인증의 신뢰성과 실효성을 높이는 데 중요한 역할을 한다.

### (2) 독립성과 역량

인증인은 감사 지침(Audit Directive)과 감사 규정(Audit Regulation)에 명시된 윤리적 요구사항, 즉 독립성 유지와 이해 상충 방지 의무를 반드시 준수해야 한다. 각국의 법률과 규정 역시 철저히 따라야 하며, ESRS 및 EU Taxonomy와 같이 복잡한 지속가능성 보고기준을 정확히 이해하고 실무에 적용할 수 있는 전문 역량을 갖추어야 한다. 이러한 전문성은 지속적인 교육, 현장 경험, 외부전문가와의 협업 등 다양한 경로를 통해 유지·강화된다. 독립성과 전문 역량을 확보해야만 그린워싱 등으로 인해 정보가 왜곡되는 상황을 방지할 수 있고, 기업의 지속가능성 정보에 대한 신뢰성도 높아진다.

### (3) 결론 도출

인증인은 다음과 같은 세 가지 주요 영역에서 결론을 도출한다.

첫째, 기업의 지속가능성 정보가 CSRD와 ESRS를[41] 충실히 준수하고 있는지, 즉 정보 식별 절차와 보고 내용이 적합하게 반영되었는지 평가한다.

둘째, EU Taxonomy Article 8에 근거한 보고 요구사항, 예를 들어 환경적으로 지속가능한 활동에 관한 핵심성과지표가 정확하게 충족되는지 면밀히 검토한다.

셋째, 디지털화 요건, 즉 유럽 단일 전자 형식(European Single Electronic Format, ESEF) 준수 여부를 확인한다.

41) CSRD는 지속가능성 보고를 의무화하는 EU 법적 지침이며, ESRS는 그 의무를 이행하기 위한 구체적인 공시기준이다.

이러한 일련의 절차를 통해 인증인은 지속가능성 정보의 신뢰성과 투명성을 높이는 데 핵심 역할을 수행한다.

## 5) 업무 수행절차

### (1) 기업 및 환경 이해

기업과 그 환경을 이해하는 것은 인증인이 기업의 운영 환경과 특히 지속가능성 문제에 대한 경영진과 책임자들의 지식, 준비, 참여 수준을 평가할 수 있게 한다.

이 단계는 인증인이 위험 분석을 기반으로 의견을 제시하기 위한 절차의 특성과 일정, 범위를 설정하는 데 필요한 정보를 수집할 수 있게 해준다. 따라서 전문가가 이해해야 할 주요 내용은 다음과 같다.

#### 가) 기업 관련

- 기업의 사업 모형
- 기업의 경영진, 이사회 등 거버넌스
- 지속가능성 보고의 범위, 이 범위에 포함된 자회사 및 가치사슬
- 기업이 식별한 실제 및 잠재적인 중요한 영향·위험·기회(Impact·Risk·Opportunity, IRO)
- 실제 및 잠재적 중요한 위험과 기회를 식별 및 평가하기 위한 정책 및 행동
- 현재 및 잠재적 중요한 위험을 예방, 교정 및 완화하기 위한 정책 및 행동
- 중요한 잠재적 기회를 활용하기 위한 정책 및 행동
- 이러한 정책의 결과를 모니터링하기 위한 행동
- 지속가능성 정보 관련 내부통제시스템(데이터 수집 및 보고 체계)
- 기업 및 지속가능성 보고 범위에 포함된 자회사의 지속가능성 정보 소통 방법 및 관련된 개인 역할 및 책임
- 지속가능성 정보 보고를 결정할 때 활용한 핵심 가정 및 방법론, 중요한 판단
- 기존 방법론 및 가정의 변화 및 이전 연도의 오류 수정 내역
- 지속가능성 문제와 관련된 소송, 분쟁, 법적 논쟁 등

나) 외부 환경 관련

- CSRD 및 ESRS 등 지속가능성 공시 규제 및 보고기준
- 유럽 Taxonomy 및 지속가능 투자에 관한 유럽 규정
- 유럽 위원회, 유럽재무보고자문그룹(European Financial Reporting Advisory Group, 이하 EFRAG) 및/또는 유럽 및 프랑스 규제 기관이 발행한 해석, FAQ 및 기타 지침 등
- EU 배출권 거래제 등 환경 법규

이를 위해 경영진을 포함한 기업 내 다양한 개인 및 조직과 인터뷰를 수행하거나, 지속가능성 문제가 논의된 경영 및 지배 구조 기관 및 기타 기관이나 위원회(감사, 지속가능성 등) 회의의 의사록을 확인할 수 있다. 또한, 정량 정보에 대한 분석적 검토를 통해 비정상적인 항목을 식별하거나, 현장 점검(공장방문) 등 물리적 관찰 및 검사를 통해 얻은 정보를 증명할 수도 있다.

## (2) 업무 계획

인증인은 ESRS에 따라 지속가능성 정보가 작성되었는지에 대해 위에서 얻은 기업과 환경에 대한 이해를 바탕으로 왜곡표시위험을 분석해 인증 절차의 성격(정성적/정량적), 일정, 범위를 설정한다. 예를 들어, 중요한 왜곡표시위험이 높은 항목인 탄소 배출량이나 EU Taxonomy 핵심성과지표 등의 영역에 자원을 집중하고 업무 수행절차를 계획해야 하는데, 이는 자원 효율성을 높이고 인증인의 전문적 판단을 반영하는 중요한 단계다.

또한, 업무 수행절차 계획 시 외부전문가가 참여할 업무 영역은 무엇인지도 식별이 필요하며, 허용 가능한 왜곡표시위험을 정의하기 위해 정량, 정성 정보를 구분해 인증인의 의사결정을 위한 중요성 설정도 계획단계에서 고려할 요소다.

## (3) ESRS 준수 여부 인증

### 가) 정보 식별 프로세스

각 기업은 CSRD 준수를 위해 ESRS에 따라 지속가능성 정보를 공시해야 한다. 그 공시는 중요성에 관계없이 모든 기업이 필수적으로 공개해야 하는 정보와 기업이 이중 중요성 평가를 통해 보고해야 할 정보로 구분한다.

ESRS 이중 중요성 평가절차

출처: PwC, 2025, Sustainability Reporting Guide(SRG), SRG 4, 저자 재구성

따라서 각 기업은 지속가능성 보고를 위해 이중 중요성 평가 수행이 필요하며, 인증인은 기업의 중요성 평가절차가 ESRS(ESRS 1 제3장: 지속가능성 공시의 기반으로서의 이중 중요성, ESRS 2 제4장: 영향·위험·기회 관리 등)를 충족하는지 평가할 것을 요구한다.

ESRS에 따른 이중 중요성 평가는 크게 다음과 같이 진행된다.

① 기업의 사업 모형과 가치사슬을 포함한 이해관계자를 이해하고

② 기업의 영업활동으로 인해 발생하는 환경, 사회적 영향과 그 영향으로 인해 기업 내부에 미치는 재무적 위험과 기회를 식별하고

③ 식별된 영향, 위험, 기회에 대해 규모, 심각도, 발생가능성, 교정가능성 등의 평가 기준을 바탕으로 평가를 수행한다.

또한 ESRS에서는 위와 같은 중요성 평가절차 전 단계에 걸쳐 이해관계자의 참여를 요구하고 있다.

주요 영향·위험·기회 식별 절차

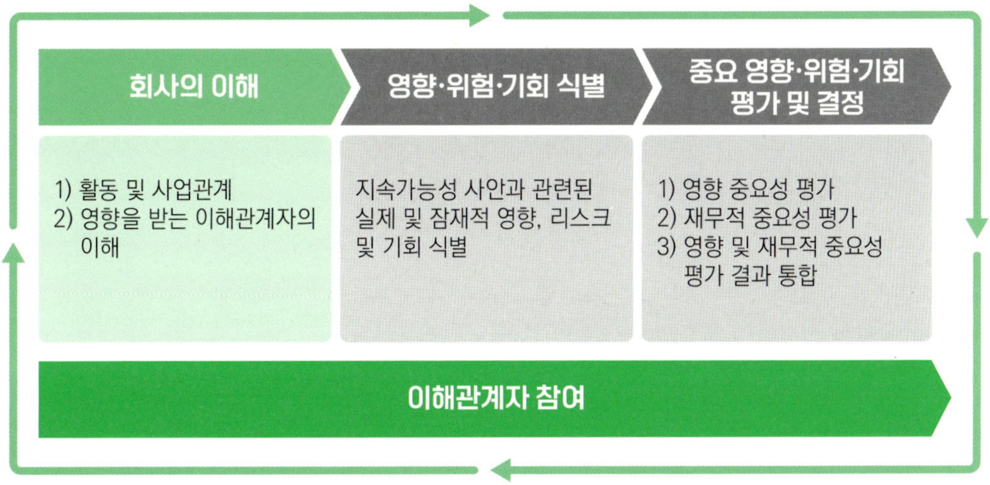


출처: PwC, 2025, Sustainability Reporting Guide(SRG), SRG 4, 저자 재구성

이러한 중요성 평가절차의 적절성을 확인하기 위해 인증인은 다음 단계를 수행한다.

① **이해관계자 참여 확인**: 기업이 설문조사, 공청회, 워크숍 등을 통해 이해관계자(직원, 고객, NGO)를 참여시켰는지 관련 문서(회의록, 피드백 보고서)를 검토한다(예: 공장 인근 지역사회가 대기 오염 피해를 제기했는지 확인하고, 이를 지속가능성 보고서에 반영했는지 점검 후 참여가 누락되었다면 추가 인터뷰를 요청).

이때 이해관계자는 두 개의 이해관계자 그룹으로 나눌 수 있으며(단일 이해관계자가 두 그룹 모두에 속할 수 있음) 인증인은 이해관계자가 모두 고려되었는지를 평가한다.

- **사업 관련 이해관계자:** 기업의 활동과 전체 가치사슬의 직접 및 간접적인 상업적 관계에 의해 영향을 받거나 받을 수 있는 개인 또는 그룹(긍정적 또는 부정적 영향 포함)
- **지속가능성 정보 이용자:** 기존 및 잠재적 투자자, 대출 기관 및 기타 채권자(자산 관리자, 신용 기관, 보험 회사 포함)와 같은 일반목적 재무 보고서의 주요 이용자, 기업의 비즈니스 파트너, 노동조합 및 사회적 파트너, 시민사회 및 비정부 조직, 정부, 분석가

② **임팩트 및 재무적 중요성 평가절차:** 인증인은 기업이 주제별 ESRS에서 다룬 각 지속가능성 문제에 대해 임팩트 중요성을 결정하는 접근 방식을 평가한다. 특히 기업의 절차가 위에서 기술한 ESRS 1에서 정의한 단계를 따르는지 확인한다.

또한, 영향, 위험, 기회를 식별하고 평가하는 과정에서 다음 사항에 대한 확인이 필요하다.

- 실제 및 잠재적 영향을 구분하고 이를 평가하는 방법
- 부정적 및 긍정적 영향을 구분하고 이를 평가하는 방법
- 현재의 위험과 기회뿐만 아니라 발생할 수 있는 위험과 기회를 고려하였는지 여부
- 위험과 기회 발생 가능성, 단기, 중기, 장기에서의 잠재적 재무 효과의 규모, 그리고 이러한 효과를 결정하는 데 사용된 기준
- 위험 또는 기회의 출처(사업유형, 가치사슬(업, 다운))
- 미래 사건의 발생에 따라 현금 흐름 생성 가능성에 영향을 미칠 수 있는 상황
- 재무적 중요성을 정의했는지 확인
- 기업이 리스크와 기회가 재무적 영향을 미칠 수 있는 단기, 중기 및 장기 관점에서 기여도를 고려했는지 확인
- 현실화될 가능성이 높은 시나리오와 예측의 반영 여부, 재무제표에 반영되지 않았거나 아직 반영되지 않은 자산/부채에서 파생될 수 있는 내용을 고려했는지 확인

한편, 기업이 연결기준으로 지속가능성 보고서를 작성하는 경우, 인증인은 기업이 통합 지속가능성 보고의 전체 범위에 대해 중요한 영향, 위험 및 기회를 평가했는지, 그리고 모든 자회사의 중

요한 영향, 위험 및 기회가 누락 없이 반영되었는지를 확인한다. 실제로 모회사가 자회사와 영위하는 사업이 비슷하거나 가치사슬에 포함돼 있다면 큰 이슈는 없을 것이다. 하지만, 연결 관점에 다양한 사업을 영위하고, 자회사들이 연결 범위에 포함되는 기업의 경우 연결회사의 사업 전체에 대한 이해, 영향, 위험 및 기회를 식별하는 단계에서부터 완전성 검토가 필요할 것이다.

### 나) 정보의 내용

보고된 정보는 목적적합성, 충실한 표현, 비교가능성, 인증가능성 및 이해가능성의 특성을 충족해야 하며, 질적 특성은 ESRS 1의 부록 B에 정의돼 있으며 구체적 의미는 다음과 같다.

① **목적적합성:** 제공된 정보가 이용자로 하여금 이중 중요성 평가, 즉 임팩트 중요성과 재무적 중요성을 바탕으로 결정된 정보여야 한다.

② **충실한 표현:** 정보는 완전하고, 중립적이며, 오류가 없어야 한다.

③ **비교가능성:** 기업이 제공하는 정보는 이전 기간의 정보와 비교할 수 있어야 하고, 특히 유사한 활동을 하거나 동일한 부문에서 운영되는 다른 기업이 제공하는 정보와 비교 가능해야 한다.

④ **인증가능성:** 정보 자체나 그 정보를 도출하기 위해 사용된 자료들을 확증할 수 있어야 한다.

⑤ **이해가능성:** 정보는 명확하고 간결해야 하며, 이를 통해 합리적이고 지식 있는 사용자가 해당 정보를 쉽게 이해할 수 있어야 한다.

예를 들어, 인증인은 기후변화 이슈가 중요한 이슈로 선정되었고(목적적합성) ESRS E1에 따라 보고된 온실가스 배출량 데이터가 최신 과학적 기준에 맞는지, 톤/매출 단위로(충실한 표현, 인증가능성) 비교 가능하게(비교가능성) 제시되었는지, 일반 이용자가 이해할 수 있도록(이해가능성) 설명되었는지 검토한다.

### 다) 특정 인증대상 선정

인증인은 부정 또는 그린워싱(Greenwashing) 관행의 결과로 발생할 수 있는 중요한 부정확성(오류, 누락, 불일치)을 식별하기 위해 관련 정보를 구체적으로 점검할 필요가 있다.

구체적으로 점검할 정보를 식별하고 선택하는 것은 인증인측 전문가적 판단의 결과이며, 인증인은 다음의 요인을 고려해 점검할 정보를 선택해야 한다.

- 공적으로 발표한 강력한 약속(예: 2050 탄소중립 발표, SBTi 가입)
- 미래에 관한 정보 (과학적 지식의 한계, 이용 가능한 데이터 부재)
- 관련 주제에 대한 회사의 내부통제시스템의 약점
- 지속가능성과 관련된 소송, 분쟁, 소환 또는 논란의 존재

특정 정보에 대한 인증 중 일부의 경우, 현장 확인이 필요할 수 있다. 예를 들어, 가까운 미래 시점의 과도한 재생에너지 사용 주장이나 투자자의 기후 목표 요구가 있는 항목을 집중적으로 인증하거나, 기업이 '100% 재생에너지 사용'을 주장한다면, 전력 구매 계약(Power Purchase Agreement, PPA)을 확인해 실제 비율을 확인하고, 사용 시설을 방문해 실제 해당 재생에너지 생산 시설과 사용 여부 등을 확인해야 하는 경우도 있다.

## (4) EU Taxonomy 준수 여부 인증

EU 내 기업들은 친환경분류체계인 Taxonomy를 충족하는 기업의 활동에 대해 매출액과 자본적 지출비용, 운영비용에 대한 비율을 보고해야 한다. Taxonomy는 기업이 영위하는 영업활동이 녹색경제활동인지를 분류하는 기준으로, 다음과 같은 3가지 원칙을 가지고 판단해야 한다.

- **원칙 1 환경목표에 기여할 것**(Substantial contribution, SC): 6대 환경목표 중 하나 이상의 환경목표 달성에 기여해야 한다.

  ※ 6대 환경목표: 온실가스 감축, 기후변화 적응, 물의 지속가능한 보전, 순환경제로의 전환, 오염 방지 및 관리, 생물다양성 보전

- **원칙 2 심각한 환경피해가 없을 것**(Do No Significant Harm, DNSH): 환경목표 달성 과정에서 다른 환경목표에 심각한 피해를 주지 않아야 한다.
- **원칙 3 최소한의 보호장치를 준수할 것**(Minimum Safeguards, MS): 인권, 노동, 안전, 반부패, 문화재 파괴 등 관련 법규를 위반하지 않아야 한다.

### 가) 적격 및 적합 활동

위 Taxonomy 원칙에 기반해 인증인은 기업 활동이 EU Taxonomy에 열거된 적격한 활동을 수행하는지, 적합성을 판단하기 위해 중대한 해가 없는지(DNSH) 기준, 온실가스 감축 비율 등 기술적 기준 충족 여부를 평가해야 한다.

**Taxonomy 핵심성과지표 인증 절차**

| 단계 | 설명 | 예시 |
|---|---|---|
| 적격성 확인 | Taxonomy Annex I/II의 경제 활동 해당 여부 점검 | 태양광 발전이 Taxonomy Annex I에 포함되는지, 석탄 발전이 혼재돼 있는지 여부 확인 |
| 적합성 평가 | 실질적 기여, DNSH, 최소 보장 기준 충족 여부 확인 | 풍력 프로젝트가 $CO_2$ 감축에 기여하는지, 생태계에 무해한지, 인권 관련 규정을 준수하는지 여부 인증 |
| 방법론 검토 | 감축 모델, 가정의 타당성 평가, 불확실성이 높을 시 전문가 의견 요청 | 감축 모델이 기후변화에 관한 정부 간 협의체(Intergovernmental Panel on Climate Change, 이하 IPCC) 기준과 달라 불확실 시 기후 과학자 검토 요청 |

#### 나) 핵심성과지표

인증인은 기업이 보고하는 매출, 자본적 지출, 운영 비용이 재무제표와 일치하는지, 중복 계산이 없는지 확인한다. 예를 들어, 자본적 지출이 재무제표의 자산 증가분(예를 들어, 유형자산 당기 취득액)과 맞는지 검토하고 틀릴 경우 수정 권고해야 한다. 또한 기업은 녹색경제활동으로 분류되는 활동을 복수로 수행하고 있는 경우, 비용의 중복 여부도 검토해야 한다.

#### 다) 프로세스 이해

유럽감사감독기구위원회는 EU Taxonomy 활동 식별 및 핵심성과지표 준비 프로세스가 모든 경제 활동(모기업 및 자회사 포함)을 포괄하고, 형식과 내용이 EU Taxonomy 요구사항에 적합한지 평가할 것을 요구하고 있다. 예를 들어, 기업이 자회사 태양광 사업을 누락했는지 확인하고, 핵심성과지표 계산 프로세스가 문서화돼 있는지 검토할 것을 권고하고 있다.

### (5) 증거 수집

인증인은 인증 절차를 수행하는 과정에서 전문가적 의구심을 유지하고 위에서 기술한 인증대상정보에 대해 질문(경영진 질의), 관찰(현장 방문), 확인(외부 데이터 대조), 재계산(수치 인증), 분석 절차(트렌드 분석)를 통해 충분하고 적합한 증거를 수집해야 한다.

유럽감사감독기구위원회는 부정 및 법규 미준수(환경법 위반) 위험에 주의를 기울이며, 인증인이 외부 데이터와 이해관계자 피드백, 예를 들어 NGO의 반대 의견을 활용해 그린워싱을 검토하도록 권장한다. 발견된 왜곡표시는 수정 요청과 추가 증빙 확인을 통해 해결해야 한다.

- **예시 1**: 에너지 기업이 '100% 재생에너지 전환'을 보고했다면, 인증인은 전력 구매 계약을 검토하고, 지역 전력망 데이터로 재생에너지 비율(실제 70%)을 확인해야 하고 오류 발견 시 추가 증거(계약서 원본, 공급업체 확인서)를 요청해 신뢰성을 확보해야 한다.
- **예시 2**: 패션 기업이 '공급망을 포함한 인권영향평가를 실시'했다고 보고했다면, 인증인은 내부 인권평가 보고서를 UN 가이드라인과 비교하고, 노동 NGO의 아동 노동 제보 프로세스를 검토하고 불일치 시 공급업체 인터뷰를 추가로 진행할 수 있다.

### (6) 인증보고서 작성

#### 가) 형식

인증 절차 및 조서 작성이 마무리되면 인증인은 인증보고서를 작성해 전달해야 한다. 이때 인증보고서는 명확하고 이해 가능하게 작성돼야 하며, 다음을 포함한다.

① 기업 정보(대상 기업명, 보고 기간, ESRS 및 EU Taxonomy 기준 적용 여부)

② 업무 범위 및 기준(국가별 인증기준, 유럽감사감독기구위원회 가이드라인 사용 명시)

③ 결론(각 인증 영역별 결과)

④ 수행절차 요약(위험평가, 증거 수집 방법 등)

인증인은 보고서를 서면으로 작성하고, 인증인의 서명과 인증보고서 일자를 기재해야 한다.

#### 나) 결론 유형

인증인은 인증 결과에 따라 다음 중 하나를 선택한다.

① 적정 결론: 지속가능성 보고서 및 EU Taxonomy 정보에서 중요한 오류를 발견하지 못한 경우

② 한정 결론: 중요한 오류 시 또는 인증 범위의 제한이 있지만 전체 신뢰성에 미치는 영향이 전반적이지 않은 경우
예: 탄소 배출 계산에 중요한 오류가 있으나 전반적이지는 않음

③ 부정적 결론: 중요하고 전반적인 오류가 발견된 경우
예: 환경 성과가 과장돼 ESRS를 준수하지 않음

④ 결론표명 거절: 전반적이고 중요한 인증 범위의 제한으로 결론을 내릴 수 없는 경우
예: 데이터 접근 4

## (7) 기타 고려 사항

### 가) 전문가 활용

지속가능성 정보의 기술적 복잡성, 예를 들어 EU Taxonomy 정합성이나 기후 모델을 다루기 위해 독립적 전문가(기후 과학자, 인권 전문가)를 활용한다. 인증인은 전문가의 역량(공인 자격증, 경험), 객관성(기업과의 이해관계 배제)을 사전에 평가하며, 협업 결과는 보고서에 명시한다.

### 나) 공동 업무

여러 인증인이 참여할 경우, 인증대상정보의 분량과 전문성(예: EU Taxonomy 전문가 vs. ESRS 전문가)을 고려해 균형 있게 분배하고, 상호 검토(Cross Review)를 통해 품질을 보장한다. 결론이 달라질 경우 각자의 의견을 보고서에 명시해 투명성을 유지하도록 해야 한다.

### 다) 문서화

업무 계획(위험 분석), 증거 수집 과정(인터뷰 기록, 데이터 분석표), 결론도출근거(인증 결과 요약)를 체계적으로 기록해 추후 검토나 법적 요구에 대비해야 한다.

### 라) 후속사건 고려

보고 기간 종료 후 보고서 작성일까지 발생한 사건, 예를 들어 주요 보고 기간 말 이후에 발생한 환경 사고가 지속가능성 정보에 영향을 미칠 수 있는지 평가해야 한다.

## (8) 향후 전망

EU 차원에서 공식 인증기준을 도입하면 유럽감사감독기구위원회 가이드라인은 공식 인증기준으로 대체될 예정이다.

# 04 지속가능성 인증 시 고려 사항

## 1) 개요

Accountancy Europe의 'CSRD에 따른 지속가능성 인증(Sustainability Assurance under the CSRD)'은 인증인이 인증업무를 수행할 때 반드시 고려해야 할 핵심 항목을 제시한다. 또한, 스코틀랜드공인회계사협회(The Institute of Chartered Accountants of Scotland, ICAS)의 '지속가능성 인증 시 고려 사항(Sustainability Assurance: Factors to Consider)'은 기업의 지속가능성 정보 관리 절차에 관한 내부통제 등 인증 실무 관점에서 다양한 인사이트를 제공한다. 본 섹션에서는 국내 인증 실무자가 유럽의 선진 사례를 참고해 인증업무를 수행할 때 반드시 염두에 두어야 할 구체적인 고려 사항을 살펴보고자 한다.

## 2) 인증대상정보의 명확한 정의

지속가능성 정보 인증의 첫 단계는 인증대상정보를 명확히 정의하는 것이다. CSRD는 ESRS를 기준으로 채택하였으며 정량적 데이터와 정성적 정보를 모두 인증대상으로 포함한다.

정량적 데이터에는 주로 온실가스 Scope 1, 2, 3 배출량과 EU Taxonomy에 따른 매출 비율, 자본 지출 비율 등이 해당된다. 정성적 정보는 지속가능성 전략, 목표 설정, 이해관계자 참여 기록 등 폭넓은 내용을 포괄한다. 예를 들어, 기업이 '2024년에 Scope 2 배출량 5만 톤, 전년 대비 10% 감축'을 보고했다면, 인증인은 전력 사용 데이터의 출처와 해당 데이터의 측정 방식이 정확한지, 그리고 온실가스 프로토콜(Greenhouse Gas Protocol, GHG 프로토콜) 준수 여부를 꼼꼼히 검토한다. 정성적 정보의 경우, 기업이 '지역사회와 정기적으로 소통한다'고 주장한다면, 공청회 기록이나 설문조사 결과, 지역 주민 피드백 문서 등의 자료를 요구해 실제로 소통이 이루어졌는지 확인한다.

이처럼 정량적, 정성적 정보를 인증대상정보로 식별해 이를 체계적으로 검토하고, 데이터의 신뢰성과 적합성을 객관적으로 평가하는 과정이 인증 초기 단계에서 매우 중요하다. 이러한 절차를 충실히 거치면 이후 인증의 효율성과 신뢰도를 높이는 데 결정적 역할을 하게 될 것이다.

또한 앞서 언급한 바와 같이, CSRD의 핵심 요구사항인 이중 중요성은 인증대상정보 정의 과정에서 반드시 반영해야 하는 필수 요소다. 이는 기업이 환경과 사회에 미치는 영향(예: 공장 폐수로 인한 하천 오염)뿐만 아니라, 외부 요인이 기업의 재무적 성과에 미치는 영향(예: 탄소세 도입에 따른 비용 증가)까지 모두 평가해야 함을 의미한다. 인증인은 기업이 이중 중요성 평가를 어떻게 수행했는지, 이해관계자 의견을 어떤 방법으로 수렴했는지, 중요성 평가를 위한 척도 지표가 충분히 체계적으로 작성되었는지를 꼼꼼히 검토해야 한다.

국내 기업의 경우, ESRS나 이중 중요성 개념이 아직 익숙하지 않을 수 있으므로, 인증인은 인증 전 단계에서 기업과 긴밀히 협의해 ESRS의 요구사항을 기준으로 데이터 목록을 정리할 필요가 있다. 만약 누락된 항목이 있다면, 이를 명확히 지적하고 보완을 요청해야 한다. 특히, Scope 3 배출량은 협력업체 정보 부족 등으로 인해 추정치 비중이 높게 나타날 수 있어, 인증인은 탄소정보공개프로젝트(Carbon Disclosure Project, 이하 CDP)와 같은 외부 데이터베이스 활용을 제안하거나, 데이터 수집 및 인증 프로세스 개선을 적극적으로 권고해야 한다.

인증 초기 단계에서 인증대상정보를 명확히 정의하는 것이 향후 인증의 방향성을 설정하는 데 핵심적인 역할을 하며, 실질적인 지속가능성 인증의 신뢰성을 담보하는 중요한 기반이 된다.

**인증대상정보 예시**

| 항목 | 예시 | 주요 인증 항목 |
|---|---|---|
| 정량 정보 | Scope 1, 2, 3 배출량, Taxonomy 핵심성과지표 | 데이터 재계산, IPCC·ESRS 준수 여부 |
| 정성 정보 | 탄소중립 목표, 지역사회 대화 | 문서화(계획서, 설문), 중립성 확인 |
| 이중 중요성 | 환경 사회 영향, 재무 영향 | 중요성 평가 정책, 평가지표 및 평가 결과 문서 |

## 3) 제한적 확신 수준의 공감대 형성

CSRD는 제한적 확신 수준의 인증을 요구하며, 이는 '중요한 오류를 발견하지 못했다'는 부정적 결론을 내리는, 합리적 확신 수준보다는 낮은 수준의 확신이다. 인증인은 문서 검토, 경영진 인터뷰, 데이터 완전성이 확보되지 않은 샘플 검토를 통해 오류 가능성이 높은 영역을 선별적으로 확인한다.

즉, 탄소 배출량 데이터를 인증할 때 모든 사업장의 기록을 일일이 확인하기보다는, 주요 공장의 배출량을 샘플로 점검하고 연도별 배출 추세를 분석해 데이터 왜곡이나 비정상적 패턴을 식별한다. 그러나 제한적 확신은 작업 범위가 인증인의 판단에 따라 달라질 수 있기 때문에 일정 수준의 모호성이 존재한다. 이러한 특성으로 인해 기업, 투자자, NGO 등 이해관계자 사이에 기대의 차이가 발생한다. 예를 들어, NGO는 '중대한 오류를 발견하지 못함' 결론을 '지속가능성 정보가 완벽하다'고 오해하거나, 투자자는 제한적 확신을 재무제표 감사 수준의 확신으로 잘못 받아들이는 경우도 있다.

이러한 오해는 주로 인증업무의 범위가 인증인의 재량에 달려 있다는 점, ISAE 3000과 같은 국제 인증기준이 지속가능성 데이터의 복잡성(예: Scope 3 추정치, 미래전망적인 목표 등)을 구체적으로 다루지 않는다는 점, 그리고 데이터의 불확실성이 근본적으로 크다는 점에서 비롯된다.

가령, Scope 3 배출량의 50%가 활동 Data 기반의 실측치가 아닌 회계비용 기반의 추정치라면, 실제로 어느 정보까지 확인해야 '중대한 오류를 발견하지 못함'이라고 판단할 수 있는지에 대한 명확한 가이드라인이 부재하다. 이러한 한계는 인증 결과에 대한 신뢰성에 영향을 미치며, 이해관계자 간의 오해를 줄이기 위해서는 인증인의 설명과 투명한 정보 공개가 반드시 필요하다.

이에 따라 Accountancy Europe은 오류 위험이 높은 항목, 예를 들어 Scope 3 배출량이나 '2030년 탄소 감축' 목표를 우선 인증하고, 데이터 접근 제한이나 추정 비율과 같은 한계를 인증 보고서에 강조사항으로 기재할 것을 권고한다. 또한, 모든 이해관계자가 제한적 확신의 업무 노력과 한계를 명확히 이해하도록 공감대를 형성하는 것이 필수적이라고 강조하기도 한다.

인증인은 인증업무를 시작하기 전, 기업과 함께 인증의 범위와 구체적인 데이터 인증 방식을 명확히 협의해야 한다. 예를 들어 에너지 사용량 데이터 중 어떤 사업장을 샘플로 선정할지, 또는 어떠한 문서를 중점적으로 검토할지에 대해 사전에 구체적으로 합의하는 것이 바람직하다. 더불어 인증보고서에는 제한적 확신이 전체 데이터의 정확성을 보장하지 않으며, 샘플 기반의 인증 절차에 초점을 두고 있다는 사실을 분명하게 전달해야 한다. 특히 NGO나 지역사회 등 이해관계자는 인증 결과에 민감하게 반응할 수 있으므로, 기술적 용어 사용을 최소화하고 '주요 사업장의 에너지 사용량 일부를 샘플로 검토했으며, 전체 데이터를 전수로 확인하지 않았다'는 점을 명확히 밝혀 오해의 소지를 줄인다. 이러한 공감대 형성은 인증 결과의 신뢰도를 높이고, 불필요한 갈등을 미연에 방지하는 데 필수적이다.

실제로 2025년 CSRD에 따라 ESRS 공시 의무가 적용되는 기업의 지속가능성 보고서 인증의견을 살펴보면, 인증보고서 내에 '강조사항(emphasis of matter)' 문단을 두고 다음과 같은 내용을 강조하는 사례가 늘고 있다. 첫째, 정량적 지표 및 금전적 영향에 있어 가장 중요한 불확실성의 존재를 명시한다. 둘째, 이중 중요성 평가 과정의 주요 사항을 강조한다. 셋째, 새로운 지속가능성 보고기준이 도입된 맥락을 추가적으로 기술한다. 예를 들어 프랑스에 본사를 둔 글로벌 종합에너지기업 TotalEnergies의 보고서는 '특별히 주의를 기울인 사항(Elements that received particular attention)'이라는 별도의 문단을 두고, 이해관계자 식별, 영향·위험·기회 분석, 임팩트 중요성과 재무적 중요성 평가 등 특정 정보에 대한 인증 방법론을 상세하게 설명하였다.

**〈TotalEnergies사 2024 지속가능성 보고서 발췌〉**

**Elements that received particular attention**

We set out below the elements that have been the subject of particular attention in relation to our assessment of compliance with the ESRS of the process implemented by TotalEnergies SE to determine the information reported.

**Concerning the identification of stakeholders**

Information on the identification of stakeholders is set out in section 5.1.3.2 of the sustainability report.

We interviewed management within TotalEnergies SE as deemed appropriate.

Our work consisted primarily of assessing the consistency of the primary stakeholders identified by TotalEnergies SE in view of the nature of its activities and its geographical location, taking into account its business relationships and value chains.

**Concerning the identification of impacts, risks and opportunities**

Information on the identification of impacts, risks and opportunities is provided in section 5.1.4.1 of the sustainability report.

We obtained an understanding of the process implemented by TotalEnergies SE to identify actual or potential impacts – both negative and positive risks and opportunities (IROs), in relation to the sustainability matters mentioned in paragraph AR 16 of ESRS 1, "Application requirements" as presented in section 5.1.4.1 of the sustainability report.

We obtained an understanding of TotalEnergies SE mapping of identified IROs, including in particular a description of their distribution within its own operations and its value chains, as well as their time horizon (short, medium or long term), and assessed the consistency of this mapping with our knowledge of TotalEnergies SE and with the risk analyses conducted within the group.

We have assessed:

- how TotalEnergies SE has taken into account the list of sustainability matters set out in ESRS 1 (AR 16) in its analysis;
- the consistency of actual and potential IROs identified by TotalEnergies SE with available industry analyses.

**Concerning the assessment of impact materiality and financial materiality**

Information on the assessment of impact materiality and financial materiality is provided in section 5.1.4.1 of the sustainability report.

Through interviews with management and inspection of available documentation, we obtained an understanding of the process implemented by

TotalEnergies SE to assess impact materiality and financial materiality, and assessed its compliance with the criteria defined in ESRS 1.

In particular, we assessed the way in which TotalEnergies SE established and applied the materiality criteria defined in ESRS 1, including those relating to the setting of thresholds, in order to determine the material information reported for metrics relating to material IROs identified in accordance with the relevant ESRS standards.

출처: TotalEnergies, 2024, Sustainability & Climate-2024 Progress Report, 저자 재구성

## 4) 합리적 확신으로의 전환 경로

지속가능성 정보의 신뢰도 제고를 위해, 인증은 제한적 확신보다 높은 수준의 합리적 확신으로 상향 전환하기 위한 준비가 필요하다. 합리적 확신은 재무제표 감사와 같은 수준의 높은 확신을 제공하며, '정보가 중요성의 관점에서 공정하게 표시하고 있다'라는 긍정적 결론을 도출하며 이를 위해 내부통제시스템의 점검, 데이터 완전성 확보를 통한 샘플링 검토, 그리고 현장 방문 등 다양한 절차를 수행한다.

예를 들어, Scope 2 배출량 인증을 합리적 확신 수준으로 하는 경우 모든 생산시설의 배출 데이터를 수집하고, 데이터 생성 프로세스가 체계적으로 문서화돼 있는지 확인하며, 주요 시설을 직접 방문해 측정 장비의 정확성까지 검토한다. 2025년 기준으로 EU의 경우 옴니버스 법안으로 인해 일정 기간 동안 제한적 확신 체계를 유지할 전망이지만, 인증인은 장기적으로 합리적 확신으로의 전환에 미리 대비해야 한다.

국내 기업은 데이터 품질과 시스템 성숙도가 아직은 미흡하므로 합리적 확신으로의 전환 과정에서 어려움을 겪을 것으로 사료된다. 앞서 기술한 바와 같이 Scope 3 배출량의 경우 하청업체의 정보 부족으로 인해 추정치에 상당 부분 의존하는 경우가 많고, '2030년 탄소 배출 50% 감축' 등 미래전망적 정보는 구체적인 실행 계획이 미흡한 경우가 많다. 이에 따라 인증인은 기업이 지속가능성 데이터를 재무 데이터만큼 엄격하게 관리하도록 내부통제 체계와 IT 시스템을 정비할 것을 조언해야 한다. 예컨대 전사적 ERP 시스템에 지속가능성 데이터 전용 모듈을 도입하거나, 공급망 데이터 수집을 위한 표준화된 프로세스를 구축할 필요도 있다. 또한 합리적 확신 수준의 인증은 인증인에게 추가적인 역량과 전문성을 요구하므로, ESRS, EU Taxonomy, GRI 등 지속가능성 공시기준과 프레임워크에 관한 심층 교육을 받고, 기후 과학자와 데이터 분석가 등 외부전문가와의 협업 체계를 마련해야 한다. 인증인은 국제감사인증기준위원회에서 발표하는 ISSA 5000과 스텝 발췌본 등 관련 문서에서 합리적 확신 수준의 인증에 대해 사전에 학습하고, 내부통제테스트 절차 등 실질적 업무 역량을 강화해야 한다. 이러한 준비 과정은 인증의 신뢰성을 크게 높이고, 국내 기업이 글로벌 지속가능성 인증기준에 안정적으로 적응하는 데 중요한 밑거름이 된다. 인증인은 이러한 전환적 준비 과정을 제한적 확신 체계가 적용되는 단계부터 선제적으로 수행해야 하며, 이를 통해 장기적으로 신뢰받는 인증업무를 지속할 수 있다.

## 5) 미래전망적 정보의 인증

미래전망적 정보, 즉 '2030년 탄소 배출량 50% 감축'이나 '2050 탄소중립 실현' 목표와 같은 내용은 데이터의 추정과 목표 달성 여부에 대한 불확실성이 크기 때문에 인증 과정에서 특히 주의가 필요하다. 인증인은 이러한 목표를 뒷받침하는 가정의 신뢰성과 재무제표와의 일관성을 꼼꼼히 점검해야 한다. 가령, 기업이 '2050 탄소중립'을 공표한 경우 과거 5년간의 배출 데이터, IPCC RCP 2.6 시나리오 준수 현황, 재생에너지 설비 도입 계획 등 구체적인 투자 방안이 실제로 문서화돼 있는지 반드시 확인해야 한다. 여기에 목표 달성에 영향을 미치는 외부 요인, 예를 들어 정부 정책 변화나 기술 혁신의 불확실성 등을 평가한 뒤, 이러한 사항을 인증보고서에 투명하게 기록해야 한다. 스코틀랜드공인회계사협회는 미래전망적 정보가 과장되거나 모호하지 않도록 중립성을 유지하는 것이 중요하다고 강조하며, '탄소중립 목표 달성은 회사 외부의 정부의 환경 정책 변화와도 연관되어 있다'와 같은 주석을 추가해 이해관계자가 오해하지 않도록 권고한다.

국내 기업들은 미래전망적 정보의 문서화가 미흡한 경우가 많아 인증인은 목표 설정 과정이 체계적으로 기록돼 있는지 반드시 살펴봐야 한다. 이사회 회의록, 투자 예산안, 이해관계자(투자자, 지역사회 등) 의견을 반영한 자료 등 구체적인 증거가 뒷받침하는지 확인해야 한다. 필요한 경우 TCFD 권고안, 기후변화에 관한 IPCC 등 외부 기준을 참고해 타당성을 검토하고, 기업 측에 추가 자료를 요청해 근거를 명확히 한다.

또한 미래전망적 정보는 투자자와 NGO 등 이해관계자들이 예민하게 바라보는 부분이므로, 인증인은 목표의 신뢰성을 높이기 위해 외부전문가(예: 기후 모델링 전문가) 검토를 적극적으로 활용하는 것이 바람직하다. 또한 보고서를 작성할 때는 불확실성을 명확히 설명하고, 목표 달성 가능성을 과도하게 홍보하지 않도록 주의해야 한다. 이러한 꼼꼼한 인증과 투명한 정보 공개는 인증의 신뢰도를 높이고, 이해관계자의 기대치를 적절하게 관리하는 데 필수적이다. 마지막으로, 인증인은 인증 과정에서 발생할 수 있는 논란을 사전에 예방하는 역할까지 수행해야 할 필요도 있다.

### 6) 모든 인증인을 위한 공정한 경쟁 환경

유럽 CSRD에서는 해당 회사의 재무제표를 감사하고 있는 '법정감사인(statutory auditors)'과 해당 회사의 재무제표를 감사하지 않고 있는 회계법인(audit firms)뿐만 아니라 인가받은 '독립적인 인증서비스제공자'도 지속가능성 인증을 할 수 있는 '직업무관(profession-agnostic)' 접근방법을 채택하고 있다. CSRD는 법정감사인, 법정감사인이 아닌 회계법인, 그리고 회계법인이 아닌 독립적인 인증서비스 기관 모두에게 지속가능성 정보에 대한 인증 기회를 열어 두어 다양한 전문성이 현장에 적용될 수 있도록 한다. 그러나 이러한 다양한 주체의 참여로 인해 품질관리와 윤리기준 간의 차이가 발생할 우려도 존재한다. 예를 들어, 회계법인이 아닌 인증기관이 ISAE 3000 기준을 준수한다고 주장하더라도, 실제 내부 품질관리 체계나 독립성 확보 방안 등에서 회계법인과 차이가 날 수 있다.

Accountancy Europe은 모든 인증인이 국제윤리기준위원회 국제윤리기준, 개인 징계 책임, 독립성 요구사항, 품질관리 프레임워크, 그리고 공공 감독 등 공통 규범을 반드시 준수해야 한다고 강조한다. 이러한 조화로운 규제 체계는 지속가능성 인증의 신뢰성을 높이고, 이해관계자가 어느 인증인을 선택하더라도 일관된 품질을 기대할 수 있는 환경을 조성한다. 스코틀랜드공인회계사협회 역시 인증인의 독립성 위협, 특히 자문과 인증업무를 동시에 수행하는 행위를 엄격히 금지해야 한다고 밝힌다. 인증인은 이해충돌을 사전에 방지하는 것이야말로 인증의 공정성과 투명성을 유지하는 핵심임을 명심해야 한다.

국내 지속가능성 정보 인증 시장은 현재 자율 시장으로, 인증인의 자격 요건과 인증업무에 대한 감독 체계가 아직 충분히 정립되지 않았다. 인증인은 인증업무를 진행하기 전에 기업과의 기존 관계를 철저히 점검해 이해충돌을 사전에 차단해야 한다. 예를 들어, 동일한 보고 기간에 기업에 지속가능성 전략 자문을 제공한 이력이 있다면, 해당 기업의 인증업무를 맡지 않아야 한다. 그리고 지속가능성 데이터의 복잡성과 다양성을 고려해 기후 과학자, 인권 전문가 등 외부전문가와의 협업 체계를 구축하고 이들의 독립성과 전문성도 객관적으로 평가해야 한다.

또한 인증 실무자는 인증보고서에 '국제윤리기준위원회 국제윤리기준을 준수했다'는 사실을 명확히 기재하고, 내부 품질관리 프로세스(예: Peer Review)를 통해 인증 결과의 신뢰성을 높여야 한다. 그리고 공정 경쟁 환경 조성을 위해 국가 감독기관(예: 금융위원회)과 협력해 인증인 자격기준과 윤리 가이드라인을 마련하는 데 적극적으로 참여해야 한다. 이와 같은 과정은 인증 시장의 성숙도를 한층 끌어올리고, 인증인이 다양한 이해관계자의 신뢰를 얻으면서 장기적으로 안정적인 인증업무를 수행하는 데 중요한 기반이 된다. 더 나아가 인증업무 전반에 걸쳐 국제 기준과 모범 사례를 적극적으로 참고해 공정성과 투명성 확보를 위한 내부통제 체계를 강화해야 한다. 또한, 지속가능성 데이터의 품질을 높이기 위해 표준화된 데이터 수집 및 인증 프로세스를 마련하고, 각 기업이 자체적으로 구축한 시스템의 미비점을 보완할 수 있도록 실무자 차원에서 지속적으로 지원해야 한다. 이러한 노력이 쌓이면 인증인이 신뢰받는 전문 인력으로 성장할 수 있으며, 궁극적으로 국내 기업이 글로벌 인증기준에 원활하게 적응하고 지속가능성 정보의 신뢰도를 높이는 데 기여할 수 있다.

## 7) 인증의 전제조건 확립

Accountancy Europe은 지속가능성 정보 인증을 성공적으로 수행하기 위해 반드시 충족해야 할 핵심적인 전제조건을 강조한다.

첫째, 기업이 제공하는 데이터의 품질이 신뢰할 수 있는 수준이어야 한다. 예를 들어, Scope 3 배출량이 대부분 추정치에 머문다면 인증인이 이를 정확하게 인증하기 어렵다. 따라서 정확하고 투명한 데이터 확보가 필수적이다.

둘째, 기업 내부에는 데이터 수집과 보고의 전 과정을 꼼꼼하게 관리할 수 있는 내부통제시스템이 갖추어져 있어야 한다. 이는 데이터가 어떤 방식으로 생성, 기록, 보고되는지에 대한 프로세스가 명확히 문서화돼야 하며, 오류 발생을 사전에 차단할 수 있는 절차를 마련해야 함을 의미한다.

셋째, 인증인이 인증업무를 효과적으로 수행할 수 있을 만큼 충분한 역량을 갖추어야 한다. 여기에는 ESRS, EU Taxonomy, GRI 등 주요 지속가능성 프레임워크에 대한 폭넓은 이해는 물론, 환경 전문가나 데이터 분석가 등 다양한 전문인력과 협업할 수 있는 능력까지 포함된다. 필요하다면 다학제적 팀을 구성해 복잡한 인증 과제에 유연하게 대응해야 한다.

국내 기업은 아직 지속가능성 데이터 관리체계와 내부통제시스템이 충분히 마련되지 않은 경우가 많으므로, 인증인이 본격적인 인증에 앞서 기업과 긴밀하게 소통해 이러한 전제조건을 충족할 수 있도록 적극적으로 지원해야 한다. 예를 들면, Scope 3 배출 데이터의 신뢰성이 낮다면 공급망 데이터 표준화 프로세스를 구축하는 방식으로 개선을 유도하고, 데이터 수집 및 관리 과정이 명확히 문서화돼 있지 않은 경우, 이를 체계적으로 정리하도록 요청하고, 지역사회 설문 등 이해관계자 의견을 반영해 데이터 신뢰성을 높일 방안도 제시할 필요가 있다.

인증인은 국제회계사연맹, 국제감사인증기준위원회 등 국제기구가 제공하는 교육 프로그램에 지속적으로 참여하고, 관련 자격을 취득하거나 외부전문가와 협력해 전문성을 강화해야 한다. 이러한 과정을 통해 실무자의 역량이 한층 높아진다. 이와 같은 전제조건을 확립하는 과정은 인증의 객관성과 품질을 대폭 향상시키며, 인증인이 인증 과정에서 맞닥뜨릴 수 있는 데이터 부족이나 시스템 미비 문제를 사전에 예방할 수 있게 한다. 더불어 국내 인증인은 글로벌 기준에 부합하는 수준 높은 인증을 안정적으로 수행할 수 있는 기반을 마련하게 된다.

## 8) 적합한 인증기준

현재 회계법인에서 주로 채택하는 지속가능성 인증기준은 국제인증업무기준 중 하나인 ISAE 3000이다. 그러나 ISAE 3000은 지속가능성 데이터의 복잡성과 특수성을 충분히 반영하지 못한다는 한계가 있다. 이 기준은 제한적 확신과 합리적 확신을 모두 다루지만, 정성적 정보, 미래 지향적 정보, 이중 중요성 평가 등 지속가능성 정보가 지니는 고유한 특성에 대해서는 구체적인 지침을 제공하지 않는다.

2021년 국제감사인증기준위원회가 비공식적으로 발표한 EER 지침은 ISAE 3000의 현실 적용을 지원하기 위해 마련되었으나, 회계감사기준에 존재하는 금융기관 조회서, 특수관계자 거래 등과 같은 구체적인 인증기준은 여전히 지속가능성 정보 인증에는 마련되어 있지 않다. 이러한 점을 보완해 국제감사인증기준위원회는 2024년 11월 ISSA 5000을 제정하였으며 2026년 12월 이후 활용될 예정이다.

한편, 회계법인이 아닌 인증기관에서 보편적으로 활용하는 AA1000AS(AA1000 Assurance Standard) 기준은 중간 및 높은 수준의 확신을 제공한다. 그러나 ISAE 3000과는 수행절차, 인증인의 자격 요건 등에서 몇 가지 차이가 존재한다. 두 기준 모두 지속가능성 정보 인증에 활용할 수 있으나, 각 기준이 가진 특성과 한계를 명확히 이해하고 실제 인증업무의 복잡성을 충분히 고려해 기준을 선택해야 한다.

ISAE 3000과 AA1000AS 비교

| 구분 | ISAE3000 | AA1000AS |
|---|---|---|
| 인증대상 | • 인증대상정보가 준거기준에 따라 작성되었는지 여부 | • 포괄성, 중요성, 대응성, 영향성의 4가지 원칙을 준수했는지와 정보의 신뢰성과 품질(Type 2 기준) |
| 인증업무 수행자 | • 자격 제한 없음<br>• 다만, (회계법인 수준으로) 윤리적 요구사항과 품질관리 요구사항을 준수하고 적격성을 갖춰야 함 | • 라이선스 계약 체결 필요<br>• 독립성, 공정성, 역량을 갖춰야 함 |
| 품질통제절차 | • 인증기준 사용자 요건을 적용해 품질통제를 간접적으로 수행함 | • 관련 규정 없음 |
| 경영진 진술서 | • 경영진 진술서 수령 필요 | • 관련 규정 없음 |

앞으로는 국제적으로 통용되는 인증기준과 모범 사례를 적극적으로 참고해, 기관 및 실무자가 국내 환경에 적합한 인증 체계를 함께 구축해야 한다. 이러한 노력을 통해 실무자는 신뢰받는 전문 인력으로 성장하고, 국내 기업은 글로벌 인증기준에 효과적으로 적응하며 지속가능성 정보의 신뢰도를 높일 수 있다.

이처럼 국내 인증 실무자는 복수의 인증기준과 가이드라인을 유연하게 활용하면서, 각 기업의 상황에 맞춘 절차와 요건을 구체적으로 설계할 필요도 있다. 특히 새로운 국제 기준의 도입이나 규제 변화에 능동적으로 대응할 수 있도록, 인증 프로세스의 표준화와 내부 품질관리를 동시에 강화해야 한다.

또한 앞으로는 연결 기준에 따라 인증을 수행할 때 반드시 통일된 인증기준을 적용해야 한다. 현재는 별도 기준으로 지속가능성 정보를 공시하는 기업이 많지만, 공시 의무화가 본격적으로 시행되면 기업은 지속가능성 정보를 자회사를 포함한 연결 기준으로 수행해야 한다. 이에 따라 지속가능성 정보 인증 역시 연결 기준에 맞춰 이루어져야 하며, 모회사와 자회사 모두 동일한 인증기준을 적용해야 한다. 인증인은 하나의 통일된 인증기준을 적용함으로써 연결 관점에서 일관된 인증업무 절차를 계획하고 수행할 수 있다.

## 9) 이해관계자 소통과 교육

지속가능성 정보 인증의 성공은 기업, 투자자, NGO, 지역사회 등 다양한 이해관계자가 인증 과정과 그 결과를 충분히 이해하고, 적극적으로 소통하며 협력할 때 비로소 달성될 수 있다. 인증 실무자는 데이터 품질의 한계, 예를 들어 'Scope 3 배출량 산정에서 상당 부분이 추정치에 의존하고 있으며, 2026년 말까지 정확한 측정 시스템 도입을 계획 중'임을 투명하게 공개함으로써 신뢰를 쌓는 것이 필수적이다.

또한 지속가능성 정보가 어떻게 재무 정보와 연결되어 있는지 설명하는 일도 중요하다. 예를 들어, 폐기물 감축 목표가 재무제표에서의 운영비 절감과 어떤 방식으로 연계되는지, 탄소 감축 목표가 노후화로 인해 탄소 배출량이 높은 기계장치에 대한 손상 인식이 구체적으로 어떻게 연결되는지 명확히 밝혀야 한다.

이와 같이 인증인은 다양한 이해관계자의 특성을 충분히 고려해 소통 전략을 세워야 한다. 주주뿐 아니라 지역 주민, 환경 단체 등 여러 집단이 인증보고서를 참고해 판단할 수 있으므로, 누구나 쉽게 이해할 수 있도록 인증 결과를 작성하는 것이 매우 중요하다. 한편, 스코틀랜드공인회계사협회는 이해관계자 대상 교육의 필요성 또한 적극적으로 강조하고 있다. 세미나나 웨비나와 같은 방식으로 제한적 확신의 의미, 인증 과정의 구조, 그리고 한계점 등을 상세히 알릴 것을 권고한다. 이러한 소통과 교육 활동은 이해관계자의 오해와 불신을 줄이는 데 큰 역할을 하며, 인증 과정 전반의 신뢰도를 높이고 CSRD와 같은 국제적 요구사항도 효과적으로 반영할 수 있게 한다. 인증인은 인증 결과를 이해관계자와 적극적으로 공유하고 신뢰를 구축하는 데 있어 핵심적이고 주도적인 역할을 담당해야 한다.

## 10) 도전 과제와 해결 방안

### (1) 데이터 품질 미성숙

국내 기업의 지속가능성 데이터 관리 수준은 아직 초기 단계에 머물러 있어, 데이터의 완전성이 부족하거나 문서화가 미흡한 사례가 빈번하게 나타난다. 예를 들어, 기업이 '지역사회와 협력해 환경 영향을 최소화했다'고 주장하더라도, 설문 응답률이 20%에 불과하거나 구체적인 피드백 기록이 존재하지 않는다면 인증인은 이를 신뢰할 수 있는 데이터로 간주하기 어렵다.

이러한 상황에서 인증인은 인증 과정에서 기업의 데이터 수집 체계를 세밀하게 점검하고, 미흡한 부분 예컨대 설문 조사 방식의 비체계성을 정확히 지적하며 구체적인 개선 방향을 제시해야 한다. 이를 위해 기업에 지역 주민과의 공청회를 정기적으로 개최하도록 유도하거나, 표준화된 양식의 설문조사를 체계적으로 실시하도록 권고할 수 있다.

또한 인증인은 데이터 품질의 한계를 지속가능성 보고서에 투명하게 기록하고, '지역사회 데이터의 20%만 설문 기반, 2026년까지 참여율 50% 목표'와 같이 구체적인 개선 계획을 보고서에 반영하도록 요구해야 한다. 이러한 적극적인 접근은 인증의 신뢰성을 높이고 이해관계자의 우려를 해소하며, 국내 기업의 지속가능성 데이터 관리 성숙도를 한층 끌어올리는 데 기여할 수 있다.

아울러 인증인은 기업이 데이터 품질 개선에 보다 적극적으로 투자할 수 있도록, 이사회에 지속가능성 관련 핵심성과지표(예: 지역사회 만족도)를 경영성과와 연계하는 방안을 제안할 필요가 있다. 이러한 노력을 통해 인증인은 데이터 품질 문제를 체계적으로 관리하고 장기적으로 기업의 지속가능성 보고 체계를 한층 강화할 수 있을 것이다.

### (2) 인증 실무자 역량 부족

인증인은 ESRS, EU Taxonomy, GRI 등 다양한 글로벌 프레임워크에 대한 충분한 이해가 부족할 경우, 지속가능성 인증의 전반적인 품질이 저하될 위험이 있다. 예를 들어, 노동 조건 데이터(직원 만족도, 안전 사고율 등)를 인증하려면 GRI 기준에 대한 심도 깊은 이해는 물론, 노동조합과 같은 관련 이해관계자들의 의견까지 폭넓게 평가할 수 있어야 한다. 하지만, 인증 실무자 중 이처럼 높은 수준의 전문성을 갖춘 인력은 여전히 부족한 상황이다. Accountancy Europe 역시, 인증 실무자가 지속가능성 인증을 효과적으로 수행하기 위해서는 꾸준한 교육과 다양한 분야 전문가들과의 긴밀한 협력이 반드시 필수적이라고 강조한다.

실제 업무 현장에서 살펴보면, 특히 노동 조건이나 지역사회와 관련된 데이터처럼 정성적 정보에 대한 인증 과정에서는 여러 가지 실질적인 어려움이 빈번하게 나타난다. 예를 들어, 기업이 '직원 안전 사고율 0%'라고 주장하는 경우, 인증인은 사고 보고서, 노조와의 인터뷰, 제3자 감사 결과 등 다양한 자료를 폭넓게 확인해야 하지만, 실제로 이와 같은 데이터에 접근하기가 쉽지 않을 때가 많다. 이러한 상황에서는 인증인이 각 기업에 노동 조건 데이터를 체계적으로 문서화할 것을 권고하고, 안전 점검 보고서나 근로자 의견 수렴 결과 등도 정기적으로 정리해 둘 것을 조언한다. 또한 데이터가 부족한 경우에는 외부전문가(예: 노사 관계 전문가) 검토를 적극적으로 도입해 신뢰도를 높이는 방안을 활용한다.

이와 같은 다양한 노력을 통해 인증인은 글로벌 인증기준에 부합하는 전문적인 업무를 수행할 수 있으며, 역량 부족에 의해 발생할 수 있는 인증 품질 저하 문제를 효과적으로 예방하게 된다. 궁극적으로 이러한 접근은 복잡한 지속가능성 인증 환경에서 나타나는 다양한 도전을 성공적으로 극복하는 데 있어서 매우 중요한 역할을 담당한다.

### 11) 결언

지속가능성 인증은 기업의 ESG 정보에 대한 신뢰도를 높여 투자자와 이해관계자가 합리적으로 의사결정을 내릴 수 있도록 하는 핵심적 역할을 한다. 신뢰할 수 있는 인증은 기업의 투명성을 강화하고, 그린워싱을 방지하며, 사회 전반의 지속가능한 발전을 촉진한다는 점에서 그 중요성이 크다.

그러나 국내에서는 데이터 품질의 미성숙과 인증 실무자 역량 부족 등 여러 한계가 존재한다. 불완전하거나 체계화되지 않은 데이터, 지속가능성기준에 대한 전문성 부족은 인증의 신뢰성과 효과를 저해하는 주요 원인이다. 이러한 문제를 해결하기 위해서는 기업이 데이터 수집과 관리 체계를 개선하고, 인증 실무자는 꾸준한 교육과 외부전문가와의 협력을 확대해야 한다.

또한, 인증인은 데이터 품질 개선과 이해관계자 소통 강화, 지속적인 전문성 제고 등 구체적인 보완책을 마련해 인증의 신뢰성과 가치를 높여야 한다. 이를 통해 궁극적으로 국내 기업의 지속가능성 정보 공개 수준을 한 단계 끌어올리고, 지속가능성 인증의 사회적·경제적 의미를 더욱 확장할 수 있을 것이다.

## 05 지속가능성 인증을 위한 준비

한국지속가능성기준위원회(Korea Sustainability Standards Board, KSSB)는 24년 4월 말 한국 지속가능성 공시기준 초안을 발표했다. 최종 기준 발표 일정은 아직 정해지지 않았지만, 국내 기업들의 수용가능성과 EU, 미국 등 해외 주요국들의 동향을 참고해 적절한 시기에 발표할 것으로 기대된다. 지속가능성 공시기준이 확정되고 의무 공시가 시행되면 정부기관에 의한 기업의 지속가능성 정보 규제가 시작될 뿐만 아니라 데이터, 프로세스, 시스템 등 기업 전반에 걸쳐 영향을 주어 비즈니스 의사결정의 패러다임을 바꿀 것이다. 즉, 법적 요구사항과 규제 압력 그리고 증가하는 인증 요구사항을 고려할 때, 기업들은 이제 체계적으로 지속가능성의 모든 측면, 특히 관련된 위험과 기회에 효과적으로 대응하기 위한 포괄적인 메커니즘을 도입하는 것을 고려해야 한다.

기업들이 정보에 기반한 결정을 내리기 위해 완전하고 정확한 데이터를 수집하는 것은 매우 중요한 요소가 될 것이며, 기업은 지속가능한 전략을 세우고 기업가치를 증대할 기회를 모색해야 한다. 지속가능성 인증을 위한 기업의 주요 과제와 대응 전략을 살펴보자.

## 1) 거버넌스와 내부통제

내부회계관리제도가 정착되는 과정에서 우리는 효과적인 내부통제시스템과 프로세스가 조직 내 마인드셋 변화를 촉진하고 효율성 개선 기회를 식별하며, 조직 전체의 변혁을 지원할 수 있음을 경험했다. COSO는 2023년 ICSR 해석 보고서를 발표했다. 최근 제반 상황을 고려할 때 기업들은 전통적인 내부회계관리제도(International Control over Financial Reporting, ICFR)를 넘어, 지속가능성에 대한 기업의 의지를 입증할 수 있는 통제활동 구축을 시작해야 한다. 기존 프레임워크에 지속가능성 관련 내부통제를 적시에 통합하면 빠르게 변화하는 지속가능성 환경 속에서 조직의 의사결정을 개선하고 지속가능성 정보에 대한 이해관계자의 신뢰를 확보할 수 있다.

### (1) 거버넌스

최근에 제정된 지속가능성 공시기준에서는 지속가능성 관련 의사결정 과정 공시를 요구하고 있다. 한국 지속가능성 공시기준 공개초안에서는 일반목적 재무보고서의 이용자가 기업의 지속가능성 혹은 기후 관련 위험과 기회를 모니터링하고 관리하는 데 사용되는 거버넌스 프로세스, 통제 및 절차를 이해할 수 있도록 공시할 것을 요구한다. ESRS에서는 지속가능성 보고 프로세스와 관련된 위험관리 및 내부통제시스템의 주요 특징에 대해서 공시하도록 요구하고 있다.

이에 따라 다수의 기업은 기존의 기후 관련 거버넌스 프로세스를 출발점으로 삼아, 이를 보다 포괄적인 지속가능성 고려 체계로 확장할 수 있다. 나아가 전략, 위험관리, 운영 전반에 걸쳐 기존의 의사결정 회의체와 정책을 면밀히 검토해, 지속가능성을 보다 체계적이고 일관되게 사업 의사결정에 반영해야 한다. 이러한 접근 방식은 기업의 조직적 성숙도와 환경적 여건에 부합하도록 단계적으로 조정·개선함으로써 지속가능경영의 내재화를 촉진할 수 있다.

### (2) 내부통제

기업은 재무 및 비재무 공시 프로세스와 내부통제를 일관성 있게 조정해, 지속가능성 정보가 목적적합성을 확보하고 정확하며 인증기준에 부합하도록 관리해야 한다.

지속가능성 보고는 기업이 수집·관리해야 하는 데이터의 범위를 확장시키며, 동시에 보고 및 인증 과정에서 새로운 위험이 식별된다. 데이터 관리 및 보고 기능이 여전히 개발 단계에 있는 상황에서, 이러한 요구사항을 충족하고 통제력을 강화하기 위한 노력은 상당한 자원을 요구할 수 있다.

따라서 기업은 보고 요구사항, 이해관계자의 기대, 중요 이슈를 명확히 정의하고 이를 기반으로 우선순위를 설정해야 한다. 이러한 요소들은 데이터와 분석의 범위를 결정하며, 가장 필요한 영역에 통제 노력을 집중하는 데 기여한다. 모든 위험을 단번에 관리하는 것은 불가능하므로, 명확한 위험평가에서 출발해 가장 중요한 사안에 자원을 집중하는 것이 바람직하다.

이를 위해 기업은 다음과 같은 조치를 고려할 수 있다.

- 중요왜곡표시위험과 그 발생 원인을 식별하고, 명확한 통제 목표와 위험 기반 통제를 설정한다.
- 데이터 소싱부터 분석 및 보고서 작성에 이르는 엔드 투 엔드(End-to-End) 보고 프로세스를 매핑해, 특히 새로운 모델이나 기초 시스템에서 발생할 수 있는 품질 및 통제상의 격차(Gap)를 식별한다.
- 데이터 품질과 완전성의 변동성을 인정하고, 가장 중요한 격차에 집중적으로 대응한다.

### 가) 내부감사인협회(IIA)의 3선 모델

거버넌스 및 내부 인증활동(지속가능성 정보의 품질 제고와 관련된 활동을 포함)에 대한 역할을 명확히 하기 위해 내부감사인협회(Institute of Internal Auditors, IIA)의 3선 모델을 사용할 수 있다.

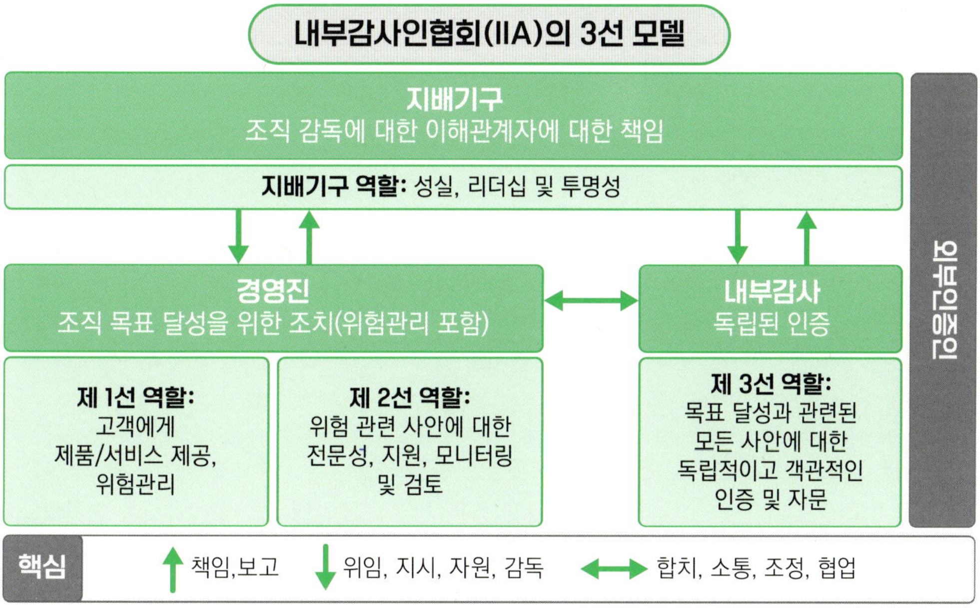


지배기구(일반적으로 이사회)는 거버넌스, 위험관리 및 지속가능성 보고와 인증을 포함하는 내부통제에 대한 책임이 있다. 여기에는 경영진이 사업 및 지속가능성 목표 달성과 지속가능성 보고 프로세스(데이터 수집, 지속가능성 정보의 작성 및 표시 포함)와 관련된 견고한 프로세스와 시스템을 구축했는지 확인하는 것이 포함된다. 이러한 접근 방식은 지속가능성 공시가 조직의 우선순

위 및 내부 핵심성과지표와 부합하도록 하는 데 도움을 준다. 이사회는 일반적으로 감독 책임을 적절한 전문성을 갖춘 특정위원회(일반적으로 감사위원회)에 위임한다.

제1선에는 위험을 소유 및 관리하고 내부통제를 수행하는 현업 부서 직원들과 경영진 및 관리자들이 포함된다. 재무팀이 지속가능성 관련 공시의 프로세스 소유자(책임자)인 경우, 일부 재무팀원은 내부통제 수행자이기도 하므로 제1선의 일부가 된다.

제2선은 위험평가를 감독하며 위험관리와 내부통제 프로세스를 모니터링하는 위험 및 컴플라이언스 전문가 그룹 기능을 포함한다. 이러한 기능은 지속가능성 공시 프로세스에 대한 전문성, 전문가적 검토, 감독 및 모니터링을 제공하며, 보고를 위한 정보의 설계, 이행, 정책, 집행 및 준비상태 테스트를 지원할 수 있다. 중요한 것은 이들은 제1선에 통제의 설계 및 성과에 대한 자문을 제공하며 이사회 또는 감사위원회에 공시하는 작성 및 표시 기준의 근거가 되는 경영진 평가 및 증거를 수집한다는 것이다. 별도의 기능이 존재하지 않는 소규모 조직에서는 CFO/재무 관리자 및 재무팀도 모니터링 및 감독역할을 수행해야 할 수 있다.

제3선은 경영진으로부터 독립된 내부감사기능이다. 내부감사는 제1선 및 제2선이 독립적으로 운영하며, 주요 역할은 제1선과 제2선이 효과적으로 운영하는 것을 보장하고 개선에 대한 자문을 제공하는 것이다. 이사회 및 경영진은 내부감사기능을 사용해 경영진의 평가를 검토 및 평가하고 문서 공유를 통해 외부 인증 프로세스를 지원함으로써 프로세스 및 통제에 대한 객관적인 인증을 제공할 수 있다.

### 나) 재무보고 관행 적용

내부회계관리제도 프로세스를 지속가능성 데이터 수집, 지속가능성 보고 및 공시를 위한 프로세스와 시스템으로 확장하면 정보의 신뢰성이 제고된다. 그리고 보고기준 및 요구사항을 이행하는 데 소요되는 전반적인 비용을 절감할 수 있으며 동시에 지속가능성 정보의 품질을 향상시킬 수 있다. 또한 재무정보 및 보고 프로세스와의 연계를 통해 비재무 데이터 및 프로세스를 인증할 수 있으며 연계된 재무 및 비재무 관련 지속가능성 정보를 재무보고 주기에 더 쉽게 통합할 수 있다.

지속가능성 보고 프로세스가 성숙함에 따라 해당 프로세스를 점차 재무보고 내부통제 프로세스에 통합해야 한다. 지속가능성 정보에 대한 통제환경은 재무보고의 경우와 마찬가지로 출처의 신뢰성과 품질뿐만 아니라 타당성과 완전성을 모두 고려해야 한다.

### 다) 거버넌스 및 통제활동의 연간 주기

기업은 체계적인 거버넌스 및 통제활동의 연간 주기를 통해, 데이터·보고 프로세스·시스템의 성숙도를 제고하기 위한 노력의 우선순위를 설정하고, 기술적 과제 및 변화 관리와 관련된 문제를 해결할 수 있는 기반을 마련할 수 있다. 이러한 연간 주기는 다음과 같은 단계로 순환·반복된다.

① 중요성 평가: 어느 지속가능성 주제가 기업과 이해관계자에게 중요한지 결정한다.

② 중요왜곡표시위험평가: 잘못 보고될 가능성이 높은 공시 항목(Disclosure Requirement, DR)을 우선적으로 식별한다.

③ 통제 목표 수립: 항목별 핵심 통제목표 설정을 통해 정확한 통제 설계를 구축한다.

④ 통제 카탈로그 설정: 통제번호, 목표, 활동, 수행자, 빈도, 증거 수준 등 통제 카탈로그를 설정한다.

⑤ 표준운영절차 수립: 각 통제를 실제 수행할 수 있도록 구체적 지침을 제공한다.

⑥ 모니터링 수행: 통제가 설계된 대로 수행되었는지, 증거가 적절하게 문서화되어 유효한지 확인한다.

⑦ 외부 인증 진행: 독립된 제3자로부터 지속가능성 정보의 신뢰성에 대한 확신을 제공받는다.

이와 같은 주기적 프로세스를 반복적으로 운영함으로써, 기업은 지속가능성 정보의 신뢰성과 목적적합성을 지속적으로 향상시킬 수 있다.

## 2) 데이터와 기술

지속가능성은 다양성 이니셔티브, 임원 보상, 환경 문제 등 폭넓은 영역을 포괄한다. 이에 따라 기업 경영진은 재무적 요소뿐만 아니라 비재무적 요소를 포함해 전사적으로 데이터를 수집해야 한다. 그러나 지속가능성 데이터는 재무 데이터에 비해 복잡하고, 정성적·미래전망적 특성을 지니며, 정량화가 어려운 경우가 많다. 또한 보고 경계와 기간이 상이하거나, 많은 추정·가정을 필요로 하며, 내부통제 수준이 서로 다른 시스템에서 수집되기 때문에 여러 부서의 협업이 필수적이다.

다수의 조직에서는 데이터가 비연계 시스템에 분산돼 있으며, 계획 및 보고 시스템에서도 동일한 문제가 발생한다. 이로 인해 방대한 데이터를 수작업으로 관리하게 되고 그에 따른 결과로 보고 지연, 정확성 저하, 잠재적 기업 위험이 초래될 수 있다. 따라서 데이터 수집·통합·자동화 역량은 지속가능성 공시를 위한 핵심 요소로 간주된다.

### (1) 데이터 관리

지속가능성 데이터 관리는 복잡하며, 다수의 이해관계자가 관여한다. 대부분의 조직은 데이터 가용성 및 품질의 제한, 일관성 없는 프로세스 및 문서화 부족, 데이터 소유자가 보고 통제·인증 요구에 익숙하지 않음 등과 같은 요소로 인해 낮은 성숙도 단계에서 출발한다.

이러한 상황을 개선하기 위해 반드시 대규모 데이터 변환이나 첨단 기술 솔루션이 필요한 것은 아니다. 핵심은 데이터 요구사항을 명확히 정의하고, 이를 충족하기 위한 실질적 실행 계획을 수립하는 것이다. 일부 조직은 기존 시스템과 도구를 활용할 수 있으며, 다른 조직은 스프레드시트와 명확히 정의된 절차를 기반으로 초기 보고 요구를 충족할 수 있다.

출발점과 무관하게 변화하는 보고 요구를 충족하기 위해서는 견고하고 반복이 가능한 데이터 관리의 기반 구축이 필수적이다. 많은 기업이 데이터 관리의 모범 사례를 인지하고 있으나, 이를 지속가능성 데이터에 일관되게 적용하지 못하는 경우가 많다.

또한, 지속가능성 보고를 위한 데이터 관리의 각 구성요소는 고유한 도전 과제를 포함한다. 이에 기업은 자사의 구체적 상황을 평가하고, 필요한 조치를 우선순위에 따라 단계적으로 실행해야 한다.

**지속가능성 데이터 구성요소별 주의사항 및 조치**

| 구분 | 주의사항 | 조치 |
|---|---|---|
| **지속가능성 보고**<br>• 보고 데이터 및 인사이트 종합<br>• 규제 및 관리 보고 | • 왜곡표시위험 높음<br>• 중요성 및 공시사항 결정<br>• 다수 보고서 간 일관성 유지 | • 보고 위험평가부터 시작<br>• 보고 간 연계성 이해(예: 재무보고와의 연계)<br>• 공시 내용에 대한 명확한 거버넌스 및 책임 부여<br>• 장기적으로 보고 자동화 및 통합 |
| **데이터 분석 성과 및 위험관리**<br>• 지속가능성 인사이트 창출<br>• 위험 및 성과 관리에 통합 | • 분석 인력의 역량 및 능력 분석<br>• 복잡한 신규 모델 요건<br>• 불완전한 데이터 및 대체 데이터에 대한 의존 | • 분석 인력 확보 및 개발<br>• 핵심성과지표 및 측정지표를 명확히 정의<br>• 신규 모델의 테스트, 인증 및 문서화의 우선순위<br>• 투명성, 책임성 및 프로세스 문서화에 대한 명확한 지침<br>• 인공지능(AI), 분석 및 시각화 도구 활용 |
| **데이터 통합, 집계**<br>• 데이터 집계, 통합 및 변환 | • 불완전하고 변동성 있는 데이터<br>• 신규 및 미성숙 데이터 소스<br>• 데이터 표준 및 프로세스 부재 | • 지속가능성 데이터 허브 구축<br>• 품질 점검 및 인증에 집중<br>• 외부 표준 및 벤치마크 활용<br>• 개선 필요사항 파악<br>• 데이터 프로세스, 통제 및 거버넌스를 수립 및 문서화 |
| **데이터 생성 및 수집**<br>• 내부 및 외부 시스템 전반의 데이터 소스 관리 | • 데이터 소스 품질 및 신뢰성의 가변성 | • 데이터 수집 및 소유권 프로세스 수립<br>• 데이터 소유자에게 보고 및 공시 요건 교육<br>• 중대 주제에 대한 데이터 소싱 및 수집 우선순위<br>• 데이터 격차 및 품질 이슈에 대한 선제적 대응<br>• 장기적으로 데이터 수집 자동화 |

| 구분 | 주의사항 | 조치 |
|---|---|---|
| **지속가능성 데이터 플랫폼**<br>• 데이터의 가용성, 보안 및 고품질을 보장하는 기반 시스템 | • 기존 시스템 및 신규 데이터소스가 보고, 보안 또는 품질 표준을 충족하지 못할 가능성 | • 요구사항 평가부터 시작<br>• 신규 시스템 요건에 적합한 접근 방식<br>• 신규 시스템에 대한 보안 및 데이터 표준 수립 |

## (2) 기술

기업은 데이터 수집 프로세스의 자동화와 디지털화를 적극적으로 추진해야 한다. 도입되는 기술은 다음과 같은 기능을 갖추어야 한다.

- 자동화된 데이터 입력 및 정확한 보고 지원
- ERP 시스템과의 통합을 통한 지속가능성 데이터와 재무 데이터 연계
- 실시간 모니터링, 오류 검출, 시각화 대시보드 제공을 통한 의사결정 지원
- 클라우드 기반 플랫폼을 활용한 부서·지역 간 데이터 접근성 향상, 버전 관리 및 보안 강화

다만, 기술 도입 시에는 다음 사항도 충분히 검토해야 한다.

- 기존 시스템과의 호환성
- 사용자 교육 및 역량 강화
- 데이터 보안과 내부통제 연계성
- 초기 투자 대비 장기적 운영 효율성 분석

기업은 이러한 검토를 바탕으로 기술 도입을 단계적으로 확대 적용하는 전략을 수립하는 것이 바람직하다.

### 3) 리소스

향후 규제 환경은 법률, 위험관리, 내부통제 등 다방면의 이해관계자 참여를 요구할 것으로 예상된다. 이에 따라 조직은 적절한 인력과 역량을 확보하는 것이 필수적이다.

#### (1) 자원 확보

지속가능성 공시를 효과적으로 수행하기 위해서는 필요 업무량에 대한 명확한 이해, 체계적인 공시 프레임워크 구축, 운영 리소스 확보가 초기 단계에서 반드시 이루어져야 한다.

많은 기업이 지속가능성 전문성을 비즈니스 운영에 내재화하고, 중앙 집중형 전문가 허브를 운영해 공시 관련 관리·감독 기능을 균형 있게 유지하고 있다.

일부 기업은 지속가능성 부서 또는 재무 부서 내에 전문가 조직(Center of Excellence, CoE)을 두어, 각 부문의 전문 역량을 강화하고 있다. 조직 구조의 형태와 무관하게, 명확한 책임 체계와 핵심성과지표를 설정하고, 직무 기술서를 업데이트하여 역할·책임·보고 라인이 명확히 정의해야 한다. 이를 통해 기업은 공시 체계의 일관성과 신뢰성을 유지하며, 변화하는 규제 환경에 효과적으로 대응할 수 있다.

#### (2) 역량 구축

많은 기업이 지속가능성 업무를 위한 인재를 확보하기 어려운 제약 속에서 기존 인력을 재교육·재배치하는 방식을 선택하고 있다. 그러나 지속가능성, 데이터 관리, 재무 공시 전반에 걸쳐 지식과 경험이 부족한 경우, 다음과 같은 체계적 역량 개발 계획이 필요하다.

- 전사적 차원의 지속가능성 인식 제고 프로그램
- 직무별 전문성 강화 교육
- (공시 요건이 복잡하거나 높은 전문성이 요구되는 경우) 외부전문가 채용 또는 전문 컨설팅 활용을 통한 역량 격차 보완

이를 통해 기업은 규제 변화에 신속하게 대응하고, 공시 품질과 신뢰성을 향상시킬 수 있다.

### 4) 전략적 목표 설정 및 가치 창출

대부분의 기업은 여전히 지속가능성 공시를 규제 준수 의무로 인식하고 있으나, 일부 선도 기업은 이를 전략적 목표 설정과 가치 창출의 기회로 활용하고 있다.

탄탄한 지속가능성 공시 역량을 구축하는 것은 결코 단기간에 이루어지지 않는다. 그러나 지속가능성 데이터 품질과 활용 역량을 강화하면, 경영진 등은 규제 준수를 넘어 장기적 가치 창출에 기여할 수 있다. 이를 위해 다음과 같은 전략이 요구된다.

- 핵심 지속가능성 이슈와 이에 대한 전략을 명확히 정의
- 전사적 차원의 투자 규모와 방향 설정
- 지속가능성 공시기준을 기반으로 한 강·약점 분석
- 분석 결과를 바탕으로 한 신규 사업 기회 발굴 및 전략 수립

이러한 접근은 지속가능경영을 기업 성장의 핵심 축으로 자리매김하게 하면서 지속가능성 인증을 위한 사전 준비의 역할을 할 수 있다.

# Ⅳ

# 지속가능성 인증제도

SUSTAINABILITY ASSURANCE

# 알기 쉬운
# 지속가능성 인증

1. 지속가능성 인증제도의 필요성
2. 해외 지속가능성 인증제도 소개

# Ⅳ 지속가능성 인증제도

## 01 지속가능성 인증제도의 필요성

### 1) 재무제표 회계감사 제도의 출현

지속가능성 인증제도의 필요성을 이해하기 위해서는 재무제표에 대한 회계감사 제도의 출현을 이해하는 것이 필요하다. 우리는 역사를 통해 배울 수 있기 때문이다. 영국에서는 1825년 스톡톤-달링톤(Stockton-Darlington) 간에 최초의 철도가 개설된 이후 철도산업에 막대한 투자가 이루어졌다. 이때, 회계가 복잡해지고 영업비용비율(operating ratio)[42], 감가상각 논란 등의 문제가 발생하면서 철도산업은 부패의 상징이 되었다. 이와 같이 재무제표의 신뢰성 문제가 발생하자 신뢰할 수 있는 재무제표의 제공을 위해 회계감사(audit) 제도가 도입되었다. 1840년대에 오늘날의 Big 4 회계법인의 전신인 회계법인들이 영국 전역에 설립되었고, 1854년에 스코틀랜드에서 왕실의 인정을 받은 칙허회계사(Chartered Accountants)가 처음으로 출현했으며, 잉글랜드가 뒤를 이었다. 1887년에는 미국공인회계사회(American Institute of Certified Public Accountants, AICPA)가 설립되었다(Soll, 2014). 이후 20세기 초 미국 대공황을 계기로 재무제표 감사가 전세계적으로 확산되었다. 결과적으로 재무제표 감사는 독립적 제3자가 기업의 재무정보 정확성과 신뢰성을 인증하는 시스템으로서, 글로벌 스탠더드로 자리 잡았다.

### 2) 재무제표 회계감사와 지속가능성 인증

재무제표에 대한 회계감사와 유사하게 기업이 공시하는 지속가능성 보고서의 신뢰성에 의문이 제기되어 ESG 워싱[43]이 논란이 되었다. 따라서 신뢰할 수 있는 지속가능성 정보의 제공을 위해 지

42) 영업비용비율(operating ratio, 영업비용/매출액)은 영업비용을 매출액으로 나누어 계산하는 것으로서 작을수록 효율적인 경영을 하고 있다는 것을 의미한다.

43) ESG 워싱(ESG washing)은 실제와는 달리 겉으로만 ESG를 잘 실천하는 것으로 보이게 하는 것을 말하며, 실제는 친환경적이지 않지만 친환경적인 것처럼 홍보하는 친환경 세탁(greenwashing, 그린워싱)을 포함한 넓은 개념으로서 재무제표에서의 분식회계에 해당하는 개념이다.

속가능성 인증의 필요성이 대두되었다. 즉, 고품질의 지속가능성 정보를 자본시장에 제공하기 위하여 지속가능성 인증에 대한 수요가 증가했고, 이를 위한 지속가능성 인증의 필요성이 증가하고 있다.

지속가능성 보고의 인증은 회계감사와 프레임워크 측면에서 공통점을 지니고 있지만 중요한 차이점이 있다. 재무보고는 무엇을 측정하는지가 명확하고 회계감사 또한 지난 100여년의 오랜 시간 동안 무수한 시행착오를 거치며 그 절차 등이 견고히 확립돼 왔다. 이런 이유로 회계감사에서는 결론의 제시도 적극적 형태로 표현될 수 있다. 이를 합리적인 확신(절대적인 확신은 아니지만 높은 수준의 확신)이라고 하며, 이를 위해 고안된 절차에 따라 충분하고 적합한 증거를 입수하는 과정을 따른다.

반면에, 지속가능성 보고는 매우 다양한 주제를 다루고, 기업 혹은 산업마다 중요한 이슈 및 그것을 측정하고 공개하는 기준과 표현이 상이하다. 또한 지속가능성 보고는 보통 정량, 정성 데이터를 혼합해서 사용하며, 재무정보처럼 관련 데이터가 화폐 단위로 모두 통일할 수 없기에 다양한 단위 등을 함께 사용하고 있다. 또한 아직 회계 역사와 비교해 상대적으로 짧은 역사를 가지기에 관련 정보를 취합하는 내부통제시스템 및 데이터 수집 프로세스 등의 수준도 상대적으로 취약한 것이 현실이다. 향후 회계감사와 같은 수준으로 발전해 나가기 위해서는 객관적인 추정치, 가정, 시나리오 분석 그리고 신뢰할 수 있는 가치사슬 데이터 및 중요성 평가 방법론을 정립해야 하는 등 많은 투자와 시간이 걸릴 것으로 보인다. 이로 인해 인증 수준도 아직은 합리적 확신업무에 비해 제한된 절차를 기반으로, 충분하고 적합한 증거를 입수해, 지속가능성 정보에 중요한 왜곡표시가 있을 수 있다고 판단할 만한 사항이 있는지를 보여주는 제한적 확신(Limited assurance) 수준으로 주로 이루어지고 있다.

### 3) 재무제표 회계감사 제도의 현황과 지속가능성 인증제도의 필요성

기존 회계정보의 경우에는 기업의 경영자가 재무제표를 작성하면 감사인(회계법인과 감사반)이 회계감사를 실시하고 금융감독원 또는 한국공인회계사회에 의한 '심사' 또는 '감리' 제도[44]가 운영되고 있다. 또한 회계처리기준 위반 또는 회계감사기준 위반 등이 있는 경우에는 금융위원회에 의한 징계가 이루어지고 있다. 그러나 자율 공시 및 인증을 하고 있는 지속가능성 정보의 경우 이러한 감독 관련 제도가 없다. 지속가능성 정보 역시 공시가 의무화되면 신뢰성 있는 지속가능성 정

44) '심사'는 회사의 공시된 재무제표 등에 회계처리기준 위반사항이 있는지를 검토해 발견된 특이사항에 대한 회사의 소명을 들은 후 위반사항이 있다고 판단되는 경우 재무제표의 수정 권고 및 수정 후 경조치로 종결하는 것을 말하며, '표본심사'와 '혐의심사'로 나누어진다. 반면에 '감리'는 회사가 제출한 재무제표 및 감사인이 제출한 감사보고서에 대해 회계처리기준 및 회계감사기준 준수 여부를 검토하는 업무로서 '심사' 결과 회계처리기준 위반혐의가 '고의' 또는 '중과실'에 해당하는 것으로 판단되거나 수정공시 권고를 이행하지 않는 경우, 회계부정제보 접수 등이 있는 경우에 실시한다(금융감독원 보도자료, 2023).

보에 대한 요구가 증가하게 되어 인증도 의무화될 것으로 보인다. 지속가능성 정보의 이용자뿐만 아니라 기업도 자사의 지속가능성 활동을 정당하게 평가받고, 활동의 개선을 위해 인증을 필요로 하게 될 것이다.

이와 같이 지속가능성 정보의 공시와 인증은 회계정보(재무제표)의 공시 및 인증(회계감사)과 유사한 과정을 밟고 있으므로 과거 회계정보의 공시와 인증에 대한 경험이 지속가능성 공시와 인증 제도의 정착에 많은 도움이 될 것으로 기대된다.

지속가능성 인증이 형식적인 인증에 그친다면 '부실인증' 논란이 발생하게 될 것이므로 제대로 된 인증을 할 수 있도록 인증 제도 구축 및 의무화에 대한 논의가 필요하다. 이미 외국에서는 많은 논의가 진행되어 지속가능성 인증이 제도화되었거나 제도화될 예정이다.

지속가능성 공시와 인증 의무화 도입 초기에는 면책조항(safe harbor)을 도입해 기업과 인증인의 부담을 덜어주는 방향으로 설계될 것으로 보인다. 그리고 일정 기간이 지난 후에는 재무제표에 대한 심사 또는 감리와 유사한 제도가 도입되는 등 기업과 인증인의 법적책임이 강화되는 방향으로 진행될 것으로 예상된다. 회계정보에 대한 회계처리기준 위반과 부실감사에 대한 처벌이 이루어지는 것처럼 지속가능성 정보도 그린워싱 등과 부실인증에 대한 처벌이 이루어질 것이다. 즉, 지속가능성정보 역시 회계정보와 유사한 과정을 밟게 될 것으로 보인다.

**재무제표 회계감사 제도와 지속가능성 보고서 인증제도의 비교**

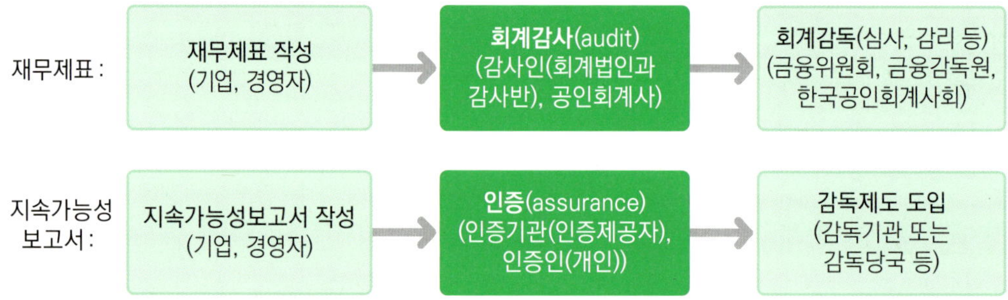


(   )안은 담당하는 기관 또는 개인을 말함

국제회계사연맹은 고품질 지속가능성 보고와 인증을 통해 투자자와 정책 입안자가 신뢰할 수 있는 정보를 보다 효율적으로 활용할 수 있다고 한다. 또한 G20은 IFRS 지속가능성 공시기준, 국제감사인증기준위원회의 ISSA 5000, 국제윤리기준위원회의 IESSA를 기반으로 하는 포괄적인 생태계를 구축해야 함을 제안했다(국제회계사연맹, 2024).

# 02 해외 지속가능성 인증제도 소개

## 1) 해외 지속가능성 인증제도

국내에서 지속가능성 인증제도에 대한 논의가 활발히 지속되는 가운데, 이미 지속가능성 인증제도를 도입해 시행 중이거나 시행을 앞두고 있는 해외 국가들이 있다. 본 절에서는 국내 제도 수립에 참고할 수 있는 이들 국가의 인증제도를 살펴본다. 먼저 CSRD를 채택함으로써 지속가능성 공시를 가장 포괄적이고 선도적으로 추진하고 있는 EU의 인증제도를 소개한다. 그 후, CSRD 도입 이전에도 지속가능성 정보 인증제도를 운영해 왔던 EU에 소속된 3개 국가(프랑스, 이탈리아, 스페인)의 제도를 설명한다. 그다음으로는 EU 이외 국가 중 지속가능성 인증 의무화 법률을 제안 중이거나 법제화를 완료해 시행을 기다리고 있는 미국, 싱가포르, 호주, 뉴질랜드, 인도, 일본 등 6개 국가의 지속가능성 인증제도를 소개한다.

## 2) EU

### (1) 공시제도

2022년 11월 28일, EU는 CSRD의 최종안을 발표(채택)했다. 이는 2017 회계연도부터 적용되어 왔던 기존 EU의 NFRD를 대체하는 지침이다. CSRD는 2023년 1월 5일에 발효되어 4단계로 나누어 단계적으로 시행된다. CSRD의 적용대상 및 시기는 다음과 같다.

CSRD 적용대상 및 시기[45)]

| 단계 | 대상 | 보고연도 | 발행연도 |
|---|---|---|---|
| 1단계 | 2024년 NFRD(2014/95/EU) 의무공시 대상에 해당하는 기업 | 2024년 | 2025년 |
| 2단계 | NFRD 의무공시 대상에 해당하지 않는 대기업[1)] | 2025년 | 2026년 |
| 3단계 | 상장 중소기업(초소형 기업(micro undertakings)[2)] 제외) 등 | 2026년 | 2027년 |
| 4단계 | (1) ① 하나 이상의 자회사(대기업 또는 상장 중소기업(초소형 기업 제외)) 또는 ② EU 내에 특정 기준(순매출액 4,000만 유로)을 초과하는 지사가 있는 기업<br>(2) 비(非) EU 기업(EU 내에서 순매출액이 1억 5,000만 유로를 초과하는 기업) | 2028년 | 2029년 |

1) 대기업(large companies): 다음 3가지 규모 요건 중 최소한 2가지를 초과하는 기업: ① 총자산 2,500만 유로, ② 순매출 5,000만 유로, ③ 연간 평균 직원 수 250명

2) 초소형 기업(micro companies): 다음 3가지 규모 요건 중 최소한 2가지 요건을 초과하지 않는 기업: ① 총자산 45만 유로, ② 순매출 90만 유로, ③ 연간 평균 직원 수 10명

45) EU옴니버스패키지 개정안이 통과될 경우 이 같은 적용대상 및 시기는 변동 가능하다. 구체적으로, EU 기업 중 임직원 1,000명 이하의 기업은 공시 면제되고 非EU기업 중 순매출 4.5억 유로 이상의 기업만 의무공시대상이 되며, 이와 동시에 2, 3단계의 공시 의무 시기는 2년 연기되는 내용이 EU옴니버스패키지 개정안에 담겼다.

### (2) 인증 의무

지속가능성 보고에 대한 인증을 의무화하지 않았던 NFRD와는 달리 CSRD는 인증을 의무화했다. 인증 수준은 CSRD 지침이 적용되는 회계연도부터 제한적 확신(Limited Assurance)을 시작으로, 향후 합리적 확신(Reasonable Assurance) 수준으로 상향 조정될 예정이다. 또한 CSRD에서는 온실가스 배출량을 포함해 전체 지속가능성 공시와 관련된 사항에 대해 인증을 요구한다.

### (3) 인증기관 및 인증인의 자격

CSRD에서는 이미 재무제표 감사와 경영보고서 감사를 수행하고 있는 법정감사인 또는 회계법인(statutory auditors or audit firms) 외에도 인가받은 독립된 인증서비스제공자(accredited independent assurance services provider)에게도 지속가능성 인증을 허용하고 있다. 한편, IFAC et al.(2025)에 따르면, 2023년에 회계법인으로부터 인증을 받은 전세계 기업 중 55%가 회계법인(이 중 76%는 법정감사인)으로부터 인증을 받았다고 보고했다.

법정감사인이 지속가능성 인증업무를 수행하기 위해서는 지속가능성 관련 특정 과목이 포함된 회원국에서 시행한 시험을 통과하고 최소한 8개월간의 연간 및 연결 지속가능성 보고에 대한 인증 또는 기타 지속가능성 관련 서비스에 대한 실무 교육을 받아야 한다. 인증업무는 'Regulation (EC) No 765/2008 of the European Parliament and of the Council'에 의해 '인가받은 독립된 인증서비스제공자'가 수행할 수 있으며, 법정감사인과 동일하게 'Directive 2006/43/EC of the European Parliament and of the Council'을 준수해야 한다. 한편, 비(非)유럽기업의 지속가능성 공시에 대한 인증은 유럽의 감사인 또는 제3국의 감사인에 의해 수행되어야 한다(European Council 2022).

### (4) 인증기준

EU는 2026년 10월 1일까지 제한적 확신 수준의 지속가능성 인증기준을 채택할 예정이다. 인증기준 채택 이전까지는 각 회원국의 인증기준, 절차 및 요구사항을 적용할 수 있다. 이후 2028년 10월 1일까지는 합리적 확신 수준의 인증기준을 채택하고 의무화할 예정이다. 회원국은 이와 같이 유럽집행위원회(European Commission, EC)가 제정한 인증기준을 적용해야 한다. 만일 유럽집행위원회가 정하지 않은 주제를 공시할 경우, 이와 관련된 인증에 대해서는 각 회원국의 인증기준을 적용할 수 있다(CSRD의 Article 26a). 유럽감사감독기구위원회는 유럽집행위원회에서 인증기준이 채택되기 이전의 전환 기간 동안 EU 회원국 전반에서 일관된 지속가능성 인증이 이루어질 수 있도록 제한적 확신업무에 대한 비구속적 지침(EU 이외-blinding guideline)을 2024년 9월 30일 발표했다. 그러나 해당 지침은 EU 회원국이 시행하는 국내 규정을 대체하거나 우선하지 않는다.

## (5) EU옴니버스패키지

한편, 2025년 2월 26일 유럽집행위원회에서 발표한 EU옴니버스패키지에서는 기존 CSRD의 적용대상 공시기업의 범위를 완화하고 2, 3단계 공시의 시행일을 조정하는 개정안이 포함되었다.[46] 또한 해당 개정안에는 2028년 10월 1일까지 합리적 인증기준을 마련하는 위임 법률을 채택해야 한다는 CSRD의 조항이 제거됨으로써 합리적 인증 공시 의무를 실질적으로 철회하는 내용을 담고 있다. 이러한 CSRD 개정안은 향후 유럽의회 및 EU 각료이사회(EU Council)의 승인이 필요하므로 향후 개정안 통과 여부에 따라 인증 수준에 대한 규정이 변경될 가능성이 있다.

다음은 EU의 지속가능성 인증제도 도입과 관련한 논의사항을 요약한다.

**EU 지속가능성 인증제도 요약**

| 구분 | 주요 내용 |
|---|---|
| 공시 의무 | • 기존 NFRD 의무공시 대상 기업부터 CSRD에 의한 공시를 2024회계연도부터 단계적으로 의무화하고 인증도 동시에 의무화 |
| 인증 의무 | • 제한적 확신 수준에서 시작해 점차 합리적 확신 수준까지 상향 조정할 예정(그러나 2025년 2월 26일 발표된 EU옴니버스패키지 내의 CSRD 개정안이 통과될 경우, 제한적 확신 수준의 인증만 요구될 것임)<br>• 온실가스 배출량을 포함해 전체 지속가능성 공시와 관련된 사항에 대해 인증을 요구 |
| 인증기준 | • 2026년 10월 1일까지 제한적 확신 수준의 인증기준 채택 예정(그 이전까지는 각 회원국의 인증기준, 절차 및 요구사항 적용 가능)<br>• 2028년 10월 1일까지 합리적 확신 수준의 인증기준을 채택하고 의무화 예정. (그러나 EU옴니버스패키지 개정안이 통과될 경우 합리적 확신 수준의 인증기준 채택도 마찬가지로 폐기될 것임) |
| 인증제공자(assurance provider) 자격 | • 법정감사인과 회계법인, '인가받은 독립된 인증서비스제공자' 모두 가능함<br>• '인가받은 독립된 인증서비스제공자'는 'Regulation(EC) No 765/2008'에 의해 인가받은 경우에 한해서 허용하며, 인증업무를 수행하는 경우에는 법정감사인과 동일하게 'Audit Directive(Directive 2006/43/EC)'를 준수해야 하는 의무가 있음 |
| 인증인(signing individual) 자격 | • 법정감사인은 지속가능성 관련 특정 과목이 포함된, 회원국에서 시행한 시험을 통과하고 8개월간의 연간과 연결 지속가능성 인증 혹은 기타 지속가능성 관련 서비스에 대한 실무교육을 마쳐야 함<br>• '인가받은 독립된 인증서비스제공자'는 법정감사인과 동일한 교육과 시험, 계속 교육, 윤리, 독립성 및 품질관리 등의 요건을 적용해야 함 |
| 인증 범위 | • 온실가스 배출량을 포함해 전체 지속가능성 공시에 대해 인증 요구 |

46) 구체적으로, EU 기업 중 임직원 1,000명 이하의 기업은 공시 면제되고 非 EU 기업 중 순매출 4.5억 유로 이상의 기업만 의무공시대상이 되며, 이와 동시에 2, 3단계의 공시 의무 시기는 2년 연기되는 내용이 개정안에 담겼다.

## 3) 지속가능성 인증 의무화 EU 국가의 인증제도

몇몇 EU 국가들은 CSRD 에 따른 법제화를 완료하였다.[47] CSRD 발효 이전에도 EU 국가 중 프랑스, 이탈리아, 스페인은 자국 내에서 독자적 입법을 통해 과거 NFRD에 따른 비재무정보의 공시를 의무화하고, 해당 비재무정보를 독립된 제3자로부터 인증받도록 요구해 왔다. 이 중 프랑스 및 이탈리아가 2025년 1월 기준으로 CSRD 법제화를 완료한 상태다. 이하에서는 EU 국가 중 프랑스, 이탈리아, 스페인 세 국가의 지속가능성 인증에 관한 제도를 살펴본다. 스페인의 제도는 NFRD 하에 운영되어 왔던 제도이지만, 향후 CSRD의 법제화 과정에서 고려될 수 있는 틀이라는 점에서 참고할 만하다.

### (1) 프랑스

#### 가) 공시 및 인증제도

프랑스는 2023년 12월 6일 Ordinance n° 2023-1142 및 2023년 12월 30일 Decree n° 2023-1394호에 의해 상법을 개정해 CSRD를 법제화했다. 대부분의 내용이 앞서 설명한 CSRD 내용과 일치한다. 구체적으로, 총자산 2,500만 유로 이상, 순매출 5,000만 유로 이상, 평균직원 수 250명 이상의 세 가지 조건 중 두 가지 이상을 충족하는 기업은 2025년부터 CSRD에 따른 지속가능성 보고를 해야 한다. CSRD와 마찬가지로, 공시되는 지속가능성 정보는 인증대상이다. 인증 수준에 대한 명시적 규정은 없으나 CSRD에 따라 공시 초기에는 제한적 인증에서 시작하지만, 2028년 말부터 합리적 인증으로의 강화가 고려될 수 있다.

#### 나) 인증기관 및 인증인 요건

프랑스에서는 AMF(프랑스금융시장청)가 정부 주무 부처로서 지속가능성 정보의 공시 및 인증에 관한 관리/감독 책임을 진다. 지속가능성 보고에 대한 인증업무는 법정감사인과 프랑스인가위원

---

47) 2025년 9월 말 현재, 유럽 국가들의 법제화 진행상황은 아래와 같다.

| 법제화 이행상황 | 국가 |
|---|---|
| 승인 | 프랑스, 이탈리아, 벨기에, 불가리아, 크로아티아, 덴마크, 핀란드, 헝가리, 아일랜드, 라트비아, 리투아니아, 슬로바키아, 슬로베니아, 스웨덴, 루마니아, 그리스, 에스토니아, 폴란드, 키프로스, 체코(부분적)* |
| 입안 | 독일, 룩셈부르크, 스페인, 오스트리아, 네덜란드, 체코(부분적)* |
| 미진행 | 몰타, 포르투갈 |

* 체코에서 CSRD는 부분적으로 도입된 상태다. 체코는 '단계적 이행(subsequent transposition)' 방식을 선택했는데, CSRD의 1단계는 완전히 시행되었지만, 이후 단계들은 2025년 9월 현재까지 법제화되지 않았다. 이후 단계에 대한 법률 초안은 하원에 계류 중이다.

** 출처: Ius Libris, 2024, Sustainability reporting in Europe – understanding what's required, Ropes & Gray LLP, 2025, CSRD Transposition Tracker.

회(French Accreditation Committee, COFRAC)가 인가한 독립된 인증서비스제공자가 수행하도록 하고 있다. 프랑스인가위원회의 인가를 받은 법인에 대해서는 프랑스의 감사 및 지속가능성 보고 전문가를 규제하는 기관인 H2A(Haute Autorité de l'Audit, High Authority for Audit, 이하 H2A)가 등록하고 관리한다(Art. L. 822-3).

독립된 인증서비스제공자에 소속된 인증인은 다음의 요건을 갖출 것이 요구된다(Art. L. 822-4).

(a) 프랑스인가위원회의 인가를 받은 법인의 파트너, 매니저 또는 고용인일 것
(b) 형사 유죄 판결을 받은 자가 아닐 것
(c) 제명 등의 징계 제재를 받은 자가 아닐 것
(d) 개인 파산이나 금지 또는 몰수 조치의 대상이 아닐 것
(e) 프랑스에서 발급한 국가 석사 학위 또는 외국에서 취득한 학위(법무부장관의 국가 석사학위와 동등한 수준)를 소지할 것
(f) 등록된 독립 제3자 법인 또는 법정감사인과 최소 8개월 이상의 인턴십을 수료할 것
(g) 지속가능성 인증 관련 시험 통과

단, 2026년 1월 1일 이전에 인가된 독립된 제3자 법인의 파트너, 매니저, 고용인으로서 승인된 교육 과정을 수료한 경우 (f), (g) 조건은 면제된다.

한편, 인증인이 공인회계사일 경우에는 상기 조건 대신 아래의 조건을 충족하면 인증인의 자격요건을 갖춘 것으로 본다.

(a) 법정감사인일 것[48)]
(b) 법정감사인 또는 등록된 독립 제3자 법인과 함께 8개월 이상의 인턴십 수료
(c) 지속가능성 정보 인증 관련 시험 통과

단, 2026년 1월 1일 이전에 등록한 경우 승인된 교육 과정을 수료한 경우 (b),(c) 조건이 면제된다.

이처럼 프랑스는 인증서비스제공자가 특정 유형의 조직(예: 회계법인)에 한정되어 있지 않으며 국가 공인의 인가기관인 프랑스인가위원회로부터 자격을 인가받도록 규제하고 있다. 그럼에도 불구하고, IFAC et al.(2025)에 따르면, 프랑스에서 2023년 인증대상 기업의 100%가 회계법인(이 중 94%는 법정감사인)으로부터 지속가능성 인증을 받은 것으로 나타났다.

48) 법정감사인 등록요건은 아래와 같다(Article L. 821-13).
- 프랑스 국민이거나 EU 회원국, 유럽 경제 구역(European Economic Area)의 협정 당사국 또는 프랑스 국민이 법적 회계감사를 수행하도록 허용하는 외국의 국민일 것
- 형사 유죄 판결을 받은 자가 아닐 것
- 제명 등의 징계 제재를 받은 자가 아닐 것
- 개인 파산이나 금지 또는 몰수 조치의 대상이 아닐 것
- 법정 회계감사를 수행하도록 감사인 또는 EU 회원국에서 승인된 자와 함께 전문 인턴십을 수료할 것
- 법정감사인 자격시험 통과 또는 공인회계사 자격증 소지

### 다) 인증기준

인증인은 유럽집행위원회에서 채택한 지속가능성 인증기준에 따라 인증업무를 수행한다. 만일 해당 기준이 마련되지 않은 경우에는 H2A가 채택하고 법무부장관이 승인한 기준을 따른다(Art. L. 821-59). 유럽집행위원회는 2026년 10월 1일까지 제한적 확신의 인증기준에 대한 위임법(delegated acts)을 채택해야 하며, 2028년 10월 1일까지 합리적 확신의 인증기준에 대한 위임법을 채택해야 한다. 그러나 EU옴니버스패키지 개정안이 통과될 경우 합리적 인증기준 채택 규정은 함께 폐기될 것으로 예상된다.

### 라) 인증제도 감독

H2A가 법정감사인과 지속가능성 인증인의 감독 업무를 수행한다. 구체적으로 H2A는 다음과 같은 사항을 관리 및 감독한다(Art. L. 820-1).

① 법정감사인, 지속가능성 인증인 등록

② 법정감사 및 지속가능성 인증 관련 윤리, 내부 품질관리 관련 기준 제정

③ 계속 교육 관련 가이드라인 제정

④ Articles L. 820-14(법정감사인 감독) and L. 820-15(독립된 제3자 법인 및 인증인 감독)에 따른 통제 관련 가이드라인 및 프레임워크 제정

⑤ 지속가능성 인증 관련 조항 또는 Regulation (EU) No 537/2014(독립성 규정) 위반 여부 조사

⑥ 법정감사인, 독립된 제3자 법인 및 인증인에 정해진 규정에 따른 과징금 부과

⑦ 유사한 기능의 외국 당국, 공익실체를 감독하는 EU 당국, 중앙은행, 유럽중앙은행시스템(European System of Central Banks), 유럽중앙은행 및 ESRB(European Systemic Risk Board)와 협력

⑧ 공익실체(Pubilc interest entities)의 법정감사 및 지속가능성 인증 시장 모니터링

인증업무의 결과를 사후에 검토하는 것에 대한 구체적인 규정은 현재 존재하지 않는다. 다만 법정감사인을 대변하는 민간 전문가 단체나 법정감사인을 감독하는 기구에서 비재무정보의 인증업무와 관련되어 발표한 지침들이 인증업무 품질관리에 참고가 될 수 있다. 예를 들어, 프랑스법정감사인협회(Compagnie Nationale des Commissaires aux Comptes, French Institute of Statutory Auditors, CNCC, 2023)는 2023년 6월 감사인이 비재무정보를 인증하는 업무에 대한 가이드라인을 발표했다. 또한 H3C는 2023년 7월 지속가능성 정보에 대한 제한적 확신의 인증업무를 위한 가이드라인을 발표했다. H3C는 2023년 5월 법정감사인의 계속 교육에 대한 일반적인 가이드라인과 중점 교육 분야를 개정하면서 CSRD에 따라서 감사인들은 비재무정보 공시업무와 관련된 이슈를 잘 숙지해야 한다고 강조했다.

또한 2023년 10월, H3C는 CSRD에 따라 지속가능성 정보를 인증하는 인증서비스제공자들에게 적용되는 교육 과정에 대한 규제 방침을 담은 결론 문서를 발표했다. 해당 문서에 따르면 2026

년 1월 1일 이전에 프랑스인가위원회로부터 인가를 받은 감사인 또는 독립된 제3자 기구의 구성원은 H2A가 승인하는 90시간 이상의 교육 과정을 이수하면 CSRD 체제하에서 지속가능성 정보를 인증하는 것이 허용된다.

## (2) 이탈리아

### 가) 공시 및 인증제도

이탈리아는 2016년, NFRD를 실행하기 위해 Legislative Decree No. 254/2016 법안을 제정해 공익실체(PIEs)인 기업 중에서 (a) 근로자 수가 500명 이상이고, (b) 자산총계가 2,000만 유로 이상이거나 매출액이 4,000만 유로 이상인 경우 비재무정보를 의무적으로 공시하도록 했다.

2024년에는 Legislative Decree No. 125 of September 6, 2024를 통해 지속가능성 공시 및 인증을 법제화해 CSRD 체제로 전환을 완료했다. 이에 따라 이탈리아에서 공시되는 지속가능성 정보는 모두 인증대상이다. 인증 수준에 대한 명시적 규정은 없으나 CSRD에 따라 공시 초기에는 제한적 인증에서 시작하지만, 2028년 말부터 합리적 인증으로의 강화가 고려될 수 있다.

### 나) 인증기관 및 인증인 요건

지속가능성 정보에 대한 인증은 법정감사인에 의해 수행되어야 한다. 따라서 재무제표를 감사하는 법정감사인 또는 이외의 법정감사인 모두 인증업무를 수행하는 것이 허용되지만 비회계법인에 의한 인증은 허용되지 않는다. 예를 들어, 기업 A의 지속가능성 보고서에 대한 인증은 기업 A의 재무제표를 감사하는 회계법인 B 또는 기타 회계법인 C에 의해 수행될 수 있다. 이처럼 인증기관은 법정감사인에 한정되므로, 지속가능성 인증기관에 대한 인가 및 관리는 법정감사인 자격 등록 업무를 담당하는 이탈리아기획재정부(Ministero dell'Economia e delle Finanze, Ministry of Economy and Finance, MEF)에서 관할한다.

인증인 개인의 자격 역시 공인회계사로 한정되며, 다음과 같은 요건을 갖출 것이 요구된다.

- 지속가능성 인증인(sustainability auditor)은 법정감사인(statutory auditor) 중에서 지속가능성 인증에 승인된 자임(Article 1 of Legislative Decree 27 January 2010, n. 39)
- 인턴십 수료, 전문성 시험 통과, 계속 교육 등에 대한 요건이 있음. 예를 들면,
  - 인턴십은 연간 및 연결 지속가능성 보고의 적합성을 인증하기 위한 과제 또는 지속가능성 관련 기타 용역을 수행할 때 최소 8개월 이상 협력해야 하는 과제를 포함해야 함(Article 3 of Legislative Decree 27 January 2010, n. 39)
  - 지속가능성 인증을 수행하기 위한 법정감사인은 매년 최소 25개의 교육 점수(training credits)를 취득해야 하며 그중 최소 10개는 법정 회계감사과 관련된 교육이며, 최소 10개는 지속가능성과 관련된 교육이어야 함(Article 5 of Legislative Decree 27 January 2010, n. 39)

다만, CSRD Legislative Decree No. 125 of September 6, 2024 시행 후 18개월 이내에 이탈리아기획재정부와 이탈리아증권감독원(Commissione Nazionale per le Società e la Borsa, CONSOB)는 독립된 인증서비스제공자에게 인증자격을 확대할 지에 대해 연구해야 한다. 해당 연구에서는 인증자격 확대에 따른 지속가능성 인증업무의 경쟁력, 무결성(integrity), 품질 및 지속가능성 정보 이용자 보호 측면에서의 효익과 비용을 살펴보아야 한다(Legislative Decree No. 125 of September 6, 2024, Article 18 paragraph 11). IFAC et al.(2025)에 따르면, 이탈리아에서 2023년 인증대상 기업의 95%가 회계법인(이 중 93%는 법정감사인)으로부터 지속가능성 인증을 받은 것으로 나타났다.

#### 다) 인증기준

인증인은 유럽집행위원회에서 채택한 지속가능성 인증기준에 따라 인증업무를 수행한다. 해당 기준이 마련되기 전까지는 이탈리아기획재정부와 이탈리아증권감독원의 협력으로 제정된 국가 기준을 적용한다(Article 11 of Legislative Decree 27 January 2010, n. 39). 전술하였듯이 유럽집행위원회는 2026년 10월 1일까지 제한적 확신의 인증기준에 대한 위임법(delegated acts)을 채택해야 하며, 2028년 10월 1일까지 합리적 확신의 인증기준에 대한 위임법을 채택해야 한다. 그러나 EU옴니버스패키지 개정안이 통과될 경우 합리적 인증기준 채택 규정은 함께 폐기될 것으로 예상된다.

#### 라) 인증제도 감독

이탈리아 증권감독위원회인 이탈리아증권감독원이 지속가능성 공시 및 인증제도에 대한 관리/감독 업무를 수행한다. 이에 따라, 이탈리아증권감독원은 지속가능성 정보 공시 및 인증 품질에 대한 조사 및 처벌을 담당한다.

지속가능성 정보의 인증업무에 대한 사후적 검토를 위한 구체적인 규정은 존재하지 않는다. 다만 프랑스와 마찬가지로, 이탈리아감사법인협회(Associazione Italiana Revisori Contabili, Italian Association of Audit Firms, ASSIREVI)는 2023년 6월 법정감사인들의 비재무정보 인증업무를 위한 가이드라인 DdR(Document of Research) n.254를 발표했다. 즉, 인증업무가 허용된 법정감사인들 차원에서 인증업무의 품질을 제고하고 유지하기 위한 노력이 수행되고 있다.

### (3) 스페인

#### 가) 공시 및 인증제도

스페인은 2018년, NFRD를 법제화한 Law 11/2018에 따라 비재무정보에 대한 공시를 의무화했다. NFRD에 따라 공시된 비재무정보는 독립된 인증서비스제공자로부터 인증을 받아야 했다(Law 11/2018, of December 28; Commercial Code의 Article 49). 그러나 독립된 인증서비스제공자가 채택해야 할 인증기준 및 인증 수준에 대한 명시적 규정은 없다. CSRD 법제화는 2025년 10월 기준으로 완료되지 않은 상태이다.

#### 나) 인증기관 및 인증인 요건

독립된 인증서비스제공자의 자격요건은 구체적으로 규정되어 있지 않다(ICAC 2019). 인증서비스제공자의 자격요건이 정해져 있지 않으므로 법정감사인뿐만 아니라 그 이외의 독립된 인증서비스제공자가 비재무정보에 대한 인증업무를 수행할 수 있다. 자격요건이 규정되어 있지 않기 때문에 인증서비스제공자의 자격을 공식적으로 인가해 주는 기관이나 절차도 없다.

스페인에서는 스페인국가인정기관(Entidad Nacional de Acreditación, National Accreditation Entity, ENAC)가 공적 인가 업무를 담당하고 있다. 따라서 향후 CSRD 체제에서는 회계법인(audit companies) 또는 스페인국가인정기관으로부터 독립적인 인증서비스제공자로 인가를 받은 인가기관이 지속가능성 정보 인증업무를 수행하도록 법제화가 이루어질 것으로 예상된다. IFAC et al.(2025)에 따르면, 스페인에서 2023년 인증대상 기업의 87%가 회계법인(이 중 90%는 법정감사인)으로부터 지속가능성 인증을 받은 것으로 나타났다.

#### 다) 인증제도 감독

스페인증권감독위원회(National Securities Market Commission, CNMV)는 비재무정보의 공시 및 인증에 관한 관리/감독기능을 수행하고 있다. 그러나 인증서비스제공자가 인증업무와 관련된 법적 요구사항을 준수하지 않을 때 부과되는 벌금은 명시적으로 규정되어 있지 않다.

인증업무의 결과에 대한 사후적 검토를 위한 구체적인 규정 역시 존재하지 않는다. 이는 인증서비스제공자의 자격요건에 대한 명시적인 규정이 없는 상황과도 밀접한 관련이 있다. 다만 프랑스, 이탈리아와 마찬가지로 스페인 공인회계사회인 ICJCE(Instituto de Censores Jurados de Cuentas de España, Institute of Chartered Accountants of Spain)는 공인회계사들이 비재무정보 인증업무를 수행하는 과정에서 참고할 수 있는 가이드라인을 발표했다.

## 4) EU 이외 국가의 지속가능성 인증제도

### (1) 미국

#### 가) 공시 및 인증제도

미국 SEC는 2022년 3월에 '기후 관련 공시 의무 규정(The Enhancement and Standardization of Climate-Related Disclosures for Investors)'을 발표했다. 이후 이해관계자 수렴을 거쳐 2024년 3월 6일 기후 공시 규정의 최종안을 발표했다 (미국 SEC 2024). 그러나

이 최종안이 계획대로 시행될지는 2025년 4월 현재 불확실한 상황인데, 그 배경은 다음과 같다. 최종 발표된 공시 의무 규정에 따라 아래에 요약된 바와 같이 미국에서의 기후 관련 공시 및 인증은 단계적으로 실시될 예정이었다. 그러나 해당 규정에 대한 소송으로 본격적인 시행은 보류되어 오다가 2025년 3월 미국 SEC는 해당 규정과 관련된 법적 대응을 중단하기로 결정했다. 이로 인해 미국의 기후 관련 공시 및 인증제도의 시행은 불확실한 상태이다. 이하의 내용은 2024년 3월 6일 최종안에 담긴 내용을 서술한다.

**미국의 기후 관련 공시 및 인증의 단계적 시행계획**

| 등록 유형 | 기타 기후 관련 공시4) | 지출 및 재무적 영향5) | Scope 1, 2 | Scope 1, 2 인증 | |
|---|---|---|---|---|---|
| 상장대기업1) | 2025회계연도 (2026년 공시) | 2026회계연도 (2027년 공시) | 2026회계연도 (2027년 공시) | 제한적 확신 | 2029회계연도 (2030년 공시) |
| | | | | 합리적 확신 | 2033회계연도 (2034년 공시) |
| 상장중견기업2) | 2026회계연도 (2027년 공시) | 2027회계연도 (2028년 공시) | 2028회계연도 (2029년 공시) | 제한적 확신 | 2031회계연도 (2032년 공시) |
| | | | | 합리적 확신 | 면제 |
| 상장소기업, SRC, EGC3) | 2027회계연도 (2028년 공시) | 2028회계연도 (2029년 공시) | 면제 | 면제 | |

1) 상장대기업: 시가총액 7억 달러 이상
2) 상장중견기업: 시가총액 0.75억 달러 이상~7억 달러 미만 & 매출액 1억 달러 이상
3) 상장소기업: ① 시가총액 0.75억 달러 미만 또는 ② 시가총액 0.75억 달러 이상~7억 달러이면서 매출액 1억 달러 미만), SRC: Smaller Reporting Companies, EGC: Emerging Growth Companies
4) 지출 및 재무적 영향, Scope 1 및 2 배출량 이외의 기후 관련 공시
5) 기후 관련 위험의 완화/적응 활동 관련 중요한 지출 및 재무적 추정/가정에 미치는 영향, 기후 관련 전환계획 이행 관련 중요한 지출 및 재무적 추정/가정에 미치는 영향, 기후 관련 목표 달성을 위한 조치와 관련된 영향

출처: 미국 SEC, 2024, The Enhancement and Standardization of Climate-Related Disclosures for Investors, 저자 재구성

상기 표에 제시되었듯이, 미국은 Scope 1, 2 온실가스 배출량 공시에 대해 단계적으로 인증을 요구한다. 상장대기업(Large Accelerated Filer)을 대상으로 Scope 1, 2 온실가스 배출량 공시에 대해 2030년(2029 회계연도 대상)부터 제한적 인증을 실시하고, 4년 후인 2034년(2023 회계연도 대상)부터는 합리적 인증을 시행할 예정이다. 상장중견기업(Accelerated Filer)을 대상으로는 Scope 1, 2 온실가스 배출량 공시에 대해서 상장대기업보다 2년 늦게 2032년(2031 회계연도 대상)부터 제한적 인증을 실시하는 한편, 합리적 인증을 요구하지는 않는다. 상장소기업(EU 이외-Accelerated Filer)과 SRC, EGC에 대해서는 Scope 1, 2 온실가스 배출량 인증이 면제된다.

### 나) 인증기관 및 인증인 요건, 인증기준

미국에서는 인증서비스제공자에게 재무제표 감사에 준하는 자격요건과 독립성을 요구하고 있으나, 인증서비스제공자를 등록된 회계법인(registered public accounting firm)으로 제한하지는 않는다(SEC 2024, p.320). 또한 특정한 인증기준을 적용할 것을 요구하지는 않으나, 적법한 절차(due process)를 따르는 기구가 제정한 기준으로서, (1) 비용 없이 공개적으로 이용가능하거나(publicly available at no cost), (2) 온실가스 배출량 인증에 있어서 두루 쓰이는(widely used for GHG emission assurance) 인증기준을 사용할 것을 요구한다. PCAOB(Public Company Accounting Oversight Body), AICPA(American Institute of Certified Public Accountants), IAASB(International Auditing and Assurance Standards Board), 그리고 ISO(International Organization for Standardization)의 인증기준(attestation standards)을 예로 제시하고 있다.

최종 규정에서는 인증에 사용된 인증기준에 따른 보고서의 형식과 내용을 준수하도록 하고 있으며, 보고서의 최소요구사항을 두지 않는다. 또한 제한적 인증 및 합리적 인증 수준의 인증보고서가 온실가스 배출량 공시와 관련한 내부통제의 효과성에 대해 포함할 것을 요구하지 않는다.

## (2) 싱가포르

### 가) 공시 및 인증제도

싱가포르의 기후 관련 공시는 2023년 7월 6일 싱가포르기업청(Accounting and Corporate Regulatory Authority, ACRA)와 싱가포르증권거래소규제기관(Singapore Exchange Regulation, SGX RegCo)이 공표한 협의문서(Turning Climate Ambition into Action in Singapore)에 기재된 제안사항에 기반해 제도를 준비하고 있다. 이후 2024년 3월 7일 SGX RegCo는 유관 법률(Listing rules)의 개정을 담은 협의문서인 'Sustainability Reporting: Enhancing Consistency and Comparability'를 발표했다. 해당 법률의 Rule711A에서는 모든 상장기업들에 지속가능성 보고서를 공시할 것을 요구한다. Rule711B에서는 지속가능성 보고서에 담겨야 할 주요 내용으로 i) 중요한 ESG 요소, ii) 기후 관련 공시, iii) 정책, 실행 및 성과, iv) 관련 목표, v) 적용된 지속가능성 보고체계, vi) 지속가능한 실행에 대한 이사회 성명 및 관련된 거버넌스 구조 등을 제시한다.

이 중에서 ii) 기후 관련 공시와 관련되어 제안된 구체적인 의무는 다음 표와 같다.

**싱가포르 기후 관련 공시 의무 및 인증**

| 유형 | | 기후 관련 공시 의무 | Scope 1, 2<br>GHG 배출량 인증<br>(제한적 확신) |
|---|---|---|---|
| 상장<br>회사 | STI[1] | Scope 1, 2 배출량: 2025 회계연도부터<br>Scope 3 배출량: 2026 회계연도부터<br>기타 ISSB 기후 관련 공시: 2025 회계연도부터 | 2029 회계연도부터 |
| | 시총 S$10억 이상<br>EU 이외-STI | Scope 1, 2 배출량: 2025 회계연도부터<br>Scope 3 배출량: 자발적 공시<br>기타 ISSB 기후 관련 공시: 2028 회계연도부터 | |
| | 시총 S$10억 미만<br>Non-STI | Scope 1, 2 배출량: 2025 회계연도부터<br>Scope 3 배출량: 자발적 공시<br>기타 ISSB 기후 관련 공시: 2030회계연도부터 | |
| 대형 비상장법인[2] | | Scope 1, 2 배출량: 2030 회계연도부터<br>Scope 3 배출량: 자발적 공시<br>기타 ISSB 기후 관련 공시: 2030 회계연도부터 | 2032 회계연도부터 |

1) Straits Times Index (STI) constituents
2) 대형 비상장법인: 매출 S$10억 이상, 총자산 S$5억 이상
출처: 싱가포르거래소그룹(SGX Group), 2025.8.25., 보도자료, Extended timelines for most climate reporting requirements to support companies

공시 의무화 대상인 회사들은 IFRS S1 및 S2에 따라 기후 관련 정보를 공시해야 한다. 2025 회계연도에 대한 공시는 사업연도 종료 후 4개월 이내에 이루어져야 하나 외부 인증을 받게 되면 1개월 연장된다. 2026 회계연도에 대한 공시는 사업보고서와 함께 공시되어야 하지만, 외부 인증을 받는 경우에는 사업연도 종료 후 5개월 이내에 공시하도록 되어 있다.[49] 외부 인증을 받을 경우 외부 인증을 받은 사실을 지속가능성 보고서에 명시해야 하며, 인증 범위, 외부 인증인, 인증 기준, 인증 수준 및 주요 발견사항에 대해서도 공시해야 한다. Scope 1 및 2 배출량에 한해 2029 회계연도부터 순차적으로 제한적 확신 수준의 인증을 받는 것을 의무사항으로 제시하고 있다.

### 나) 인증기준

인증기준은 ISAE 3000(또는 ISSA 5000과 같은 이를 대체하는 기준), ISAE 3410, SSAE 3000(Singapore Standards on Assurance Engagement 3000, 또는 이에 준하여 대체하는 기준) SSAE 3410, AA1000 Assurance Standards, 또는 ISO 기준을 따를 것이 제안되었다.

### 다) 인증기관 및 인증인 요건

2024년 3월 7일 발표된 협의 문서에는 인증 의무화 관련 세부 사항(인증기준, 기후정보감사인 등록기준, 연계 과정 등)에 국제 동향을 반영하기 위해 이를 구체적으로 다루지 않았으며, 인증

49) https://www.sgxgroup.com/media-centre/20240923-sgx-regco-start-incorporating-ifrs-sustainability-disclosure

의무화 방안은 추후 검토할 예정임이 명시되어 있다. 다음의 사항은 2025년 4월까지 발표된 협의 문서들에 제시되어 있는 내용이다.

2023년 7월 6일 자 협의문서에는 인증기관의 자격으로, i) 싱가포르기업청 등록 회계법인과, ii) 싱가포르국립인증기관(Singapore Accreditation Council, SAC) 공인 TIC(Testing, Inspection and Certification) 법인에게 부여하는 방안을 제안했다. 이 중 싱가포르기업청 등록 회계법인의 경우 최초 등록과 자격 유지에 대한 엄격한 기준이 이미 수립되어 있으므로, 자동적으로 기후정보감사인(climate auditor) 자격을 부여하는 방안을 제안했다. 싱가포르국립환경청(National Environment Agency)는 Carbon Pricing Act 2018에 따라서 제3자 인증을 위해 10개의 회계법인과 TIC 법인을 인가했다. 따라서 싱가포르국립인증기관 공인 TIC 법인은 온실가스배출 및 지속가능성 보고 인증과 관련된 전문적 지식과 경험을 갖추었다고 볼 수 있다. 단, 싱가포르국립인증기관 공인 TIC 법인에게도 싱가포르기업청 등록 회계법인에게 적용되는 정도의 자격사항을 충족할 경우 기후정보감사인 자격이 부여된다. 해당 자격사항은 아래에 제시했으며 이는 싱가포르기업청 등록 회계법인의 등록 및 유지요건과 동일하다. 단, 마지막 품질관리 요건은 ISO/IEC 17029 충족으로 대체될 수 있다.

인증인 개인의 자격으로는 다음의 두 가지 사항이 제안되었다. 첫째, 인증인은 지속가능성 보고와 관련한 핵심 감사업무(예: 계획, 업무진행 및 보고)와 관련된 충분한 실무 경험을 보유해야 한다. 관련 경험은 최소 관리자급에서 수행된 것에 한정된다. 둘째, 과거 12개월간 최소 40시간의 공인 교육을 수료해야 한다.

또한 역량 있는 전문가들을 인증인으로 전환하는 것을 일회적으로 허용하는 과도기적 정책을 실시하는데, 이는 인증업무를 수행하는 충분한 인력을 확보할 수 있게 한다. Carbon Pricing Act 2018에 따라 현재 지속가능성 인증서비스를 제공하는 파트너급에 해당하는 개인 및 공인된 연계 과정을 수료한 싱가포르기업청 등록 회계사가 이에 해당한다. 연계 과정은 지속가능성 보고 및 인증과 관련해 추후 개발될 예정이다.

## (3) 호주

### 가) 공시 및 인증제도

호주에서는 기후 공시 및 인증 의무화를 담은 호주 재무부 법률 개정안(2001 기업법 및 2001 호주 증권 및 투자위원회 법 개정)이 2024년 9월 17일 승인되었다. 해당 법률 Chapter 2M에 해당하는 기업들은 2024년 9월 20일 발표된 Australian Sustainability Reporting Standard AASB S2 Climate-related Disclosures(AASB S2)에 따라 기후 관련 정보를 의무 공시해야 한다.[50] 이와 관련해, 2025년 1월 28일 호주감사인증기준위원회는 인증기준인 ASSA 5000

50) AASB S1 General Requirements for Disclosure of Sustainability-related Financial Information도 함께 발표되었는데, 이는 자발적 공시에 적용되는 기준이다.

General Requirements for Sustainability Assurance Engagements 및 인증 의무화 일정을 규정한 ASSA 5010 Timeline for Audits and Reviews of Information in Sustainability Reports under the Corporations Act 2001을 승인했다.

이러한 ASSA 5010에 따른 인증 의무화 단계를 요약하면 다음과 같다.

**호주 기후 공시 인증 의무화 계획**

| | 1년차* | 2년차 | 3년차 | 4년차 |
|---|---|---|---|---|
| Group 1 | 2025.1.1~2026.6.30 | 2026.7.1~2027.6.30 | 2027.7.1~2028.6.30 | 2028.7.1~ |
| Group 2 | 2026.7.1~2027.6.30 | 2027.7.1~2028.6.30 | 2028.7.1~2029.6.30 | 2029.7.1~ |
| Group 3 | 2027.7.1~2028.6.30 | 2028.7.1~2029.6.30 | 2029.7.1~2030.6.30 | 2030.7.1~ |
| Scope 1 & 2, 거버넌스, 전략 (위험 및 기회) | 제한적 확신 | 제한적 확신 | 제한적 확신 | 합리적 확신 |
| Scope 3 | 공시 및 인증 없음 (1년 공시 유예) | 제한적 확신 | 제한적 확신 | 합리적 확신 |
| 기후 회복력 평가/ 시나리오 분석, 전환계획, 위험관리, 기후 관련 지표 및 목표 | 인증 없음 | 제한적 확신 | 제한적 확신 | 합리적 확신 |

* 해당 기간 내에 개시하는 사업연도 기준으로 판단한다.

상기 표에 따르면 호주 기업법 2001 (Corporate Act 2001) Chapter 2M에 따라 지속가능성 보고서를 준비해야 하는 기업들은 그 요건에 따라 Group 1, 2, 3로 나뉘어 순차적으로 지속가능성 인증이 의무화된다. Group 1, 2, 3로 분류되는 기준은 아래와 같다.

**호주 기업 분류 기준**

| 구분 | Group 1 | Group 2 | Group 3 |
|---|---|---|---|
| 1) 다음 세 가지 기준 중 두 가지 이상을 충족하는 대규모 기업 및 해당 기업이 관리하는 기업: | | | |
| 연간 통합 매출 | 5억 달러 이상 | 2억 달러 이상 | 5천만 달러 이상 |
| 연말 기준 총자산 | 10억 달러 이상 | 5억 달러 이상 | 2천5백만 달러 이상 |
| 전일제 직원 수 | 500명 이상 | 250명 이상 | 100명 이상 |
| 2) 국가 온실가스 및 에너지 보고(NGER)기업 요건 | Scope 1+2 배출량 50kt$CO_2$-e 초과 | 기타 모든 NGER 보고대상 | 해당 없음 |
| 3) 자산소유자 (퇴직연금, 등록펀드 등) | Group 1에서 명시적으로 제외 | 자산 50억 달러 이상일 경우 | 해당 없음 |

각 그룹의 1년 차에는 Scope 1 및 2 배출량, 거버넌스, 전략(위험 및 기회)에 대해 제한적 확신 수준의 인증을, 2~3년 차에는 공시 의무화 대상인 모든 기후 관련 정보에 대해 제한적 확신 수준의 인증을, 4년 차 이후에는 모든 공시정보에 대한 합리적 확신 수준의 인증을 받도록 규정되었다.

#### 나) 인증기준

인증업무는 2025년 1월 28일 호주감사인증기준위원회가 승인한 ASSA 5000 General Requirements for Sustainability Assurance Engagements에 따라야 한다. ASSA 5000은 국제감사인증기준위원회가 발표한 International Standard on Sustainability Assurance ISSA 5000 General Requirements for Sustainability Assurance Engagements에 부합하도록 호주에서 준비된 기준이다.

#### 다) 인증기관 및 인증인 요건

ASSA 5010은 인증인(auditor)을 기업법(Corporations Act) Chapter 2M에 따른 audit firm (감사법인), audit company(감사회사), 또는 individual auditor(감사인 개인)로 정의한다. 기업법 Chapter 2M에서는 Australian Securities and Investments Commission(ASIC)에 등록한 감사인(registered company auditor)만이 회사의 재무제표 감사 및 지속가능성 보고서 인증을 수행할 수 있도록 허용한다. ASIC는 감사인의 등록, 감사인의 요청에 따른 등록 취소, 개별 상장회사의 감사인의 사임의 승인에 대한 책임이 있다. 또한 개별 감사인이 기업법을 위반한 것으로 밝혀진 경우, ASIC은 해당 감사인의 행위를 Companies Auditors Disciplinary Board (CADB)에 회부할지, 집행 가능한 조치를 취할지, 또는 상황에 따라 민사 또는 형사 소송을 진행할지를 판단한다(Parliamentary Joint Committee on Corporations and Financial Services 2020).

### (4) 뉴질랜드

#### 가) 공시 및 인증제도

뉴질랜드에서는 Financial Sector(Climate-related Disclosures and Other Matters) Amendment Act 2021(CRD Act)에 따라 대규모 상장기업, 은행, 보험사, 신용조합 등은 2023년 1월 1일 이후 개시하는 사업연도부터 연간기후보고서(annual climate statement)에 기후 관련 위기 및 기회에 대한 정보를 공시해야 한다. 공시는 TCFD 권고안에 기반을 둔 External Reporting Board(XRB)가 제정한 규정에 따라야 한다. 이들 규정은 다음과 같이 구성되어 있다.

- Aotearoa New Zealand Climate Standard 1 – Climate-related Disclosures (NZ CS 1);

- Aotearoa New Zealand Climate Standard 2 – Adoption of Aotearoa New Zealand Climate Standards (NZ CS 2); and
- Aotearoa New Zealand Climate Standard 3 – General Requirements for Climate-related Disclosures (NZ CS 3)

공시되는 연간기후보고서 중 온실가스 배출량(Scope 1, 2, 3)과 관련된 공시사항[51]은 최소 제한적 확신 수준 이상의 인증을 받아야 한다(Financial Markets Conduct Act 2013, FMC Act). Scope 1 및 2 배출량은 2024년 10월 이후 공시되는 보고서부터 인증받아야 하고, Scope 3 배출량에 대해서는 2025년 12월 31일 이후 종료되는 사업연도부터 인증받을 의무가 있다(FMA 2025)[52]. 인증 의무가 강제된 온실가스배출 관련 정보 이외의 보고서 내용에 대해서는 자율적으로 인증을 받을 수 있다.

#### 나) 인증기준

인증인은 NZ SAE 1 Assurance Engagements over Greenhouse Gas Emissions Disclosures에 따라 인증을 수행한다.

#### 다) 인증기관 및 인증인 요건

인증인은 반드시 재무제표 감사인일 필요는 없다. 인증인은 전문성 및 독립성을 갖출 것이 요구되고 있다.

### (5) 인도

#### 가) 공시 및 인증제도

인도증권거래위원회(Securities and Exchange Board of India, SEBI)는 2021년 5월 10일, Circular No. SEBI/HO/CFD/CMD-2/P/CIR/2021/562(Business Responsibility and Sustainability Report, BRSR)를 통해 지속가능성 공시를 의무화했다. 지속가능성 공시 프레임워크인 BRSR에 따르면 시가총액 기준 상위 1,000개의 상장기업은 2022-2023 회계연도부터 의무적으로 지속가능성 정보를 공시해야 한다. 이에 더해, 2023년 7월 12일 공표된 Circular No. SEBI/HO/CFD/ CFD-SEC-2/P/CIR/2023/122에 따라, 시가총액 기준 상위 250개의 상장기업은 2024-2025 회계연도부터 공급망에 대한 지속가능성 정보를 원칙준수·예외설명

51) i) 온실가스 배출량(Scope 1, 2, 3), ii) 온실가스 배출량과 관련된 추가 공시요구사항, iii) 배출량 산정방법, 가정 및 측정 불확실성이 인증대상이다.

52) XRB에서는 이를 2027년 12월 31일 이후 종료하는 사업연도로 연기하는 제안을 발표하였고, 2025년 9월 24일까지 의견 수렴을 완료하였다. 2025년 10월 말 현재, 수렴된 의견을 바탕으로 논의 중에 있다.

(comply or explain) 형식으로 의무적으로 공시해야 한다. 공급망은 구매가액 및 매출액의 각각 75%까지 차지하는 하위/상위 협력업체를 포함하고 이때 공시기준은 BRSR Core에 따른다. BRSR Core는 BRSR의 하위 집합으로, 9가지 지속가능성 속성으로 구분된 핵심성과지표 및 지표들로 구성된다.[53)]

Circular No. SEBI/HO/CFD/CFD-SEC-2/P/CIR/2023/122에 의해 공시해야 하는 항목 중 BRSR Core 항목에 대해서는, 다음과 같이 순차적으로 합리적 확신 수준의 인증을 받아야 한다.

인도 BRSR Core 인증 의무

| 회계연도 | 인증 의무기업(시가총액기준) |
|---|---|
| 2023-24 | 상위 150개 상장기업 |
| 2024-25 | 상위 250개 상장기업 |
| 2025-26 | 상위 500개 상장기업 |
| 2026-27 | 상위 1,000개 상장기업 |

또한 상위 250개 상장기업에 2024-2025 회계연도부터 의무적으로 적용되는 공급망 지속가능성 공시에 대해서는 2025-2026 회계연도부터 제한적 확신 수준의 인증을 받도록 규정되어 있다.

### 나) 인증기준

특정한 인증기준을 사용해야 한다는 규정은 없다. 다만, 인도공인회계사회(Institute of Chartered Accountants of India, ICAI)에서는 국제감사인증기준위원회의 ISAE 3000을 참고해 포괄적으로 적용 가능한 인증기준인 SSAE 3000(Standard on Sustainability Assurance Engagements 3000)을 발표했다. 이 기준서는 2024년 3월 31일 이후 종료되는 기간에 대한 지속가능성 정보를 ICAI 회원(즉, 인도공인회계사)이 제한적 또는 합리적 인증을 제공하는 인증업무를 수행할 때 의무적으로 적용된다.

### 다) 인증기관 및 인증인 요건

인증기관은 전문성과 독립성을 갖출 것이 요구된다. 전문성 충족을 위한 절차로, 상장기업의 이사회는 BRSR Core 공시 정보의 인증기관이 합리적 확신 수준의 인증을 수행하는 데 필요한 전문성을 갖추고 있는지 확인해야 한다. 독립성을 갖추는 일환으로, 상장기업과 인증기관 간에 이해상충이 없어야 한다. 예를 들어, 인증기관 또는 그 제휴사는 상장기업 및 그룹사에 제품을 판매하거나 컨설팅 서비스를 포함한 비감사/비인증 관련 서비스를 제공하지 않아야 한다.

53) 인도 및 신흥시장의 상황을 고려해, 소도시 일자리 창출, 사업의 개방성, 여성에게 지급되는 총임금 등과 같은 사항이 포함되며, 국제 비교가능성을 제고하기 위해 구매력 평가가 조정된 수익을 기반으로 한 집중도 지표(intensity ratio) 또한 포함되었다.

## (6) 일본

일본금융청은 유가증권신고서에 인적 자본과 다양성(human capital and diversity) 등 지속가능성 관련 정보를 공시하도록 했다. 이 공시 의무는 모든 상장기업(일본에 상장된 외국기업을 포함해 약 4,000개 대상)에 2023년 3월 31일 이후 종료되는 회계연도부터 부여된다. 이 규정은 특정 기준(예: TCFD 권고안)을 요구하지는 않으나 TCFD 권고안의 네 가지 정보공개 핵심 요소(거버넌스, 전략, 위험관리, 지표 및 목표)에 대해 공시하도록 하고 있다. 해당 공시정보에 대해서 외부 인증은 요구되지 않는다.

이후 일본금융청은 2024년 3월 '지속가능성 정보 공시 및 인증 실무그룹'을 조직해 일본지속가능성기준위원회(Sustainability Standards Board of Japan, SSBJ)가 ISSB기준을 기반으로 제정한 일본지속가능성기준위원회 기준의 적용대상 및 적용시기를 검토해왔다. 2025년 3월 5일, 일본지속가능성기준위원회는 일본지속가능성기준위원회 기준 최종안을 발표했으며, 지속가능성 의무공시의 적용대상 및 시기에 대해서는 아래와 같은 로드맵 초안이 제시된 상태이다. 이 로드맵 초안에서는 전체 프라임 상장기업을 적용대상으로 하되, 시가총액 3조 엔 이상의 상장기업부터 단계적으로 공시 의무를 부여할 것을 계획하고 있다.

**일본지속가능성기준위원회 공시 및 인증 의무 로드맵**

| 적용시기 | 2026 (FYB25)[1] | 2027 (FYB26) | 2028 (FYB27) | 2029 (FYB28) | … | 203X |
|---|---|---|---|---|---|---|
| 적용대상 | 자발적 적용 | 시총 3조 엔 이상 | 시총 1조 엔 이상 | 시총 5,000억 엔 이상 | 단계적 확대 | 모든 프라임 상장기업 |
| 인증 여부 | X | X | 인증 의무 | 인증 의무 | | 인증 의무 |

1) 대부분 3월 말 법인인 일본기업 기준으로, FYB(fiscal year beginning) 25는 '25.4월~'26.3월에 해당된다.

상기 로드맵 초안에서는 일본지속가능성기준위원회 기준 의무 적용 1년 후부터 제3자 인증을 요구할 예정이나, 지속가능성 정보 인증의 범위, 수준, 인증인 요건, 인증기준, 인증 수준, 및 감독을 포함한 세부 사항은 추후 논의를 통해 확정할 예정이다.

## 5) 국가별 지속가능성 인증제도 요약

앞서 논의된 국가들의 지속가능성 인증제도를 요약하면 다음 표와 같다.

**국가별 인증제도요약**

| 구분 | EU | | | | 비유럽 국가 | | | | |
|---|---|---|---|---|---|---|---|---|---|
| | EU | 프랑스 | 이탈리아 | 스페인 | 미국 | 싱가포르 | 호주 | 인도 | 일본 |
| 제도화 현황 | CSRD 발효 | CSRD 법제화 완료 | CSRD 법제화 완료 | CSRD 법제화 완료 | SEC 최종 규정 발표. 시행일 불확실 | 유관 법률(Listing rules) 개정안 발표 | 유관 법률 개정안 승인 및 시행 중 | 증권거래소 규정 개정 완료 및 시행 중 | 로드맵 초안 발표 |
| 인증 범위 | 공시사항 전체 | 공시사항 전체 | 공시사항 전체 | 공시사항 전체 | Scope 1, 2 배출량에 한정 | Scope 1, 2 배출량에 한정 | 공시사항 전체에 대해 단계적 인증 | BRSR Core에 해당되는 9가지 지표 | 2028년 이후부터 단계적 인증 의무 부여 (논의 중) |
| 인증 수준 | 제한적 확신에서 합리적 확신으로 단계적 의무화[1] | 제한적 확신에서 합리적 확신으로 단계적 의무화[1] | 제한적 확신에서 합리적 확신으로 단계적 의무화[1] | 제한적 확신에서 합리적 확신으로 단계적 의무화[1] | 제한적 확신에서 합리적 확신으로 단계적 의무화 | 제한적 확신 | 제한적 확신에서 합리적 확신으로 단계적 의무화 | 합리적 확신 (공급망 지속가능성 정보에 대해서는 제한적 확신) | 논의 중 |
| 인증기준 | EU 채택 인증기준 | EU 채택 인증기준 | EU 채택 인증기준 | EU 채택 인증기준 | 특정 인증기준 미요구, 요건만 정의 | ISSA 5000, ISAE 3410 및 이에 준하는 싱가포르 규정, AA1000, ISO 기준 | ASSA 5000 | 규정 없음 | 논의 중 |
| 인증기관 | 회계법인 및 기타기관 | 회계법인 및 기타기관 | 회계법인 | 회계법인 및 기타기관 | 회계법인 및 기타기관 | 회계법인 및 기타기관 | 감사인 | 회계법인 및 기타기관 | 논의 중 |
| 인증기관 진입요건 | 기타기관 인가필요 | 프랑스인가위원회 인가 | 이탈리아기획재정부 인가 | 스페인국가인정기관 인가[2] | 규정 없음 | 싱가포르기업청 등록 회계법인 또는 싱가포르국립인증기관 공인 TIC 법인 | ASIC에 등록 | 규정 없음 | 논의 중 |
| 인증기관 사후감독 | | H2A(High Authority for Audit) | 이탈리아증권감독원 | 스페인증권감독위원회 | 규정 없음 | 미정 | ASIC | 규정 없음 | 논의 중 |
| 인증인 자격 | 자격시험 및 실무교육 | 자격시험 및 인턴십 | 인턴십, 교육, 자격시험 | 명시적 규정 없음 | 전문성과 독립성 | 실무경험과 교육수료 | 감사인 | 전문성과 독립성 | 논의 중 |

1) EU옴니버스패키지 제안에 따라 합리적 확신의무 철회 가능성 있음

2) 명시적 규정 없으나 CSRD에 따라 인가제를 따를 가능성이 높으며, 현재 스페인에서 공적 인가를 담당하고 있는 기관은 스페인국가인정기관임

# 참고문헌


고정연, 2024, 국내외 ESG 보고와 인증 현황, 한국공인회계사회 제10회 지속가능성인증포럼 발표자료.

국제감사인증기준위원회(IAASB), 2023a, Assurance Engagements Other than Audits or Reviews of Historical Financial Information 2023.

국제감사인증기준위원회(IAASB), 2023b, Proposed International Standard on Sustainability Assurance (ISSA 5000).

국제감사인증기준위원회(IAASB), 2024.11.12., 보도자료, https://www.iaasb.org/news-events/2024-11/strengthening-foundations-sustainability-reporting-issa-5000-and-assurance-core-elements-building

국제감사인증기준위원회(IAASB), 2024a, IAASB Agenda Item 3 - Sustainability Assurance - Cover Note.

국제감사인증기준위원회(IAASB), 2024b, Proposed International Standard on Sustainability Assurance 5000 General Requirements for Sustainability Assurance Engagements and Proposed Conforming and Consequential Amendments to Other IAASB Standards.

국제감사인증기준위원회(IAASB), 2024c, International Standard on Sustainability Assurance 5000, General Requirements for Sustainability Assurance Engagements.

국제윤리기준위원회(IESBA), 2024a, Exposure Draft: Explanatory Memorandum for Proposed International Ethics Standards for Sustainability Assurance (including International Independence Standards) (IESSA) and Other Revisions to the Code Relating to Sustainability Assurance and Reporting.

국제윤리기준위원회(IESBA), 2024b, Exposure Draft: Proposed International Ethics Standards for Sustainability Assurance (including International Independence Standards) (IESSA) and Other Revisions to the Code Relating to Sustainability Assurance and Reporting - Clear Version.

국제윤리기준위원회(IESBA), 2024c, Exposure Draft: Using the Work of an External Expert.

국제윤리기준위원회(IESBA), 2025a, Basis for Conclusions: International Ethics Standards for Sustainability AssuranceTM (including International Independence StandardsTM) and Other Revisions to the Code Relating to Sustainability Assurance and Reporting.

국제윤리기준위원회(IESBA), 2025b, Basis for Conclusions: Revisions to the Code Addressing Using the Work of an External Expert.

국제윤리기준위원회(IESBA), 2025c, Final Pronouncement: International Ethics Standards for Sustainability AssuranceTM (including International Independence StandardsTM) and Other Revisions to the Code Relating to Sustainability Assurance and Reporting.

국제윤리기준위원회(IESBA), 2025d, Final Pronouncement: Revisions to the Code Addressing Using the Work of an External Expert.

국제윤리기준위원회(IESBA), 2025e, IESSA Independence Standards: A Deep Dive.

국제윤리기준위원회(IESBA), 2025f, Key Topics in the IESSA.

국제윤리기준위원회(IESBA), 2025g, Using the Work of an External Expert.

국제회계사연맹(IFAC), 2023, Building Trust in Sustainability Reporting: The Urgent Need for Integrated Internal Control.

국제회계사연맹(IFAC), 2024a, Building Trust in Sustainability Reporting and Preparing for Assurance: Governance and Controls for Sustainability Information.

국제회계사연맹(IFAC), 2024b, G20 call to action 2024: Building a just world & a sustainable planet.

국제회계사연맹(IFAC), 2024c, Sustainability Assurance: What to expect.

국제회계사연맹(IFAC), 2024d, The State of Play: Sustainability Disclosure & Assurance, 2019-2022 Trends & Analysis.

국제회계사연맹(IFAC), 2025, The State of Play: Sustainability Disclosure & Assurance, 2019-2023 Trends & Analysis.

금융감독원, 2023, 2022년도 상장회사에 대한 심사·감리 결과 및 시사점, 2023.3.13.보도자료.

기도훈, 2025, 국내 지속가능성 보고 및 인증 현황, 한국공인회계사회 제20회 지속가능성 인증 포럼 발표자료.

미국 SEC, 2024, The Enhancement and Standardization of Climate-Related Disclosures for Investors, Available at: https://www.sec.gov/files/rules/final/2024/33-11275.pdf.

싱가포르거래소그룹(SGX Group), 2025.8.25., 보도자료, Extended timelines for most climate reporting requirements to support companies. https://www.sgxgroup.com/media-centre/20250825-extended-timelines-most-climate-reporting-requirements-support

유럽연합집행위원회(EC), 2024.7., https://finance.ec.europa.eu/system/files/2024-03/240307-ceaob-commission-letter-non-binding-assurance-guidelines_en.pdf

유럽연합집행위원회(EC), 2025.2., Omnibus I, https://commission.europa.eu/publications/omnibus-i_en

일본 지속가능성기준위원회(SSBJ), 2025, Sustainability Disclosure Standards (초안).

전규안, 권세원, 선우희연, 하원석, 2024, 글로벌 ESG 인증제도 현황과 시사점, 회계저널, 33(1), pp. 89-133.

전규안, 박세환, 김희영, 2025, 지속가능성 인증의 사례 분석과 개선방안 : 인증기준과 인증보고서를 중심으로, 세무와회계저널, 26(1), pp. 59-82.

전규안, 하원석, 양승희, 2024, 지속가능성 업무 관련 윤리기준 등 제/개정 방안, 한국공인회계사회.

최종원, 현석, 문승환, 2025, 국내 상장사의 지속가능성 공시 인증 분석: 인증 현황, ESG성과 및 기업가치와의 관련성 연구, 회계저널, 34(2), pp.95-129.

한국공인회계사회, 2021, ESG 바로보기 경영진을 위한 ESG 안내서.

한국공인회계사회, 2022a, 역사적 재무정보에 대한 감사 및 검토 이외의 인증업무기준(2022년 개정).

한국공인회계사회, 2022b, 지속가능성 보고서 등에 대한 인증업무기준 적용 가이던스.

Abay, Z, 2022, The signalling role of voluntary ESG assurance, International Journal of Managerial and Financial Accounting ,14 (3): 265–294.

AccountAbility, 2011, AA1000 Stakeholder Engagement Standard (AA1000SES).

Accountancy Europe, 2022, Sustainability assurance under the CSRD

Accountancy Europe, 2025, FAQs: Fundamentals to assurance on sustainability reporting.

Ballou, B., P.-C. Chen, J. H. Grenier, and D. L. Heitger, 2018, CSR assurance and reporting quality: Evidence from restatements, Journal of Accounting and Public Policy, 37 (2): 167–88.

Caglio, A., G. Melloni, and P. Perego, 2020, Informational content and assurance of textual disclosures: Evidence on integrated reporting, European Accounting Review, 29 (1): 55–83.

Casey, R. and J. Grenier, 2015, Understanding and contributing to the enigma of corporate social responsibility (CSR) assurance in the United States, Auditing: A Journal of Practice & Theory, 34 (1): 97–130.

Casey, R. and J. Grenier, 2015, Understanding and contributing to the enigma of corporate social responsibility (CSR) assurance in the United States, Auditing: A Journal of Practice & Theory, 34 (1): 97–130.

CDP(Carbon Disclosure Project), 2025, Supply Chain Membership.

CEAOB, 2024, Guidelines on limited assurance on sustainability reporting.

Cheng, M., W. Green, and J. Ko, 2015, The impact of strategic relevance and assurance of sustainability in-dictator's on investors' decisions, Auditing: A Journal of Practice & Theory, 34 (1): 131–162.

Coram, P., G. Monroe, and D. Woodliff, 2009, The value of assurance on voluntary nonfinancial disclosure: An experimental evaluation, Auditing: A Journal of Practice & Theory, 28 (1): 137–151.

COSO, 2023, Achieving effective internal control over sustainability reporting (ICSR): Building trust and confidence through the COSO Internal Control Integrated Framework.

Deloitte, 2024, Empowering your company: Elevating your internal controls environment for ESG Success.

Deloitte, 2024, Sustainability Reporting Operating Model / Sustainability Reporting Impact and Value Creation / Sustainability Reporting Data Foundations / Sustainability Reporting Controls and Governance.

Edgley, C. R., M. Jones, and J. Solomon, 2010, Stakeholder inclusivity in social and environmental report assurance, Accounting, Auditing & Accountability Journal, 23 (4): 532–557.

European Council, 2022, New rules on corporate sustainability reporting: provisional political agreement between the Council and the European Parliament (2022. 6. 21), Available at: https://www.consilium. europa.eu/en/press/press-releases/2022/06/21/new-rules-on-sustainability-disclosure-provisional-agreement-between-council-and-european-parliament.

Financial Markets Authority(FMA), 2025, FMA Exemption to complement XRB relief for assurance of Scope 3 GHG emissions reporting in 2025, Available at: https://www.fma.govt.nz/business/services/climate-reporting-entities/fma-exemption-to-complement-xrb-relief/.

Financial Services Agency (Japan), 2023, Revisions to the Cabinet Office Ordinance on Disclosure of Corporate Affairs.

Friske, W., S. A. Hoelscher, and A. N. Nikolov, 2023, The impact of voluntary sustainability reporting on firm value: Insights from signaling theory, Journal of the Academy of Marketing Science, 51 (2): 372-39

Gipper, B., Ross, S. and S. Shi, 2025, ESG assurance in the United States, Review of Accounting Studies, 1753-1803.

H3C, 2023, Guidelines; Limited Assurance Engagement On Sustainability Information.

Hodge, K., N. Subramaniam, and J. Stewart, 2009, Assurance of sustainability reports: Impact on report users' confidence and perceptions of information credibility, Australian Accounting Review, 19 (3): 178-194.

ICAS, 2022, Sustainability Assurance factors to consider.

Ius Libris, 2024, Sustainability reporting in Europe – understanding what's required, https://iuslaboris.com/insights/csrd/

KPMG International, 2023, KPMG Execution Guide for Assurance [Execution Guide for ESG and other assurance engagements].

KPMG International, 2024, The journey continues: Navigating the road to readiness.

KPMG International, 2025, KPMG ESG Assurance Maturity Index 2025: Maintaining momentum.

L. Endsley, S. Adam, and K. Leung, 2024, Using the Work of an External Expert, IESBA Global Webinar on February 22, 2024.

Legislative Counsel of California, 2023, Senate Bill No. 253 (SB 253), Climate Corporate Data Accountability Act, https://leginfo.legislature.ca.gov/faces/billTextClient.xhtml?bill_id=202320240SB 253

M. Babington, R. Huesken, S. Sramko, L. Leal, J. Reid, and K. Siong, 2024, Proposed New Ethical Benchmark for Sustainability Reporting and Assurance, IESBA Global Webinar on February 27, 2024.

Maroun, W, 2019, Does external assurance contribute to higher quality integrated reports?, Journal of Accounting and Public Policy, 38 (4): 106670.

Parliamentary Joint Committee on Corporations and Financial Services, 2020, "Regulation of Auditing in Australia: Interim Report" Available at: https://www.aph.gov.au/Parliamentary_Business/Committees/Joint/Corporations_and_Financial_Services/RegulationofAuditing/Interim_Report/section?id=committees%2freportjnt%2f024330%2f27743.

PwC(PricewaterhouseCoopers), 2025, Sustainability Reporting Guide (SRG), PwC. https://viewpoint.pwc.com/dt/gx/en/pwc/sustainability-reporting-guide

Ropes & Gray LLP, 2025, CSRD Transposition Tracker, https://www.ropesgray.com/-/media/files/alerts/2025/10/20251027_CSRD_Transposition_Tracker.pdf

Simnett, R., A. Vanstraelen, and W. Chua, 2009, Assurance on sustainability reports: An international comparison, The Accounting Review, 84 (3): 937-967.

Soll, J. 2014, The Reckoning: Financial Accountability and the Rise and Fall of Nations, Basic Books.

TCFD, 2017, Recommendations of the TCFD.

Thompson, E. K., O. Ashimwe, S. Buertey, and S. Y. Kim, 2022, The value relevance of sustainability reporting: Does assurance and the type of assurer matter?, Sustainability Accounting, Management and Policy Journal, 13 (4): 858-8

TotalEnergies, 2024, Sustainability & Climate-2024 Progress Report, https://totalenergies.com/investors/publications-and-regulated-information/regulated-information/annual-financial-reports.

World Economic Forum, 2025, Global Risks Perception Survey 2024-2025.

Zhou, S., R. Simnett, and R. S. H. Hoang, 2019, Evaluating combined assurance as a new credibility en-hancement technique, Auditing: A Journal of Practice & Theory, 38 (2): 235-259.

# 색인

## ㅇ



## ㅈ



## ㅋ



## ㅌ

## ㅎ



## A



## C



## E



## G



## I

## K



## N



## S



## T



## 2

# 저자약력



## 고한얼

Deloitte안진회계법인 지속가능성 공시·인증팀 이사, 공인회계사

고려대학교 경영학과를 졸업하고, 공인회계사로서 Deloitte 안진회계법인 감사본부 및 Deloitte Europe(Slovakia office)에서 감사 및 비감사업무를 수행하였다. 현재는 통합재무서비스그룹에서 지속가능성 보고서 자문 및 인증업무를 담당하고 있다.

## 권세원

이화여자대학교 경영학부 부교수, 공인회계사

서울대학교 경영학과를 졸업하고 동 대학에서 석사 및 박사 학위를 취득하였다. 현재 이화여자대학교 경영학부 회계학 교수로 재직 중이며, 주요 연구 분야는 ESG, 기업지배구조와 보상구조, 회계감사 등이다. 회계정책 분야의 최우수 학술지인 Journal of Accounting and Public Policy와 관리회계 분야의 최우수 학술지인 Journal of Management Accounting Research 등에 다수의 논문을 게재하였다. 2007년부터 2011년까지 삼일회계법인에서 근무했으며, 2018년에는 삼정KPMG Scholarship Professor로 선정되었다. 2020년부터 2022년까지 기획재정부 공공기관 평가 계량 부문 팀장을 역임하였고, 2024년부터는 금융감독원 금융자문위원회 증권 분야 위원으로 활동하고 있다.

## 박재흠

EY한영회계법인 ESG Impact Hub 리더 및 CCaSS 리더, 파트너

EY한영 ESG 임팩트 허브 총괄 리더를 맡고 있다. KAIST MBA와 연세대학교에서 경영학 박사학위를 취득하였다. 민간 및 공공 부문의 다양한 기업을 대상으로 ESG 전략 자문을 수행 중이다. 현재 예금보험공사 ESG 위원 및 환경부 자연관련재무공시(TNFD) 협의체 위원으로 활동 중이며, 과거에는 국민연금 석탄 채굴·발전산업 투자제한 TF 자문위원과 한국회계학회 ESG위원 등을 역임하였다. 국내 주요 기업 대상 기업컨설팅을 수행 중이며, C레벨 대상 다수의 ESG 특강과 언론 기고를 통해 인식 확산에도 기여하고 있다.

## 선우희연

세종대학교 경영학부 부교수, 공인회계사

서울대학교 경영학과를 졸업하고 동 대학원에서 경영학석사 및 박사 학위를 취득하였다. 공인회계사로 삼일회계법인에서 회계감사와 세무자문 업무를 수행하였으며, 현재는 세종대학교 부교수로 재직하고 있다. 기업의 ESG 활동, 정보 공시 및 평가와 관련된 연구논문을 국내외 주요 학술지에 다수 발표하였다. 저서로는 「IFRS 중급회계 2025」가 있다.

## 심재경

PwC삼일회계법인 Sustainability Team 파트너, 공인회계사

삼일회계법인 감사본부에서 금융 및 소비재 산업에서 감사 및 비감사업무를 수행하였으며, 현재는 삼일회계법인 Sustainability Team에서 ESG보고서 작성자문 및 인증, 환경·사회적 가치평가, ESG 경영전략 자문 등을 제공하고 있다.

한국상장사협의회ESG 실무교육 및 한국공인회계사회 ESG 아카데미에서 지속가능성 보고서 인증 강의 등을 담당하였다.

## 전규안

숭실대학교 회계학과 교수, 공인회계사

서울대학교 경영학과를 졸업하고, 동 대학원에서 경영학 석사와 박사학위를 취득했으며, 1999년부터 숭실대학교 회계학과 교수로 재직하고 있다. 한국세무학회장, 한국경영학회 부회장, 국세청 국세법령해석심의위원회 위원, 기획재정부 세제발전심의위원회 위원, 한국회계기준원 지속가능성 기준 자문위원회 위원, 숭실대학교 학사부총장을 역임하고, 현재 한국회계학회 지속가능성 특별위원회 위원장, 한국공인회계사회 지속가능성위원회 위원과 위탁감리위원장으로 활동하고 있다.

## 정재욱

KPMG삼정회계법인 감사본부 파트너, 공인회계사

KPMG삼정회계법인 감사본부 및 KPMG Singapore에서 에너지 산업의 회계 및 감사와 비감사 업무를 수행하였으며, 2020년부터 한국보건교육개발원, 한국전선협회 등에서 지속가능성에 대한 교육 전문위원을 담당하였다.

현재는 KPMG삼정 ESG CoE Audit Function에서 지속가능성 보고서에 대한 자문을 포함하여 지속가능성 정보에 대한 인증업무를 담당하고 있다.

한국공인회계사회 ESG 아카데미에서 지속가능성 보고서 인증 사례 강의 등을 담당하였다.

## 하원석

중앙대학교 경영경제대학 경영학부 조교수, 공인회계사

서울대학교 경영학과를 졸업하고 동 대학원에서 경영학 석사 및 박사학위를 취득하였다. 삼일회계법인 감사 및 Deal 본부에서 금융 및 제조업 분야의 감사와 재무자문 업무를 수행하였으며, 현재 중앙대학교 경영학부 조교수이자 대학원 회계학과장으로 재직하고 있다. 2022년에는 삼정 KPMG Scholarship Professor로 선정되었다. 주요 연구 분야는 기업지배구조, 증권집단 소송, 기관투자자, 기업공시, 감사인의 유인과 행동, 회계기준과 정책의 효과, 지속가능성 정보의 공시 및 인증 등이다. 최근에는 표준감사시간, 감사인 지정제, 지속가능성 인증, 공인회계사 윤리기준과 독립성 관련 법제에 관한 연구를 수행하며, 학계와 실무를 아우르는 정책적·제도적 논의에 적극 참여하고 있다.

## 한대근

KPMG삼정회계법인 ESG 정보 공시 및 인증 CoE 파트너, 공인회계사

KPMG삼정회계법인 감사본부에서 에너지 및 철강 등 제조 산업에서 감사 및 비감사업무를 수행하였으며, 현재는 KPMG삼정회계법인 ESG 정보 공시 및 인증 CoE(Center of Excellence)에서 지속가능성경영보고서 작성자문, 평가대응 및 인증을 제공하고 있다. 특히, 최근 지속가능성 공시 의무화에 따라 변화하고 있는 공시환경에 대한 지속가능성 공시 체계 및 내부통제 수립과 기후 재무영향 및 시나리오 분석 등 빠르게 변화하고 있는 지속가능성 환경에 대한 다양한 자문 등을 제공하고 있다. 한국공인회계사회 지속가능성 연구 TF 위원으로 활동 중이며, ESG 아카데미에서 지속가능성 소개 및 국내외 동향과 US SEC 기후 공시 규칙 관련 동향에 대한 강의를 담당하였다.